国家社会科学基金一般项目（17BJY127）　　　研究成果
国家留学基金委公派出国留学面上项目（留金选〔2020〕50）

农业国际合作中的购销风险

戴明辉　著

中国科学技术大学出版社

内 容 简 介

本书阐释了农业国际合作的系统结构和运行机制,梳理了"一带一路"六大经济走廊在农业领域的合作进展和部分典型案例,运用扎根理论对涉农企业国际购销的风险维度进行了识别,并借助贝叶斯网络构建了农业国际购销风险预警仿真模型,旨在帮助涉农企业在"一带一路"建设中更好地防范和应对风险。

本书可供高校研究人员和从业于"一带一路"农业贸易的实业界人士阅读。

图书在版编目(CIP)数据

"一带一路"农业国际合作中的购销风险 / 戴明辉著. -- 合肥:中国科学技术大学出版社,2024.12. -- ISBN 978-7-312-06091-5

Ⅰ. F323

中国国家版本馆CIP数据核字第20246VV726号

"一带一路"农业国际合作中的购销风险
"YIDAI-YILU" NONGYE GUOJI HEZUO ZHONG DE GOUXIAO FENGXIAN

出版	中国科学技术大学出版社
	安徽省合肥市金寨路96号,230026
	http://press.ustc.edu.cn
	https://zgkxjsdxcbs.tmall.com
印刷	合肥华苑印刷包装有限公司
发行	中国科学技术大学出版社
开本	710 mm×1000 mm 1/16
印张	14.25
字数	254千
版次	2024年12月第1版
印次	2024年12月第1次印刷
定价	68.00元

前　言

农业是"一带一路"沿线共建国家和地区国民经济发展的重要基础，开展农业国际合作，保障粮食安全和促进农业可持续发展是沿线各国的共同诉求。2017年5月，中华人民共和国农业部、中华人民共和国国家发展和改革委员会、中华人民共和国商务部、中华人民共和国外交部四部委联合发布《共同推进"一带一路"建设农业合作的愿景与行动》，从机制上对其进行了顶层设计，明确了合作重点和对接重点区域，规划实施了重点工程，从而使"一带一路"倡议在农业领域持续推进。广大微观企业在响应顶层倡议，参建产业园区、技术示范基地等项目过程中，不可避免会遇到设备物资的跨国运送、化肥农药等农机农资或其他农林牧渔产品的采购和销售等问题。本书旨在帮助有关企业主体了解农业国际合作的逻辑和整体概况，识别这一过程中与购销有关的风险，也期望能为相关行业和政府职能部门提供参考咨询，从而更好地为"一带一路"高质量发展贡献力量。

全书共分为7章。第1章回顾了相关文献，并对全书内容结构作了总体介绍；第2章阐释了我国参与"一带一路"农业合作的理论逻辑；第3章对农业国际合作系统结构及购销风险进行了理论分析；第4章介绍了"一带一路"六大经济走廊农业合作进展及购销风险典型事例；第5章基于扎根理论对农业国际合作中的购销风险结构维度进行了质性分析；第6章以购销风险结构维度为基础构建了贝叶斯网络预警模型，并对所选案例进行了系统仿真；第7章从宏观、中观、微观三个层面提出了风险防范策略。

本书在视角上运用系统方法解析了农业国际合作运行机制，使读者能够对农业国际合作的内部构成及运行规律有一个整体认识；在方法上运用医学和社会学领域流行的扎根理论,对"一带一路"农业国际合作中的购销风险问题进行深入调研访谈并发展为理论模型,实现了从国际购销实务操作向战略管理、风险管理、国际商务、区域治理等理论的升华和飞跃;在技术上将扎根理论发展出来的模型嵌入贝叶斯网络分析技术中,借助贝叶斯网络强大的概率推理能力构建了风险预警仿真模型,实现了社会学、经济学、管理学和计算机科学与技术的初步交叉融合。

  本书是在笔者主持的国家社科基金一般项目(17BJY127)结题报告基础上修改而成的,其间也得到国家留学基金委公派出国留学面上项目(留金选〔2020〕50)的资助。虽然较早以前就曾留意到上述方法与技术的应用,但笔者借助这一技术来研究国家倡议中的具体问题还是首次,故本书的理论模型难免有所局限。尽管如此,书中许多内容仍是深入一线实地访谈所得,如第5章及表5-5中的风险因素,都是根据被研究人群的观点归纳出来的,具有一定的客观性。所有这些,希望能从一个侧面,为"一带一路"高质量发展、为我国粮农企业更好地参与全球竞争提供些许帮助。

戴明辉

目　录

前言 ·· (i)

第1章　绪论 ·· (001)
1.1　研究背景和意义 ··· (001)
1.1.1　研究背景 ·· (001)
1.1.2　研究意义 ·· (002)
1.2　文献综述 ·· (003)
1.2.1　我国参与农业国际合作的动机和目的研究 ················ (003)
1.2.2　我国参与农业国际合作的区位和领域研究 ················ (004)
1.2.3　我国参与国际农业合作的机制、模式与问题研究 ······· (006)
1.2.4　我国参与农业国际合作的风险及防范研究 ················ (007)
1.2.5　研究评价 ·· (009)
1.3　研究思路和方法 ··· (009)
1.3.1　研究思路 ·· (009)
1.3.2　技术线路图 ··· (009)
1.3.3　研究方法 ·· (010)
1.4　创新与不足 ··· (011)
1.4.1　创新之处 ·· (011)
1.4.2　不足之处 ·· (011)

第2章　我国参与"一带一路"农业国际合作的理论逻辑 ············ (013)
2.1　合作的理论解释 ··· (013)
2.1.1　合作的语义辨析 ··· (013)
2.1.2　合作的思想渊源 ··· (016)
2.2　农业国际合作的理论解释 ··· (019)
2.2.1　农业国际合作的政治逻辑 ····································· (019)
2.2.2　农业国际合作的经济逻辑 ····································· (022)
2.3　我国参与"一带一路"农业国际合作的理论解释 ·············· (028)
2.3.1　我国参与"一带一路"农业国际合作的人文地理分析 ··· (028)

  2.3.2 我国参与"一带一路"农业国际合作的自然地理分析 ………… (029)

第3章 农业国际合作购销风险初析 ……………………………… (031)
 3.1 农业国际合作系统结构界定 …………………………………… (032)
  3.1.1 农业国际合作系统内涵 …………………………………… (032)
  3.1.2 农业国际合作系统构成 …………………………………… (033)
  3.1.3 农业国际合作系统运行机制 ……………………………… (034)
 3.2 农业国际合作中的购销模式 …………………………………… (038)
  3.2.1 农业国际合作中的采购模式 ……………………………… (038)
  3.2.2 农业国际合作中的销售模式 ……………………………… (040)
  3.2.3 农业国际合作中购销模式选择的利弊分析 ……………… (042)
 3.3 农业国际合作中的购销风险理论探析 ………………………… (044)
  3.3.1 农业国际合作前期购销风险 ……………………………… (048)
  3.3.2 农业国际合作中期购销风险 ……………………………… (051)
  3.3.3 农业国际合作后期购销风险 ……………………………… (053)

第4章 我国与"一带一路"沿线区域农业合作进展及购销风险典型事例
 ……………………………………………………………………………… (062)
 4.1 我国与"一带一路"沿线区域农业合作进展 ………………… (062)
  4.1.1 中蒙俄经济走廊农业合作进展 …………………………… (062)
  4.1.2 孟中印缅经济走廊农业合作进展 ………………………… (077)
  4.1.3 中巴经济走廊农业合作进展 ……………………………… (089)
  4.1.4 新亚欧大陆桥经济走廊农业合作进展 …………………… (099)
  4.1.5 中国—中亚—西亚经济走廊农业合作进展 ……………… (106)
  4.1.6 中国—中南半岛经济走廊农业合作进展 ………………… (112)
 4.2 我国企业与"一带一路"沿线区域农业合作中的购销风险典型事例
  ……………………………………………………………………… (124)
  4.2.1 农产品购销前期典型事例 ………………………………… (124)
  4.2.2 农产品购销中期典型事例 ………………………………… (125)
  4.2.3 农产品购销后期典型事例 ………………………………… (127)
 4.3 新冠疫情下我国与"一带一路"沿线区域农业购销风险 …… (129)
  4.3.1 新冠疫情下农产品进口供应链风险 ……………………… (129)
  4.3.2 新冠疫情下农产品出口供应链风险 ……………………… (133)
  4.3.3 疫情与海关监管合力作用下农产品进出境合规风险 …… (137)

第5章 我国与"一带一路"沿线区域农业购销风险的质性研究 ……… (141)
 5.1 质性研究方法 …………………………………………………… (141)

    5.1.1 质性研究方法概述……………………………………………(141)
    5.1.2 质性研究的主要步骤………………………………………(142)
  5.2 扎根理论方法及程序……………………………………………(143)
    5.2.1 扎根理论方法与适用………………………………………(143)
    5.2.2 扎根理论的操作程序………………………………………(144)
  5.3 案例选取与资料收集……………………………………………(146)
    5.3.1 案例区域选取………………………………………………(146)
    5.3.2 资料收集……………………………………………………(148)
  5.4 范畴挖掘与提炼…………………………………………………(150)
    5.4.1 开放性编码…………………………………………………(151)
    5.4.2 主轴编码……………………………………………………(161)
    5.4.3 选择性编码…………………………………………………(161)
    5.4.4 理论饱和度检验……………………………………………(161)
  5.5 模型构建与阐释…………………………………………………(167)
    5.5.1 内部风险因素分析：从乡村到国际的认知鸿沟…………(168)
    5.5.2 外部风险因素分析：治理逻辑上的政治关联……………(172)
    5.5.3 过程性风险分析：易腐性、季节性与供应峰值…………(175)
    5.5.4 不同风险因素之间的关系分析……………………………(177)

第6章 我国与"一带一路"沿线区域农业购销风险的量化研究……(179)
  6.1 风险评估理论与方法……………………………………………(179)
  6.2 贝叶斯网络对本主题的适用性分析……………………………(180)
  6.3 农业购销风险贝叶斯网络构建与预警仿真……………………(181)
    6.3.1 农业购销风险预警系统构建………………………………(181)
    6.3.2 农业购销风险预警系统仿真分析…………………………(191)

第7章 我国与"一带一路"农业国际合作中的购销风险防范策略………(200)
  7.1 政府层面…………………………………………………………(200)
    7.1.1 优化制度环境和部门协调机制……………………………(200)
    7.1.2 拓宽基础设施和贸易物流网络……………………………(201)
    7.1.3 畅通国际磋商合作渠道……………………………………(202)
    7.1.4 强化农业国际合作平台建设………………………………(203)
    7.1.5 完善国内政务服务体系……………………………………(203)
    7.1.6 数字赋能通关监管与农业全产业链………………………(204)
  7.2 行业层面…………………………………………………………(205)
    7.2.1 构建健康有序的行业服务体系……………………………(205)

  7.2.2　主导推动产学研合作交流互促 ………………………………(206)
  7.2.3　加强全国农业全产业链重点链和典型区域建设 ……………(207)
  7.2.4　延伸农业产业链海外布局 ……………………………………(207)
 7.3　企业层面 ……………………………………………………………(208)
  7.3.1　规范治理结构,构建风险防控体系 …………………………(208)
  7.3.2　抱团出海,共享信息共抗风险 ………………………………(210)
  7.3.3　注重海外文化融合,履行社会责任 …………………………(210)
  7.3.4　培养和储备专业人才,提高对海外形势的分析能力 ………(211)
附录　农业购销风险调查问卷 ……………………………………………(213)
后记 …………………………………………………………………………(217)

第1章 绪　　论

1.1 研究背景和意义

1.1.1 研究背景

新中国成立以来,我国农业经务实进取、变革求新,不断提高对外开放水平,取得了以有限资源确保世界最大规模人口粮食安全的辉煌成就。[①]从新中国成立初期为保证工业品进口而大量出口农产品换取外汇,到如今基本实现"车厘子自由"和"榴梿自由",农业对外开放不仅缓解了农业资源压力,也极大地满足了国内市场需求。1978年改革开放后的几十年间,我国先后引进了大批先进适用、效益显著的农业生产技术、机械设备以及数十万份动植物种质资源,培育了一批具有带动示范作用的优势农产品出口生产基地和农业产业化龙头企业,在亚、非、拉的许多国家建设了一批农业技术示范中心,与140多个国家及主要国际农业机构和金融组织建立了长期稳定的合作关系,逐步形成了全方位、多层次、宽领域的农业对外开放新格局,为农业农村经济发展和现代农业建设作出了重要贡献。[②]

"一带一路"倡议是党中央、国务院统筹两个大局作出的重大决策部署,自提出以来得到世界诸多国家和国际组织的认同,目前已有150多个国家、30多个国际组织与我国签署了230多份共建"一带一路"合作文件。农业方面,为进一步加强"一带一路"农业领域的顶层设计,2017年5月,中华人民共和国农业部、中华人民共和国国家发展和改革委员会、中华人民共和国商务部、中华人民共和国外交部四部委共同制定并发布了《共同推进"一带一路"建设农业合作的愿景与行动》,确定了农业国际合作的重点区域,规划实施了"七大重点工程",

---

[①] 彭瑶.厚植沃土,握手世界:新中国成立70周年农业国际合作成就综述[EB/OL].(2019-10-16). https://szb.farmer.com.cn/2019/20191016/20191016_002/20191016_002_6.htm.

[②] 赵洁.农业对外开放新格局逐步形成:农业国际合作30年成就综述[EB/OL].(2008-12-19). http://www.moa.gov.cn/ztzl/nynccggfz30n_1/gd/200812/t20081219_1192985.htm.

同年也认定了首批境外农业合作示范区(10个)和境内农业对外开放合作试验区(10个)。在合作的推进模式上，基本上也是以"政府搭台、企业唱戏"的形式展开，即政府发挥引导作用，广大微观企业才是合作过程中的主体。而企业在响应顶层倡议，参与沿线农业合作、参建产业园区、技术示范基地或承包工程项目过程中，不可避免地要伴随着基建原材料、设备、物资的跨国运送，化肥、农药、种子、疫苗、农机等生产资料，以及粮棉油糖、果菜茶、肉蛋奶等农林产品的购买和销售配送等问题。如何帮助国际化经验并不算丰富的中国企业解决可能面临的问题，如整个过程可能面临哪些风险和事故，应如何科学防范，是本书想要达到的重要目标。许多农业国际合作领域的前期研究表明，我国部分企业由于恐怖主义[1]、地区冲突、汇率和文化[2]、结汇不利和农产品销售管制[3]、质检和关税[4]、市场垄断和运载标准[5]、返销配额指标紧张[6]、履约能力严重不足[7]等而在国际合作过程中遭受损失。如何切实提前预知风险，做好防范，减少合作中的损失既是一个理论问题，同时也是实际问题。

1.1.2 研究意义

（1）理论意义。共建"一带一路"是中国政府根据国际和地区形势深刻变化，致力于维护全球自由贸易体系和开放型经济体系，促进共建国加强合作、共谋发展提出的战略构想。[8]一方面，本书有利于从一个侧面认识和了解这一战略构想过程中所面临的重大理论与现实问题，丰富"一带一路"研究的理论内

---

[1] 范娟荣,李伟."一带一路"建设面临的恐怖威胁分析[J].中国人民公安大学学报(社会科学版),2018(1):19-31.

[2] 胡国良,何琛彬."一带一路"背景下我国东北三省与俄罗斯农业贸易研究[J].农场经济管理,2020(3):25-27.

[3] 高贵现,朱月季,周德翼.中非农业合作的困境、地位和出路[J].中国软科学,2014(1):36-42.

[4] 仇焕广,陈瑞剑,廖绍攀,等.中国农业企业"走出去"的现状、问题与对策[J].农业经济问题,2013(11):44-48.

[5] 何君,陈瑞剑,杨易.中国农业"走出去"的成效及政策建议[J].世界农业,2013(1):116-119.

[6] 王劲松,杨光,刘志颐.中国面向东盟地区推动农业"走出去"的现状、问题及政策研究[J].世界农业,2014(11):22-25.

[7] 赵振宇,刘宇帆,刘善存,等."一带一路"合作伙伴社会风险：基于BP神经网络的实证分析[J].北京航空航天大学学报,2022(5):1-11.

[8] 刁莉,赵薪彭."一带一路"投资对东道国和平福祉的促进效应[J].亚太经济,2024(5):127-139.

涵。另一方面,扩大我国农业对外开放水平,加速构建"双循环"新发展格局,关系到利用两个市场、两种资源确保国家粮食安全和重要农产品有效供给,关系到我国农业国际竞争力以及在全球粮农治理中话语权的提升。本书有助于从一个微观视角洞察我国农业在参与全球竞争中所面临的风险与挑战。

(2) 现实意义。"走出去"与"引进来"是我国深化对外经贸合作,积极融入全球产业链与价值链分工的重要举措。企业是参与分工的重要载体,处在国际化浪潮的前沿阵地,本书内容有助于提高企业对项目经营的风险管理能力。

1.2 文献综述

1.2.1 我国参与农业国际合作的动机和目的研究

理论上来说,企业一般倾向于到政治稳定、制度成熟和鼓励外商投资的区域进行投资,因为这样可以降低经营风险和运营成本,减少契约摩擦以及社会成员之间的各种机会主义行为,增强企业决策的可预见性。部分企业为了减少组织协调和适应成本,选择与母国文化距离、心理距离和制度距离较近的国家投资合作。[①]但事实上,他们一定程度上也忽略了母国与东道国文化之间存在的"反向共鸣"效应,即双方的文化距离越大,人们的观念、习惯和思维差异越大,越容易引发思维碰撞,激发新的灵感,并促进企业创新。[②]除此以外,还有的企业对外投资或与外方合作是出于逃逸母国的制度约束[③],寻求效率、市场和资源,获取原材料和能源供给以及技术、品牌和知识,或东道国的税率减免、准入限制[④]等方面考虑。

就"农业"领域而言,宏微观主体不同,合作的动机也不尽相同。如国家层面,中俄扩大农业领域合作主要是出于应对西方国家对俄罗斯的经济制裁以

---

① Johanson J, Vahlne J E. The Internationalization Process of the Firm: A Model of Knowledge Development and Foreign Market Commitment[J]. Journal of International Business Studies,1977,8(1):23-32.

② 王进猛,徐玉华,易志高. 文化距离损害了外资企业绩效吗[J]. 财贸经济,2020(2):115-131.

③ Witt M A, Lewin A Y. Outward Foreign Direct Investment as Escape Response to Home Country Institutional Constraints[J]. Journal of International Business Studies,2007,38(4):579-594.

④ Meyer K E, Nguyen H V. Foreign Investment Strategies and Sub-national Institutions in Emerging Markets: Evidence from Vietnam[J]. Journal of Management Studies,2005(42):63-93.

及中美贸易摩擦复杂化的需要①,同时也便于巩固中俄全面战略协作伙伴关系,做好"一带一路"建设同欧亚经济联盟的对接②;中非农业合作重在"授人以渔",助力非洲早日实现粮食安全和农业现代化③;中缅农业合作主要为推进"一带一路"和孟中印缅经济走廊建设,培育具有国际竞争力的粮、棉、油等大型企业,打造中国农产品有效供给的储备基地④;中国与中亚五国农业合作主要为提升中亚五国农业生产能力,促进中亚五国社会稳定、经济增长,保障"一带一路"框架的稳健运行⑤。而区域和企业层面,参与国际农业合作更多的是为配合国家或省市区域发展规划或提升产业竞争力和投资盈利⑥,如滇桂粤琼农业国际合作、连云港农业对外开放合作,以及中资企业的境外农业园区建设运营等⑦。

1.2.2 我国参与农业国际合作的区位和领域研究

区位与领域密切相关。要素禀赋假说认为,一国的要素禀赋决定其比较优势⑧,各国按要素禀赋所确定的贸易模式参与国际分工。例如《愿景与规划》中所提的几大重点对接区域,还有中俄在耕地资源、选种育种、农机制造、农业劳动力等领域的合作⑨,中坦在水稻、玉米、小麦、大豆、棉花、剑麻、木薯等领域的合作⑩,新疆与中亚国家在核桃、番茄、混合调味品、坚果及其他籽仁、亚麻

---

① 张红侠.中美贸易摩擦背景下的中俄农业合作[J].俄罗斯东欧中亚研究,2020(2):38-49.

② 郭鸿鹏,吴頔."一带一盟"视阈下中俄农业合作发展研究[J].东北亚论坛,2018(5):83-95.

③ 林家全.中非农业合作重在"授人以渔"[N].经济日报,2023-11-27.

④ 张芸,崔计顺,杨光.缅甸农业发展现状及中缅农业合作战略思考[J].世界农业,2015(1):150-153.

⑤ 石先进."一带一路"框架下中国与中亚五国农业产能合作路径[J].云南大学学报(社会科学版),2020(1):135-144.

⑥ 徐海俊,武戈,戴越."一带一路"建设与农业国际合作:开放共享中的农业转型:中国国外农业经济研究会2015年学术研讨会综述[J].中国农村经济,2016(4):91-95.

⑦ 朱春江,范郁尔,骆汝九,等.基于SWOT理论的农业对外开放合作及风险对策研究:以连云港市为例[J].江苏农业科学,2020(20):327-332.

⑧ Antweiler W, Copeland B R, Taylor M S. Is Free Trade Good for the Environment?[J]. American Economic Review,2001,91(4):877-908.

⑨ 郭志奔.互联互通视角下的中俄农业合作:进展、障碍与对策[J].西伯利亚研究,2022(4):33-45.

⑩ 姜晔,刘爱民,陈瑞剑.坦桑尼亚农业发展现状与中坦农业合作前景分析[J].世界农业,2015(11):72-77.

籽、菜籽油、葵花籽、葵花红花油、柑橘、鲜桃、棉花、羊毛、动物细毛、葡萄酒等方面的贸易合作①等都体现了双方气候、水土、动植物资源、劳力或资本等方面的禀赋差异和互补。当然,要素禀赋与比较优势、国际分工之间的关系也因不同的理论假设而有不同的内涵。如徐康宁、王剑②在检验国际分工变化的决定因素时,除资本技术和劳动要素禀赋以外,还考察了市场规模和地理区位的作用,发现地理因素的影响力在上升,而要素禀赋的影响力在下降。龚斌磊③将空间计量模型引入全球农业生产函数,控制国与国之间农业生产的地理与经济两个维度相互影响,以此来估计中国与"一带一路"合作伙伴间的溢出效应,然后借助全球农业全要素生产率(TFP)决定模型,考察了科研投入和国际贸易等因素对TFP的影响。研究表明,中国与共建"一带一路"国家间的双向溢出效应均为正且高于世界平均水平,从而证实了"一带一路"倡议的科学性。农业全要素生产率决定模型的回归结果也提供了重要的路径启示,即增加农产品贸易、双方都能从对方的农业增长中获得更大的单位溢出,或者通过增加农产品贸易、农业科技投入、灌溉比例、畜牧业比例和耕地比例,能帮助共建"一带一路"国家提高农业生产率,扩大其对中国的总体溢出效应,从而真正实现互利共赢,构建命运共同体。近年来我国与塔吉克斯坦④、埃塞俄比亚⑤、巴基斯坦⑥、赞比亚⑦、安哥拉⑧等国在农业职业教育与推广、农业技术示范和种子、农业机械、农产品贸易与投资、农业节水灌溉、粮食加工与储备、蔬菜种植和畜禽养殖、铁路桥梁等基础设施援建等领域的合作一定程度上都支持了这一理论结果。

---

① 李道忠,马亮.新疆:面向中亚,在农业合作共赢中开创美好未来[N].农民日报,2023-08-15.

② 徐康宁,王剑.要素禀赋、地理因素与新国际分工[J].中国社会科学,2006(6):65-77.

③ 龚斌磊.中国与"一带一路"国家农业合作实现途径[J].中国农村经济,2019(10):114-129.

④ 张玉华,向欣,周捷,等.中国—塔吉克斯坦农业合作现状及前景展望[J].世界农业,2013(6):111-113.

⑤ 付严,王静.中国与埃塞俄比亚农业合作类型及其成效浅析[J].世界农业,2015(12):226-228.

⑥ 高云,刘祖昕,矫健,等.中国与巴基斯坦农业合作探析[J].世界农业,2015(8):26-31.

⑦ 姜晔,陈瑞剑,祝自冬.赞比亚农业发展现状与中赞农业合作前景分析[J].世界农业,2016(6):53-58.

⑧ 贾焰,莎莎,谭明杰,等.加快推动中国与安哥拉农业合作的思考与建议[J].世界农业,2016(9):221-225.

1.2.3　我国参与国际农业合作的机制、模式与问题研究

在抽象意义上，有学者从"一带一路"倡议合作共赢的经济学角度构建了三国互动的决策理论模型，三国分别对应基础设施薄弱资金匮乏产能紧缺的沿线后发国家(A)、工业化进程较快和外汇储备充盈、生产能力富余的中国(B)、金融服务和科学技术领先的发达国家(C)，然后设定基准模型和考虑各不同类型国家的决策行为，推导出 A 与 B 合作时最优利率、信贷结构、利益分配率、信贷合作规模、产能合作规模，以及两国净收益的表达式，从而证明了"一带一路"倡议的实施可以通过价值创造和利益分享来实现互利共赢的经济学逻辑[①]。中国是国际合作的倡导者和多边主义的支持者[②]，在农业领域同样可以通过类似机制来实现互利共生。例如，我国援外农业技术示范中心从建设期到技术合作期和自主运营期，就采用了公私合营的 PPP 模式，通过发挥公共部门和私人部门各方优势，共担风险、共享利益，并实现共同目标[③]；我国宏观层面的农业国际合作机制包括国家或区域、地方层面的双边、多边合作机制[④]，双边合作机制主要表现为签订各类农业合作协议，组建相应农业委员会或工作组，由农业农村部主导，商务部、卫生健康委、海关总署、外交部、质监总局等部委提供支持，资金来源于专项或援助；多边合作机制主要表现为中国与东盟、大湄公河次区域(GMS)成员、上合组织、联合国粮农组织(FAO)、世界银行、联合国世界粮食计划署(WFP)、非洲联盟、金砖国家、欧亚经济联盟等签订的农业多边合作协议和形成的有关农业合作论坛[⑤]；地方农业国际合作

---

① 陈甬军，邓忠奇，张记欢."一带一路"倡议实现合作共赢的经济学分析[J].厦门大学学报(哲学社会科学版)，2019(5):83-97.

② 习近平在第二届中国国际进口博览会开幕式上的主旨演讲[EB/OL].(2019-11-05). http://www.xinhuanet.com/politics/leaders/2019/11/05/c_1125194405.htm

③ 王静怡，张帅，陈志钢，等.PPP 模式在中非农业合作中的实践与对策分析[J].国际经济评论，2021(5):162-176.

④ 杨易，张倩，王先忠，等.中国农业国际合作机制的发展现状、问题及政策建议[J].世界农业，2012(8):41-45.

⑤ 根据《共建"一带一路"倡议：进展、贡献与展望》(《经济日报》，2019年4月22日)，目前可利用的和正在努力建立的机制主要有二十国集团、亚太经合组织、上海合作组织、亚欧会议、亚洲合作对话、亚信会议、中国-东盟(10+1)、澜湄合作机制、大湄公河次区域经济合作、大图们倡议、中亚区域经济合作、中非合作论坛、中阿合作论坛、中拉论坛、中国-中东欧 16+1 合作机制、中国-太平洋岛国经济发展合作论坛、世界经济论坛、博鳌亚洲论坛等多边机制，以及与共建"一带一路"国家通过政党、议会、智库、地方、民间、工商界、媒体、高校等展开交往的"二轨"对话机制。

机制则主要由各省份与国外农业部门或政府部门签署农业合作协议（或备忘录），由商务厅、行业协会等部门给予支持，形式上主要有建设农业示范基地、互访和考察、互派研修生、科技合作研究、技术培训等。微观层面的合作模式上，随着中国企业实力和经营能力的不断增强，各国对"绿地投资"的诸多限制，我国农业海外投资方式多元化发展，"褐地投资"逐步增多，许多走出去企业通过购买境外企业来获得优势资源、品牌、技术、市场、渠道，如中粮收购新加坡来宝、中国化工收购先正达、光明并购新西兰信联乳业等。[①]具体经营方面，万宝非洲农业项目在实践中摸索出了"全产业链控制＋外包合作"模式，即万宝公司依据技术上的优势，在土地开垦、农田水利基础设施建设、种植、收购加工、仓储与收购等全产业链上进行控制，但在水稻种植这一相对薄弱的环节与其他中国企业合作，共享利润实现互利共赢。[②]以上理论层、实践层、宏观层、微观层、经营层的不同机制和模式互为前提和补充，构成一个有机的体系。抽象的理论模型为进一步探索我国与"一带一路"合作伙伴农业合作共赢机制提供理论支撑和创新空间，具体实践模式通过多元利益主体间的博弈推演为理论发展提供源源不断的素材和信号反馈，宏观层面的合作机制为微观主体间的交互活动指明方向并提供框架和舞台。

1.2.4 我国参与农业国际合作的风险及防范研究

虽然农业有其自身的特点，但农业国际合作仍不可能脱离国际宏观环境而单独存在。因而，国际国内重要智库和政策性机构所发布的报告和指数仍是企业决策的重要参考来源。中国社会科学院世界经济与政治研究所国际投资研究室每年发布其智库成果《中国海外投资国家风险评级报告》，该报告从中国企业和主权财富的海外投资视角出发，构建包括经济基础、偿债能力、社会弹性、政治风险和对华关系等在内的指标体系，对涵盖占中国海外投资流量超九成（不含避税港）的样本国家进行风险评级量化评估；中国出口信用保险公司也依托其专门设立的国别风险研究中心和资信评估中心，以及公司成熟的风险分析技术体系，至2023年已连续19年发布《国家风险分析报告》，为企业提供风险预警和"出海"导航。除此以外，商务部合作司委托中国对外承包工程商会研发完成的《境外企业项目外源风险管控评

---

① 于敏,李傲,茹蕾,等.中国农业走出去的基本特征、问题与建议[J].中国农业资源与区划,2023(7):1-8.

② 朱月季,高贵现,周德翼.中非农业合作模式研究[J].经济纵横,2015(1):114-118.

价体系》,中国社会科学院"一带一路"研究中心与中信改革发展研究基金会、中国社会科学院大学欧亚高等研究院共同编撰的《"一带一路"建设发展报告》蓝皮书系列,近些年各高校和科研机制先后成立的"一带一路"研究院(所)发布的研究报告等,对于我国企业处理农业国际合作中的风险和挑战也具有重要参考价值。

除国内外机构和科研院所发布的系统性研究成果以外,许多学者在独立探讨国别农业合作问题时,结合理论与项目运行实践,指出了部分"一带一路"合作伙伴的人文与自然风险。例如,我国与俄罗斯合作中的国际政治经济环境复杂、税收体系不完善、项目监管缺位及官僚主义风险[1];与非洲合作中的融资困难、结汇不利、农产品销售管制、禁止出口、消费习惯差异风险[2];与缅甸合作中的政策不连续、法律不健全、本地融资困难、汇率利率变动不合理、对外投资附带物资出口难、产品销售难、人员出入境难[3];与中亚五国合作中的技术性贸易壁垒和"灰色通关"风险[4];与巴基斯坦合作中的信息不透明、人民币汇率波动、政治风险[5];与坦桑尼亚合作中的基础设施落后、用工制度差异、官僚主义严重、天灾、疾病与交通安全风险[6];与埃塞俄比亚合作中的政治经济技术和自然风险[7];与塔吉克斯坦合作中的边境口岸不够,公路地形险峻[8];等等。这些国别研究成果来源于实践的同时,也为下一步我国农业的"引进来"与"走出去"实践提供了重要的"航标"。

---

[1] 许振宝,李哲敏."一带一路"倡议下中国与俄罗斯农业合作探析[J].世界农业,2016(8):192-196.

[2] 高贵现,朱月季,周德翼.中非农业合作的困境、地位和出路[J].中国软科学,2014(1):36-42.

[3] 张芸,崔计顺,杨光.缅甸农业发展现状及中缅农业合作战略思考[J].世界农业,2015(1):150-153.

[4] 李豫新,朱新鑫.农业"走出去"背景下中国与中亚五国合作前景分析[J].农业经济问题,2010(9):42-48.

[5] 高云,刘祖昕,矫健,等.中国与巴基斯坦农业合作探析[J].世界农业,2015(8):26-31.

[6] 姜晔,刘爱民,陈瑞剑.坦桑尼亚农业发展现状与中坦农业合作前景分析[J].世界农业,2015(11):72-77.

[7] 付严,王静.中国与埃塞俄比亚农业合作类型及其成效浅析[J].世界农业,2015(12):226-228.

[8] 张玉华,向欣,周捷,等.中国—塔吉克斯坦农业合作现状及前景展望[J].世界农业,2013(6):111-113.

1.2.5 研究评价

综上所述,学界对课题相关领域的研究大体分布在我国参与农业国际合作的动机和目的、区位和领域、机制和模式等方面,风险防范领域仅有零星涉及而鲜有系统讨论。政府机构主导的一些风险评估体系多是基于政治、经济、法律等宏观维度的划分和研究,虽具较强的参考价值,但对于企业具体操作层面的指导作用相对有限。此外,对于选题"我国参与'一带一路'农业合作"本身,学界也缺乏一些必要的理论挖掘与探索,例如,理论层面的"合作"有什么含义?在一般意义上,国际社会为什么要开展"农业国际合作"?在一个特定时空背景下,中国又为什么要同"一带一路"沿线开展农业合作?等。本书先对后者,即"我国参与'一带一路'农业国际合作"的理论逻辑进行阐释,然后从微观企业入手,着重对农业国际合作中的购销风险展开系统研究。

1.3 研究思路和方法

1.3.1 研究思路

本书在阐述我国参与"一带一路"农业合作理论逻辑的基础上,先用系统论的观点对农业国际合作的内容结构进行剖析,从宏观层面刻画农业国际合作的运行机制,对农业国际合作中的主要购销模式及购销风险进行初步分析;随后以"一带一路"主体框架中的"六大经济合作走廊"为方向,分别对各大走廊在农业贸易、投资、科教等领域的合作进展和项目情况进行详细梳理,对沿线农业合作中的购销风险典型事例进行剖析;再次,运用扎根理论,对沿海、沿江、沿边等农业对外开放合作"样板"区域进行田野调查和实地访谈,将采集到的一手资料按扎根理论程序进行编码,识别出农业国际购销中的风险因素并发展出理论模型;最后,将扎根理论模型与贝叶斯网络技术结合,借鉴交通信号灯概念设置预警规则和灯号区间,构建农业国际购销风险预警模型并进行仿真模拟,提出风险防范策略。

1.3.2 技术线路图

本书技术路线如图 1-1 所示。

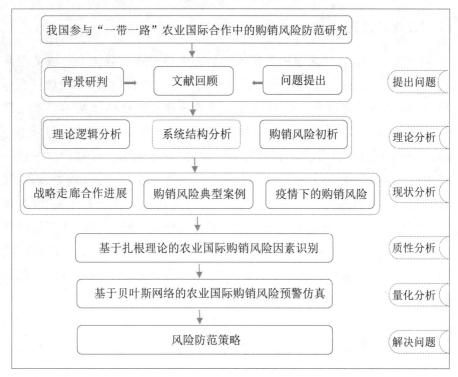

图1-1 本书技术路线图

1.3.3 研究方法

（1）系统分析法。运用系统论原理，从宏观上对农业国际合作的系统构成进行整体剖析，为进一步探寻农业国际合作中的购销风险奠定基础。

（2）质性分析法。运用扎根理论，以我国首批农业对外开放合作试验区及其辐射区域为案例区域，对区域内与沿线地区有农业合作和购销往来的微观主体、政府机构及专家学者进行深入访谈和现场调研，对所获一手资料进行持续比较、编码，并经理论饱和度检验，发展出理论模型。

（3）量化研究法。将上一阶段扎根理论发展得到的农业国际购销风险维度结构嵌入到贝叶斯网络中，借鉴交通信号灯概念通过设置预警规则和灯号区间，形成预警模型并进行仿真模拟，得到相关节点的预警灯号状态变化以及不同风险因子的重要性排序，从而为风险处理提供支撑。

1.4 创新与不足

1.4.1 创新之处

(1) 视角上的创新。尝试运用系统方法解析了农业国际合作运行机制,从我国农业部门实践出发,将农业国际合作系统划分为农业贸易合作、农业投资合作、农业对外援助和农业外交等四个相互关联的子系统,并分析它们之间的相互作用关系,使我们能够在宏观层面对农业国际合作的运行有一个整体的认识。

(2) 方法上的创新。尝试运用医学和社会学等领域广为追捧的扎根理论方法,对"一带一路"农业国际合作中的购销风险问题进行深入调研访谈并发展为理论模型,实现了从国际购销实务操作向战略管理、风险管理、国际商务、区域治理等理论的升华和飞跃。另一方面,通过将扎根理论的实证主义哲学逻辑(强调任何概念和理论都必须以可观察的事实为基础)引入经济贸易领域,解决农业购销实务中的风险问题,初步实现了当前经济学主流所追求的形式严密与实证主义精神的内在统一。

(3) 技术上的创新。将扎根理论所发展出来的理论维度嵌入贝叶斯网络分析技术中,得到农业国际购销风险贝叶斯网络拓扑结构,并借助贝叶斯网络强大的概率推理能力构建农业国际购销风险预警仿真模型。将其应用到调研案例中对相关参数进行调整,推出有关风险因子预警灯号状态变化和子节点对父节点影响程度的重要性排序。以此质性研究方法与贝叶斯网络技术相结合,帮助我国企业在参与"一带一路"农业国际合作过程中有效识别、控制和处理工程项目及购销领域的风险问题,方法论上实现了社会学、经济学、管理学和计算机科学与技术的初步融合。

1.4.2 不足之处

首先,农业国际合作是一项复杂的系统工程,由于负责人视野和水平有限,本书对农业国际合作系统的整体把握可能不够全面和准确;其次,扎根理论强调持续地比较以充分发现研究对象的特质和其中的理论元素(Glaser, Strauss, 1965),这在很大程度上取决于研究者本身的理论触觉水平。虽然笔者很早就留意到这一方法,但真正自己用来研究兴趣领域的问题还是初次尝试，因而所发展出来的理论模型难免有所局限。而且，课题研究中期，新冠疫情突然在全球范围内大规模暴发并持续数年之久，包括我国在内的很多"一带一路"合作伙伴的一些工厂停工停产、项目停滞或转移，使得课题最初的许多调研计划没法正常执行，未来研究中可从"两区"中的境外农业合作示范区中选取一些案例进行访谈，丰富资料与数据来源，进一步增强结论的科学性和准确性。

第2章 我国参与"一带一路"农业国际合作的理论逻辑①

2.1 合作的理论解释

2.1.1 合作的语义辨析

从一个相对狭小的时空范围来看,"合作"一词出现的历史并不长。根据克雷吞的著述,合作的创始者罗伯特·欧文(Robert Owen)于1821年在伦敦设立合作经济会(The Cooperative and Economical Society),"合作这个字始加进于英语"②。目前在《不列颠百科全书》《苏联百科词典》及《辞海》等工具书中,我们仅能找到"合作社"或"cooperative"的词条。按照《不列颠百科全书》的解释,"cooperative"是"由那些享用其服务的人们所拥有并得益而经营的一种组织",类似傅立叶倡导的"泼蓝斯顿",或傅立叶学派弟子安德烈·戈(Andre Godin)在法国小城季斯所创的"泼米斯顿"③;《苏联百科词典》将"合作社"释义为工人、职员、小生产者(包括农民)为了共同的目的在不同的经济活动领域里自愿联合组成的互助组织的总称。《辞海》中的"合作社"是指劳动人民或居民联合组成的经济组织,主要形式有生产合作社、供销合作社、消费合作社、信用合作社和运输合作社等。由上述定义可看出,《不列颠

---

① 本章大部分内容曾被华中科技大学开放与发展研究中心"第五届开放与发展研究论坛"录用,后为《区域国别学刊》采用。

② 克雷吞.合作论[M].徐渭津,译.上海:上海社会科学院出版社,2016:7.

③ 查理·季特.合作先驱傅立叶[M].徐日琨,译.上海:上海社会科学院出版社,2016:21-126.需要指明的是,傅立叶给"泼蓝斯顿"(Phalanstère))的真正名字是"农业家庭会社",由1620人约400户家庭组成(含独身主义者)。傅氏全体制度之出发点是消费者被剥削,例如,某苹果在原产地以某种价格卖出给收购者,然后转卖给消费者,价格凭空就翻了20倍有余。如果消费者联合起来生产他们自己所需要的东西,消费他们自己所出产的物品,现代社会经济秩序就可得到改良。在傅氏以前,各种社会力量的抗衡不过是奴隶反抗奴隶主,劳动者和负责债者反抗高利贷,但从来没有消费者鸣不平的。所以,从这个意义来说,是傅氏让消费者觉醒了,原来他们也和工人一样,被人剥削。这从经济组织视角上是一种开创性贡献。

百科全书》强调的是合作的"服务"与"得益"属性,《苏联百科词典》突出的是"自愿联合"和"互助"特征,而《辞海》的"劳动人民"和"经济组织",则带有一定的政治经济色彩。

  合作运动始于英、法等国空想社会主义者(如欧文和傅立叶)对于社会制度的探索与实践。1844年第一个合作主义纲领,即罗时达诸先驱(Los Pionniers de Rochdale)的纲领提出:"本会社,以实现其会员之经济的利益,与改善其会员之社会的及家庭的境遇为目的,资本由集股而成,每股股金定为一英镑,依照下列计划切实施行"……,其中涉及衣、食、住、行、生产、教育、健身等方方面面。法国合作名家季特指出,实际上这种所谓"合作主义"的最后目的,就是在他们的内部创设一个小小的新天地,自行组织生产和分配,然后通过宣传和实例使这种组织的数量不断增加影响不断扩大。[①]美国合作专家韦拔斯博士(2016)基于对现代社会秩序的批评[②],给出了"合作"的普遍定义:"合作是用互助的方法,达到自助的目的的计划"[③]他认为,试图补救当时那种"金钱"导向的社会秩序的许多主张都是有缺陷的,如职工组合主义(Trade Unionism)中的工人,虽然能凭借团体势力和罢工等形式来防范雇主提供最低工资维持其最高利润,但雇主同样会因不甘增加工资牺牲自己利润而提高物

[①] 查理·季特.合作原理比较研究[M].彭师勤,译.上海:上海社会科学院出版社,2016:2-3.

[②] 指的是当时资本主义生产方式还未充分发展(无产阶级与资产阶级的阶级斗争也未充分发展),人类都是为利润和工资这一目的而工作,其中,机器主用最低廉的价格去购买原料和雇用工人,然后用机器和工人的综合力量去制造物品,并用最高的价格去出售物品,得到最高利润;而工人则用他们自己的机器(即身体)所产生的力量(即劳力)去出售,每天把自己的机器带到工厂里,把机器里的劳力应用在厂主的机器上面,争取以最少的工作得最多的工资,并用最低的代价购买衣食、租赁房屋以保养他的机器(身体)。因而,机器主和工人都是在为利润而工作,为金钱而工作,并不是为人类而工作,至于出品是否合用,也在所不计了。

[③] 根据韦拔斯在《合作经济学》第三章中的解释,组织一个合作运动,起初并不是为全体福利,而是为个人本身的福利。合作社是由愿意自助的人民组织的,他们希望多得好的东西,希望利用他们的劳力和金钱。但是在合作社里面,社员假若要帮助自己,必须同时帮助别人,所以才有合作的一般定义。(参见:韦拔斯.什么是合作[M].温崇信,译.上海:上海社会科学院出版社,2016:27.)事实上,季特在《马克思主义学说与合作主义学说之异同》中也提到,根本来说,合作是个人主义者,合作运动中包含英雄主义,革命的马克思主义中也有他们的英雄,但前者的英雄主义由善意驱动,后者由"一种驾驭他们的进化的"推动。(参见:查理·季特.合作原理比较研究[M].彭师勤,译.上海:上海社会科学院出版社,2016:72.)

品售价,使得工人的消费成本提高,最终的结果往往是工人变成资本家,"为利润而营业的害处仍不能去除"[①]……共产主义"目的在使社会全部的事业由工人所有","工人既为工人,当然注意利润,因此,共产主义的国家,不过是打倒谋利润的资本家,而自己谋利润罢了"[②]。他们也详细阐述了劳工资本主义、劳工基尔特、工团主义、社会主义、无政府主义等各种主张的实质和缺陷,但无论韦拔斯还是季特,本质上都属消费派,即从消费者的观点出发,寄希望于以新的合作组织——由消费者所主持而不是由卖者或商人所统辖,来替代商业中现有组织,把一切牟利的企图予以摧毁。五四运动以后,各种新兴思想都在中国开始发展,合作思想也由朱进之、徐沧水的介绍进入我国,之后,薛仙舟、董汰馀、贾文芳、侯哲葊等分别为中国合作事业进行过一些探索,提出过一些主张,但都有一定的历史局限性。例如,董汰馀主张信用合作中心论,反对生产合作中心论,表现出重支撑而轻基础,喜虚拟而厌实体的主观倾向;薛仙舟提出"唯有合作主义,始能防止资本主义;唯有合作主义,始能打倒共产主义;有了合作运动,始能实现社会革命"则更是有些许的法西斯意味。[③]"合作理论"在梁漱溟的乡村建设理论中占重要地位,他与山东乡村建设研究院研究部同学谈论农民运动与合作时谈道:"合就是和气,作就是创造","和气即彼此感情好,彼此能敬爱,大家都忘了自己,融成一体之情;创造,说得平常些就是努力,用我们的身体或心思向前去干一些事情,于工作上有自得之乐"。[④]但赵靖基于无产阶级立场和对"合作制社会主义"的理解,批判其合作理论与合作运动是国民党反动集团反革命合作运动的应声虫,同时,他也点明了"合作社"的政治属性,是"随国家政权的性质,随当时占统治地位的生产资料所有制形式为转移的,在资产阶段掌握政权,生产资料掌握在资产阶段手中时,工人合作社不可避免地要从属于大银行和大资本主义企业,农民等小生产合作社尤其会成为地主富农等所操纵的工具。只有在无产阶段夺取政权,并掌握着国家经济命脉的条件下,合作社才能成为以社会主义原则改造农业及手工业的形式"[⑤]。

[①] 关于职工组合主义中的工人变为资本家,韦拔斯并没有解释清楚,但他提到,在劳资双方博弈中,资本家因地位关系往往较易成功,所以工人愿意效法资本家的方法,最终旧工头去职,新工头上任,仍旧为利润而营业。
[②] 韦拔斯.什么是合作[M].温崇信,译.上海:上海社会科学院出版社,2016:20-21.
[③] 吴藻溪.近代合作思想史:下[M].上海:棠棣出版社,1950:828-830.
[④] 梁漱溟.朝话:人生的醒悟[M].天津:百花文艺出版社,2005:93.
[⑤] 赵靖.批判梁漱溟的合作"理论"[J].北京大学学报(人文科学),1956(2):105-112.

2.1.2 合作的思想渊源

以上是特定历史阶段下"合作"的内涵属性和争议,事实上,"合作"的理念和原形存在于任何历史阶段的不同领域却是不争的事实。从生态系统中鼠尾草为松鸡提供食物,后者帮助前者松散周围土壤[①],到安第斯共同体五国政府在哥伦比亚历史名城卡塔赫纳签署《卡塔赫纳授权书》[②];从古希腊神话中瑞亚与其父母——头戴星冠的乌兰诺斯和地神该亚合谋以"狸猫换太子之计"用大石头成功救出诸神和人类之父宙斯[③],到新中国成立初期中苏同盟在新疆、沿海地区及朝鲜战场上的联合军事行动[④];从阳历纪元前三千年古巴比伦土地的共同耕作结社、德意志中世纪马尔克团体的共同耕作[⑤],到旨在解决未入学的小学适龄人口和未达"两基"目标而在甘肃省最贫困的4个少数民族聚居县所实施的学校发展计划[⑥],还有中石油购买哈萨克斯坦阿克纠宾斯克石油项目60.3%的股权[⑦]等,这些生态、政治、神话、军事、农业、教育、能源领域的现象或事实,无一不闪烁着"合作"的思想光芒。虽然,把生物物种之间的依赖和共生(如鼠尾草与松鸡)理解成所谓的"合作"有点柏拉图和柏罗丁异端万灵论的嫌疑[⑧],但一种介乎异端万灵论和机械论之间的折中学派——有机生态学却认为,"各个植物和动物中都有一种生机勃勃的有机力量,使这些生物不仅仅是一个行动的物体,这种

---

① 蕾切尔·卡森.寂静的春天[M].吕瑞兰,李长生,译.上海:上海译文出版社,2010:65.

② 朗平.发展中国家区域经济一体化框架下的政治合作[J].世界经济与政治,2012(8):129-148.

③ 赫西俄德.工作与时日 神谱[M].张竹明,蒋平,译.北京:商务印书馆,2016:42.

④ 沈志华.赫鲁晓夫、毛泽东与中苏未实现的军事合作[J].中共党史研究,2002(5):32-43.

⑤ 高须虎六.各国合作事业史[M].郑州:河南人民出版社,2017:2.

⑥ 史静寰,郑新蓉,王蓉.西部贫困地区基础教育发展路径探索:"中英甘肃基础教育合作项目"的启示[J].教育研究,2003(8):27-35.

⑦ 毛汉英.中国与俄罗斯及中亚五国能源合作前景展望[J].地理科学进展,2013(10):1433-1443.

⑧ 万灵论又称为泛灵论,主张天下万物皆有灵魂或自然精神。参见约翰·托兰德.泛神论要义[M].陈启伟,译.北京:商务印书馆,1999:12-13.而机械论哲学则倾向于把植物和动物视为是一种没有理性的物质,缺乏内在要求或智慧的原子微粒的聚合物,他们认为,一切现有的有机物,都是一台"完整巨大的和复杂的宇宙机器"的各组成部分,每个物种都在这个巨大的机器中发挥着某种功能,勒内·笛卡儿甚至公然宣称,动物并不比机器多什么,它们根本感受不到痛苦或愉快。

内在力量与那种使自然的各种因素紧密联系在一起、又没有公然的机械性束缚的'富有生命力的一致'相似"[1]，从而使得人类以外生物种群之间的合作至少在哲学外观上摆脱了某种神学色彩。与有机生态学不同的是，物理学在研究这类问题时，喜欢用精确的数学模型来加以描述。例如，猎手-食饵系统的洛卡-沃尔特拉（Lotka-Volterra）方程组就很好地表达了山兔与猞猁的变化速率：时刻 t 时，山兔的数目为 x，猞猁的数目为 y，设 x 和 y 都是可微函数。山兔的出生率与 x 成正比，即 $K_1 x$ ($K_1>0$)，山兔的消亡率取决于 x 和 y，若山兔的个体数目较多则容易被捕食到，而山兔周围的猞猁较多也容易捕食到山兔，所以山兔的消亡率与 xy 成正比，即 $-Kxy$ ($K>0$)。假定山兔不会发生自然死亡，猞猁的出生率取决于食物供给和它本身群体当时的个体数目，即出生率与 xy 成正比，为 $K'xy$ ($K'>0$)，猞猁的死亡率与 y 成正比，即 $-K_2 y$[2]。这实际上是物理学中的动力学原理在种群生态学中的应用，即

$$\frac{dx}{dt}=K_1 x - Kxy$$

$$\frac{dy}{dt}=K'xy - K_2 y$$

但是，物理学与生物学之间还是存在根本的分野，例如，根据热力学基本法则，世界的紊乱无序只会与日俱增，所有功能调节过程必然终止，所有秩序必然分崩离析，只要是物质的东西，必然符合物理学的这一法则。而唯生论者（生物学家）却主张，"对生物体来说，还有自己非常特殊的生命力量"[3]，由此可见，两种学科在准则上还是存在着巨大鸿沟。物理学家哈肯的协同学则引入了"序参量"这只看不见的手，认为正是各个系统的协同作用创建了序参量，并反过来"支配"各个系统的行为，使"结构的形成过程以某种方式必然沿一定的方向进行，而不是如热力学所预言的那样，始终在增加无序"，"它把原来无序的各个部分吸引到已经存在的有序状态中来，并在行为上受其支配"[4]，这一论断与经济学领域"无形的手"的作用机制惊人地相似。他将这一规律扩展到了

---

[1] 唐纳德·沃斯特.自然的经济体系：生态思想史[M].侯文蕙，译.北京：商务印书馆，2007:64.
[2] 左冰意.物理学在农业中的应用[M].北京：中国农业出版社，1996:27.
[3] H.哈肯.协同学：自然成功的奥秘[M].戴鸣钟，译.上海：上海科学普及出版社，1988:6.
[4] H.哈肯.协同学：自然成功的奥秘[M].戴鸣钟，译.上海：上海科学普及出版社，1988:7-9.

物理学、化学、生物学、社会学、经济学、管理学等不同的学科,显然,其所探讨的对象也由物质世界结构的形成拓展到了精神世界结构领域。

如果说不同生物种群间的共生与合作主要涉及物质结构范畴的话,人类社会广泛存在的政治、经济、军事、教育、农业等领域的合作则更多的是一种精神结构的范畴。德国著名哲学家、伦理学家泡尔生在阐述进化伦理学说与利己、利他两主义之关系时指出:"人类所以占优势于生物界,而毒虫猛兽不能为害者,全恃其有结合社会互相维持之能力,若言语,若悟性,若器械之发明,皆属焉。凡合群力以达一共同之鹄的,其力莫大","由是爱群性遂为自存之要素,因而演为各种性质,如信义、友悌,及牺牲私利以徇公益之类,皆是也。即此种种性质,而求其最固最深之根据,则即在服从社会亲爱同胞之性质,故能实行社会之道德,而不为自然所淘汰"①。虽然这里并没有直接谈及合作的各个方面,但它从本质上说明了人类之所以存在并占优的前提,就是"爱群性"以及人与人之间的"合作"。当然,根据我国学者张康之的观点②,广义的合作概念包括人类群体活动的三种形态,即"互助""协作"和"合作",其中的"互助"是合作的低级形态,主要是为了应对自然界的威胁,具有感性特征;"协作"是较为高级的合作形态,主要为了抵御竞争压力,服务于个人利益的追求,包含着明显的工具理性内容;而狭义的"合作"则是合作的高级形态,既包含着工具理性的内容,又蕴含了对工具理性的超越。所以按照这一逻辑,上述进化伦理学意义上的早期人类"合作"应该属于感性-互助的范畴;而出于单一的利己目标与相关当事人形成某种契约关系(无论是成文或不成文)并受其约束和限制,则属于工具理性-协作的范畴;既有利己的考虑,而又超出了利己本身,达到了道德规范的高度③,则属于"高级合作"的范畴。显然,这既是泡尔生所论断之意,也正是经济学鼻祖亚当·斯密所希望出现的情形。④ 亚当·斯密在《国富论》中

---

① 泡尔生.伦理学原理[M].蔡元培,译.北京:北京理工大学出版社,2013:169.
② 张康之.论合作[J].南京大学学报(哲学·人文科学·社会科学),2007(5):114-125.
③ 协作过程主要表现为"他治"的特征,例如签约后个人行为受到合同限制,一旦没有履行义务就会受到惩罚;合作过程则是"自主性"的表现,更多的是表现为道德的特征,所以,真正高级形态意义的合作行为发生在德治的框架下。
④ 他认为,人的追求自利的心理才是经济活动的本源性动力,经由这种自利心理的自由而又充分地发挥,经济社会才能得到发展。当时的传统道德哲学把利己视为卑劣德行,而曼德维尔在《蜜蜂的寓言》中公然指出,历来被世间当作善行,实际上都来自于力图获得好评的虚荣心,而被看作恶德的利己心和贪欲,才是人类的天性;只有这种利己心的自由表露,才能增加自我和他人的社会福利。斯密显然受到他的影响。

基于"利己主义"行为动机所建立的经济理论体系其实正是以他的《道德情操论》为前提的,两者并不矛盾。①诺贝尔经济学奖获得者阿玛蒂亚·森的阐述也许有助于说明所谓的"工具理性"和"超越利己效应"。他指出,在有限重复的"囚徒困境"博弈中,理论上不会出现合作行为(合作意味着对自利目标的偏离)②,但实际上合作行为却普遍存在。之所以出现这种偏离自利目标的选择,可能的原因是,"有时候,人们会遵从某种特定的行为准则,这一准则与他们所认可的或最终追求的目标是相悖的,并且,这种遵从有时也会发生在他们并没有赋予这一行为准则以任何内在重要性的时候,遵从这样的行为准则可能是出于工具理性,因为整体利益的增加可以使每一个人的个人目标得到更大的满足"③。或者换一种表述,"虽然他人的目标不可能被纳入一个人自己的目标中,但是对相互依赖性的一致认同,会给出某种特定的行为准则,这一行为准则不必具有内在价值,但对于促进团体中各成员的目标实现却具有很大的工具价值"④。由此可见,无论是物质结构的"联合""共生"或"合作",还是精神领域的"合作",都要服从某种准则,遵循一定规律,某种意义上也包含特定价值。从前述的系统理论来看,"合作"也是一个自组织系统,其内部有一套自我运行的规则和程序,可以在不受系统外部因素的干扰下,实现对系统内的要素协同和结构优化。

2.2 农业国际合作的理论解释

2.2.1 农业国际合作的政治逻辑

农业是通过植物体和动物体的生产而获取收益并以货币收入为目的的营

---

① 亚当·斯密.道德情操论[M].蒋自强,等译.北京:商务印书馆,1997:16.
② 因为在某一轮博弈中,如果一方不作出自利的目标选择,他就必须等到下一轮获得对手作出"好意的反应"时才能得到回报。显然在博弈的最后一轮中,将不会有人偏离"自利"目标,因为再也没有下一轮了。由于最后一轮博弈中双方都不愿偏离自利目标,那么,在倒数第二轮中也不会有非自利的行为发生。依此类推,可以证明,在整个博弈过程的任何轮次,都不会有偏离自利目标的选择。
③ 阿马蒂亚·森.伦理学与经济学[M].王文玉,译.北京:商务印书馆,2000:84.
④ 阿马蒂亚·森.伦理学与经济学[M].王文玉,译.北京:商务印书馆,2000:85.

业①。波斯国王居鲁士称其为"两种最高尚最必需的事业之一"②,苏格拉底认为农业是最好的职业和最好的学问,因为"其最容易学,而且从事这一职业也最为愉快,它能在最大程度上使身体健美","可以使从事这种工作的人勇敢刚毅","可以锻炼出最好的公民和最忠实于社会的人"③,他的弟子色诺芬总结称农业"是其他技艺的母亲和保姆"④。虽然有些论断带有很浓郁的农本主义色彩,但也由此可见农业在古代社会经济生活中的地位和作用。当时空的坐标切换到几千年以后的今天,我们依然能感受到农业对于人类生存的意义。"马牛羊,鸡犬豕。此六畜,人所饲。稻粱菽,麦黍稷。此六谷,人所食",这是中国最古朴的格言,也道出了人们日常生活对农业生产对象的依赖。全球140亿公顷不结冰陆地面积中10%的耕地和25%的放牧之地每年生产出20亿吨粮食供人类和动物消费,占直接和间接总蛋白量的2/3⑤。在非洲,农业是非洲大陆从事人口最多的行业,约60%的非洲人口依靠农业获得就业和生计⑥,在南美洲,农业提供了全球25%的粮食,34%的油料作物,25%的水果,11%的块茎作物,31%的肉类和24%的牛奶,整个拉美地区大豆、甘蔗、咖啡、剑麻产量占世界总产量50%以上⑦;在中国,农业用世界9%的耕地、6%的淡水资源养活着世界近20%的人口⑧,亚洲、欧洲和北美洲三大洲的谷物产量占世界谷物总产量的84%(根据FAOSTAT计算)⑨,全球经济可持续发展离不开粮农产业,但全球农业当前也面临一系列问题和挑战:国际社会未能围绕可持续发

---

① 祖田修.近现代农业思想史[M].张玉林,钱红雨,译.清华大学出版社,2015:33.

② 另一项为战术。(参见:色诺芬.经济论;雅典的收入[M].北京:商务印书馆,1981:14.)但该观点也有其局限性,苏格拉底认为,农业活动和战争一样都是为神所掌握,从事战争的人在采取行动以前要取悦于神,农事活动也要祈祷,见18页。

③ 色诺芬.经济论;雅典的收入[M].北京:商务印书馆,1981:20.

④ 色诺芬.经济论;雅典的收入[M].北京:商务印书馆,1981:2.

⑤ 皮埃尔·雅克,拉金德拉·帕乔里,劳伦斯·图比娅娜.农业变革的契机:发展、环境与食品[M].潘革平,译.北京:社会科学文献出版社,2014:116.

⑥ 侯洁如,钱宸.加速中的非洲农业机械化:专访联合国粮农组织南部非洲区域协调员Patrick Kormawa博士[J].中国投资,2018(24):22-27.

⑦ 李晶,李海燕,王立庆,等.拉丁美洲及加勒比地区农业发展现状与中拉农业合作前景分析[J].世界农业,2016(8):110-117.

⑧ 栾海军.中国用9%的耕地6%的淡水资源养活了近20%的人口[EB/OL].(2019-10-14). http://www.scio.gov.cn/ztk/dtzt/42313/42315/42341/42347/Document/1671116/1671116.htm.

⑨ 根据FAOSTAT统计数据库,2018年世界谷物总产量为29.6亿吨,其中,亚洲14.5亿吨,欧洲5亿吨,北美5.3亿吨。

展目标取得务实进展,推动消除饥饿并为所有人保障粮食安全和改善营养。在处于粮食危机的几个主要地区,经济冲击(包括新冠疫情的社会经济影响和乌克兰战争的影响)已取代冲突,成为重度粮食不安全和营养不良的主要驱动因素,粮食价格激增和市场遭受重创等全球经济冲击大幅削弱了各国抵御和应对粮食冲击的能力;但冲突和不安全仍是19个国家(地区)发生粮食危机的最主要原因,这些国家和地区有1.17亿人处于IPC/CH第三或更严重阶段(GRFC2023)。此外,全球农业也面临持续的自然资源受限且质量下降,气候变化和自然灾害加剧,终结饥饿和各种形式的营养不良步履艰难,食物系统高效性包容性和灵活性亟须加强,有效应对危机灾难和冲突的机制不畅,跨界动植物病虫害频发重发并发,缺乏协调一致的国家与国际农业治理体系等问题[①]。

事实上,冲突和挑战在各个领域一直都存在。但"没有哪个国家能够独自应对人类面临的各种挑战,也没有哪个国家能够退回到自我封闭的孤岛"[②]。冷战时期占西方国际关系理论统治地位的现实主义学派认为,冲突是无政府状态下国际社会的基本特征,民族国家之间的交往必然产生利益冲突,而冲突的解决最终取决于国家的军事实力。但新自由制度主义提出的国际制度供应派理论,强调了国际制度对于国家行为的影响和制约作用,所以,在这一主流理论逻辑下,国际关系的实质已经是合作而不是冲突[③],新型国际关系的共享治理理论表明,推动和完善全球治理,需要谋求各国间的协商与合作,建立基于合作共赢的全球发展伙伴关系[④],随着全球经济相互依赖性的不断增强,任何一国采取的措施都极可能会对其他国家的贸易、投资等各方面产生重要影响,尤其以霸权主义为基石的单边主义行为,会破坏现有国际秩序和妨碍国际合作进程[⑤]。例如,在美加墨协定(USMCA)协定关于乳制品市场准入的谈判中,美加两方貌似在乳制品市场进一步开放与争端解决专家组机制等方面达成妥协,但具体谈判过程中,美国事先与议价能力较弱的墨西哥达成一致,然后威胁加拿大若不在乳制品市场开放等关键议题上让步则将之排除在外,从而迫使加方作出妥协的,这里折射出来的实际上是美国日益明显的单边主义

---

① 夏敬源. 全球农业面临的主要挑战与对策建议[J]. 世界农业,2019(4):4-6.
② 高宇,卜胜男. 习近平开启新时代中国特色大国外交新征程[EB/OL].(2017-11-16). http://news.china.com.cn/world/2017/11/16/content_41900604.htm.
③ 秦亚青. 国际制度与国际合作:反思新自由制度主义[J]. 外交学院学报,1998(1):40-47.
④ 赵可金,史艳. 构建新型国际关系的理论与实践[J]. 美国研究,2018(3):32-56.
⑤ 袁征. 美国单边主义行为冲击国际秩序[J]. 人民论坛,2019(1):24-27.

倾向。① 单边主义虽然有时存在一定的积极意义②，但更多的学者认为，单边主义既是一种自私和短视的政策行为，也是对现行全球治理多边框架下非歧视性、责任共担、利益共享根本原则的违背③。当前全球经济深度调整，农业被各国普遍视为提振经济、应对困难、稳定民生的重要基础和保障，农业外交也逐渐成为与国家总体外交密切相关的重大国家发展战略。④ 以互惠互利、合作共赢原则，推动农业对外开放和开展多双边合作⑤，是时代发展的要求。

2.2.2 农业国际合作的经济逻辑

世界农业的基本目标是提供足够的食物以满足当前人口对营养的需求。⑥ 然而，在过去的五十年中，全球人口增长了一倍，预计到2050年，全球人口将增至97亿，届时至少需要增加70%的食物才能满足人口增长的需要。⑦ 联合国发布的《世界粮食安全与营养状况》(2023)指出，目前全球约有7.35亿饥饿人口，较2019年的6.13亿新增1.22多亿饥饿人口。2022年，亚洲和拉丁美洲在减少饥饿方面取得进展，但西亚、加勒比和非洲各次区域的饥饿水平仍在攀升，非洲大陆依旧首当其冲，每五个人中就有一人食不果腹，饥饿人口比例是全球平均的两倍多。按照中度或重度粮食不安全发生率衡量，全世界有

---

① 廖凡. 从《美加墨协定》看美式单边主义及其应对[J]. 拉丁美洲研究, 2019(2):43-59.

② 例如，1893年美国和英国因白令海海豹捕猎纠纷而提起仲裁，美国主张其有权在3海里领海线以外采取行动以保护经常光顾美国岛屿的海豹，英国则以"公海自由"为由进行抗辩，仲裁庭虽然以"公海自由"的原则裁决美国不得将其自然资源管辖权扩大到其管辖范围以外的地区，但同时也规定了保护处于3海里领海线以外的公海海豹的诸如禁猎季节和捕猎方法工具等措施，并进而导致了后面调整大陆架实体法的诞生。参见：浦晔, 侯作前. 论环境保护中的单边主义及中国的政策选择[J]. 中国法学, 2002(4):141-147.

③ 季剑军. 美国单边主义对全球治理体系的影响以及我国参与全球治理的应对策略[J]. 兰州学刊, 2019(1):86-92.

④ 于浩淼, 杨易, 徐秀丽. 论中国在全球农业治理中的角色[J]. 中国农业大学学报(社会科学版), 2019(2):101-110.

⑤ 搜狐网. 韩长赋在G20农业企业家论坛开幕式上的主旨演讲, http://www.sohu.com/a/81350987_260401.

⑥ Sadowski A, Nawrocka A B. Food and environmental function in world agriculture-Interdependence or competition?[J]. Land use policy, 2018(71):578.

⑦ Wang J K, Araus J L, Wan J. Breeding to Optimize Agriculture in a Changing World[J]. The Crop Journal, 2015(3):169.

24亿人无法持续获取食物,约占全球人口的29.6%,其中约有9亿人处于重度粮食不安全状况。报告指出,如果放任态势发展,到2030年,世界各国将无法如期实现消除饥饿的可持续发展目标。事实上,消灭贫困、公平分配、减少失业、平衡增长等正是经济学和发展经济学所关注的核心议题,以下主要从制度和技术两方面来阐述农业国际合作的逻辑。

1. 制度逻辑

世界农业发展不平衡是全球经济的基本事实,而造成这一问题的主要原因在于发达国家的农业保护政策和欠发达国家不合理的国内发展政策。[①]一方面,发达国家为保护国内农业生产者利益,通过保护性关税、价格支持、出口补贴、多元汇率等政策体系,使得国际国内贸易中生产要素和产品市场价格极度扭曲[②],另一方面,相对落后国家则在国家主义和社会主义思想支配下,常常采取几乎完全不顾生产要素条件的农工发展政策,导致了资源的不合理分配。其结果是,世界农业不均衡扩大,农业遭遇歧视,农民生产积极性受到抑制,农业对于发展中国家经济增长的潜在贡献无法正常发挥。[③]反观高收入国家,即使是旨在提高制造能力的保护性关税,从中受益最多的也是地主和农业从业者。因为在关税保护下,"相应制造业对农产品的需求在品种上和数量上都会增加,农产品的交换价值得到提高,这时农业从业者就能够在更加有利的情况下利用自己的土地和劳动力,从而地租、利润、工资等一切都可以提高;地租和资本有了增长以后,就会使地产价格和劳动价格提高"[④]。由此可以推知,不同收入水平国家之间加强政策协调,完善制度体

---

① 速水佑次郎,弗农·拉坦.农业发展:国际前景[M].吴伟东,等译.北京:商务印书馆,2014:301-318.

② 例如,在20世纪60年代末到70年代初,美国通过实施第480号公法和两价制,鼓励农产品在国际市场上倾销,同时保证农户从国内市场上获得相对较高的价格;欧共体许多国家的谷物价格为世界价格的两倍,但政府给予大量出口补贴,使得其农业生产者可以削价与远至东南亚的出口商抢生意;日本政府发放稻田开发补贴扩大产量,并给予水稻生产者以世界价格一倍以上的价格,使日本从大米进口国变成大米出口国。

③ 相对落后国家通常强调公有制在包括农业在内的各个领域中的作用,分配制度上倾向于使收入从传统集团和农民流向中产阶级,价格政策的目的是从农民和种植园主中获取经济剩余,而不是对农场生产决策和部门间资源分配决策进行有效协调,新产业的发展也是为促进国家主义经济目标服务,并不能为农业发展提供真正必需的新的生物、化学和机械等投入。参见:速水佑次郎,弗农·拉坦.农业发展:国际前景[M].吴伟东,等译.北京:商务印书馆,2014:313-314.

④ 弗里德里希·李斯特.政治经济学的国民体系[M].邱伟立,译.北京:华夏出版社,2009:171.

系,可以弥补要素和产品价格扭曲所造成的不公,提高农业对经济增长的潜在贡献,促进世界农业平衡发展。事实上,我国学者孙中才(1995)[①]构建了开放条件下农业与经济增长的分析框架,推导出一般意义的结论:即在非农业经济化程度较高的开放经济中,国际贸易(贸易、投资和援助都是农业国际合作的表现形式之一)在总趋势上是促进农业发展的,而不管农业在国民经济系统中的实际地位如何。

与许多发展经济学家相似,舒尔茨也非常重视制度对于经济发展的作用。他指出,欠发达国家通常把农业部门表现不佳归咎于自然灾害、农民的反常行为[②]或过多的生育,这实际上是对政府在实现农业现代化方面政策错误的一种掩盖。正如南亚地区频繁发生的恶劣季风并不影响其好的收成,前苏联在旱灾过后的年份仍有可用于出口的小麦,许多穷国所增加的农业产量中有不少正是源于农业劳动力的增加等反例所证实的一样,上述因素并不是欠发达国家农业落后的根本原因。其根源在于,这些国家缺少对农民有报酬的经济机会,而这些机会的缺失,主要是政府在制度上的缺失和扭曲:未能提供一种有效率的价

[①] 孙中才.农业与经济增长[M].北京:气象出版社,1995:102-111.作者指出,对于大多数发展中系统来说,农业国际贸易的主要目的,一个是进口国内农业与非农业的部分投资替代品,另一个是进口农业与非农业的部分消费替代品。由农业总消费和非农业总消费两个局部均衡关系推导出国内净最终农产品的增长、净农产品出口的增长和非农产品用于进口农产品替代的增长等三种增长率对国内农产品消费增长的贡献(分别由以下等式右边三项表示)。然后,有两种极端情形:① 国内农产品自给有余,尚有一定出口能力,农产品和非农产品出口都不必换回农产品;② 国内农产品不能自给,没有农产品出口,但有非农产品出口可以用来换回农产品,进一步推出结论:在非农业经济化程度较高的开放经济中,国际贸易在总趋势上是促进农业发展的,而不管农业在国民经济系统中的实际地位如何。其据以展开讨论的基本形式为

$$n = \frac{C_A + T_A}{H_1}\frac{dQ_A}{dt}\frac{1}{Q_A} - \left[\frac{dQ_A}{dt}\frac{1}{T_A} - v_{AA}\left(\frac{dT_A}{dt}\frac{1}{T_A} - \frac{dv_{AA}}{dt}\frac{1}{v_{AA}}\right)\right]\frac{T_A}{H_1} + \left(\frac{dT_I}{dt}\frac{1}{T_I} + \frac{dv_{IA}}{dt}\frac{1}{v_{IA}}\right)\frac{v_{IA}T_I}{H_1}$$

式中,n为人口增长率,C_A为国内生产的农产品消费品,T_A为出口农产品,T_I为出口非农产品,Q_A为进口国内投资替代品,H_1为国内个人农产品总消费,v_{IA}为一单位非农产品出口量用于进口农产品消费品的份额,v_{AA}为一单位农产品出口量用于进口农产品消费品替代的份额。

[②] 例如,当政府指示要求从小麦转向玉米生产时,他们未能生产出两者足够的产量;当政府发出实现大步前进的指示时,他们却向后退步;当政府给予农民以大量补贴并要求减少某种作物种植面积时,他们开始增加单位面积产量,以便这种作物产量的增加足以弥补种植面积减少所带来的损失而有余等。

格制度①、未能保证高盈利的农业投入的供给、未能对这些高盈利农业投入来源进行开发②。古典学派认为,传统农业由于其技术构成长期内大致不变,而且人们获得和增加收入来源的动力也不足,使得生产要素的供给与需求处于一种均衡状态,所以,传统农业是不能对经济增长作出贡献的,只有现代化的农业才能对经济增长作出重大贡献,因此,问题的关键在于,如何把传统农业改造成现代农业。舒尔茨用印度1918—1919年流行性感冒引起的农业劳动力减少使农业生产下降这一事实驳斥了传统农业中的"零值农业劳动学说"③,用收入流价格理论、危地马拉的帕那加撒尔、印度的塞纳普尔等事例,解释了传统农业停滞落后、不能成为经济增长源泉的根本原因在于传统农业要素的投资收益率低④,并提出改造传统农业的关键是要引进新的现代农业生产要素,包括杂交种子、机械等物的要素和具有现代科学知识,能运用新生产要素的人。为此,他极力主张向农民进行人力资本投资,包括农闲期间的短训班、中小学教育、保健设施和服务等⑤,这些都牵涉到国际农资的引进,以及国际教育培训与交流合作等。

2. 技术逻辑

农业不仅仅是一种技艺,而且是一种既必需又重要的技艺,它教给我们在各种不同的土地上,要种怎样一些庄稼和使用怎样一些方法,什么样的土地能不断地提供更高的产量⑥。关于贫穷国家为什么落后在经济学家看来是有其规

---

① 例如,在欠发达国家,农产品价格、农业投入的价格,还有消费品和劳务的价格等三套价格体系通常被一些政策严重抑制和扭曲了,印度、智利等国家在外汇方面将国内货币定值太高,导致农产品价格的严重扭曲,尼日利亚农民有些年份收到的棕榈果价格只是世界价格的一半,因为当局将其以世界价格卖出,将一定价差作为财政收入,剩下一部分才支付给农民。舒尔茨(1991)第10-12页。

② 西奥多·舒尔茨.经济增长与农业[M].郭熙保,周开年,译.北京:北京经济学院出版社,1991:1-9,283-284.

③ 西奥多·舒尔茨.改造传统农业[M].梁小民,译.北京:商务印书馆,2018:56-61.

④ 舒尔茨认为,在传统农业中,由于生产要素和技术状况不变,所以持久收入流来源的供给是不变的,即持久收入流的供给曲线是一条垂直线;另一方面,传统农业中农民持有和获得收入流的偏好和动机是不变的,所以对持久收入流来源的需求也不变,即持久收入流的需求曲线是一条水平线。这样,持久收入流的均衡价格就长期在高水平上固定不变,这就说明来自农业生产的收入流来源的价格是比较高的,即传统农业中资本的收益率低下。这种情况下,就不可能增加储蓄和投资,也无法打破长期停滞的均衡状态。西奥多·舒尔茨.改造传统农业[M].梁小民,译.北京:商务印书馆,2018:72-87.

⑤ 西奥多·舒尔茨.改造传统农业[M].梁小民,译.北京:商务印书馆,2018:150-171.

⑥ 瓦罗.论农业[M].王家绶,译.北京:商务印书馆,2006:29.

律和原因的。牛津大学教授罗伯特·艾伦指出,任何历史阶段的创造发明大多是由当时经济上领先的富裕国家完成的,它们多是劳动稀缺(工资高)而资本相对丰裕的国家,因此,技术的改变在本质上说是资本密集型的。穷国的资本劳动比率低,其劳动密集型生产并不受快速技术革新的影响。当穷国专门使用过去由富国所发明的技术来从事产品生产时,富国早已转向资本密集度更高的生产边界,留给穷国的只是技术上不再有创新的产品和服务。①具体到一国的农业领域亦是如此,甚至这种差距更加明显。许多研究表明,不同国家之间在农业部门劳动生率上的差异远大于总体劳动生产率的差异。②世界收入水平前10%的国家与最后10%的国家相比,前者在每个农业劳动力的农业产出上相当于后者的50.1倍,前25%的国家与最后25%的国家相比,这一数字为29.9倍,仅就美国与撒哈拉沙漠以南国家而言,这一数字超过100倍。③正如Richard Nelson所指出的,不同国家,或同一国家的不同区域,或同一区域不同农场上的农业生产者,并不都是处在同一生产函数上,这反映了他们在采用新技术能力上的差异,更重要的是,这也是农业技术差异化扩散的结果,在发明和发展能适用于该国(区域)要素禀赋和价格的机械、生物、化学等科学技术能力方面差异化扩散的结果。④

  由于各国之间存在巨大的农业生产率差异,因而欠发达国家似乎可以购买发达国家的先进技术,从而获得农业生产率的实际增长,并为工业发展提供农业剩余。⑤但在欠发达国家中引入能带来生产率和产量迅速增长的先进技术,往往也会产生新的不平衡,这些不平衡要求引入国在经济和社会等方面进行重大调整,其调整作用不仅通过国内产品和生产要素市场发生影响,而且也会通过商品在市场上的价格和贸易关系体现在国际经济体系中,这就需要加强国际的协调与合作;当然,开展国际技术合作,或引入先进技术,也未必都能为工业发展提供农业剩余或帮助。Paula Bustos等以巴西引入转基因大豆为

---

  ① Allen R C. Global economic history: a very short introduction[M]. Oxford: Oxford University Press, 2011.

  ② Restuccia, Diego, Yang D T, Zhu X. Agriculture and Aggregate Productivity: A Quantitative Cross-country Analysis[J]. Journal of Monetary Economics. 2008, 55(2): 234-250.

  ③ Gollin D, Lagakos D. Agricultural Productivity Differences across Countries[J]. The American Economic Review, 2014, 104(5): 165-166.

  ④ Nelson R R. A Diffusion Model of International Productivity Differences in Manufacturing Industry[J]. The American Economic Review, 1968(58): 1219-1248.

  ⑤ 速水佑次郎,弗农·拉坦. 农业发展:国际前景[M]. 吴伟东,译. 北京:商务印书馆,2014:213.

例,研究了农业技术变化对不同地理区域潜在产出以及对不同部门就业份额的影响,得出开放型经济中农业生产率对于工业化作用的启示:其具体作用取决于技术变化的要素偏向性,当农业领域的技术变化是强劳动节约型的,例如,转基因大豆节约了单位土地上的劳动投入而产出不变,则能促进工业化进程;当这种技术变化是土地扩张型的,如二季玉米栽培相当于同一块土地的潜在产出扩大了一倍,则农业生产率增长会阻碍工业化进程。①综上所述,在农业领域开展国际技术合作有利于提高农业生产率并为工业发展提供农业剩余,但需要国内经济社会作适应性调整并考虑技术对于本土要素的偏向性作用。

以上对于制度与技术两个层面的划分并不是试图割裂它们之间的内在联系,事实上,两者是统一的。舒尔茨提出的用于改造传统农业的新生产要素,就是许多经济学家所强调的促进经济增长的关键因素——技术变化,而且,他认为帮助农民获得有效使用现代农业要素的能力,在实现途径上既可以如前所述向农民投资,也可以是引进技术,包括雇用和邀请某些有名望的农学家、遗传学家、土壤学家、经济学家等进行巡回访问,以及选派一批人出国去掌握某种能力等[②]。Lin[③]、Richard Grabowski[④]则把技术构成(劳动密集型和资本密集型产业)和相关制度安排(保护国内市场,补贴进口竞争产业等)上升到国家发展战略的高度,认为CAD战略(Comparative Advantage Defying)[⑤]会导致低效的生产和寻租行为,国家会愈发衰弱。相反,CAF战略(Comparative Advantage Following)会使生产更加高效,寻租行为更少,国力更加强盛。

---

① Bustos P, Caprettini B, and Ponticelli J. Agricultural Productivity and Structural Transformation: Evidence from Brazil[J]. The American Economic Review, 2016, 106(6): 1320-1363.

② 西奥多·舒尔茨. 改造传统农业[M]. 梁小民,译. 北京:商务印书馆,2018:163-175.

③ Lin Y. New structural economics: a framework for rethinking development and policy[R]. World Bank Publications, 2012.

④ Grabowski R. Economic strategy and agricultural productivity[J]. Journal of Social Economical Development. 2015, 17(2):167-183.

⑤ 根据Richard的观点,CAD战略以经济结构转向资本密集型生产为特征,这就舍弃了作为劳动丰裕国家的相对优势,二战后很多发展中国家采用进口替代政策来促进资本密集型产业的发展就具有很强的CAD特性;CAF战略意味着初始结构为劳动密集型,随后这种结构为资源转向资本密集型产业提供基础。当这些国家发现进口替代的效果令人失望以后,就采用CAF战略,但有些国家的发展路径和结构改变仍然是扭曲的。

2.3　我国参与"一带一路"农业国际合作的理论解释

2.3.1　我国参与"一带一路"农业国际合作的人文地理分析

两千多年前,分处亚欧大陆东西两端的秦汉帝国与古罗马帝国通过丝绸古道将不同民族的命运紧密联系在一起,共同见证了欧亚大陆早期的农业交流与繁荣。晋代高僧法显、唐代高僧玄奘以及鉴真和尚、元朝宰相耶律楚材及外交官周达观、欧洲商人马可波罗、瑞典探险家斯文·赫定、摩洛哥人伊本·白图泰、明朝郑和的随船翻译马欢等,分别以自身的经历述说着佛教、基督教和伊斯兰教视域下丝路国度的风土民情与物候时令[①]。加图的《农业志》、瓦罗的《论农业》、维吉尔的《农事诗》、老普林尼的《自然史》、吕不韦的《吕氏春秋》、贾思勰的《齐民要术》、王祯的《王祯农书》、徐光启的《农政全书》、杨屾的《知本提纲》等,为后人探索不同地区农业生产力与生产关系、农业生产技术与管理经验留下了珍贵的思想文化遗产。悠悠驼铃声,漫漫古道情,东方对西方丝绸、瓷器、茶叶和"四大发明"等物产和技术的输出,以及西方胡麻、葡萄、大蒜、石榴、苜蓿、洋

---

① 法显一行于东晋隆安三年(399年)年前往天竺(今印度)求法,他们从长安(今西安)出发,其间经河西走廊、敦煌以西的沙漠到达焉夷(今新疆焉耆附近),向西南穿过今塔克拉玛干大沙漠抵于阗(今新疆和田),南越葱岭(帕米尔高原),取道印度河流域,再东入恒河流域,达到竺境,又横穿尼泊尔南部至东天竺,在摩竭陀首府达弗邑(今巴特那)留住3年,回来时走海路,由东天竺著名海港多摩梨帝(今加尔各答西南之德姆卢克)乘船到狮子国(今斯里兰卡),留2年再乘商船往东经耶婆提(今苏门答腊),换船北行在今山东崂山附近登陆,再转取陆路于义熙九年(413年)到达东晋国都建康(今南京),历时15年。230年后,玄奘于贞观三年(629年)从长安出发,经河西走廊、新疆绿洲诸小国,翻越葱岭到达天竺游学,滞留14年后于贞观十七年(643年)再次由陆路经于阗、楼兰等地回国。耶律楚材作为成吉思汗和窝阔台汗任命的元朝中书令(宰相),于嘉定十二年(1218年)自燕京(今北京)出发,经居庸关,经武川,出云中(今大同),到达天山北面。翌年(1219年)随军西行,越阿尔泰山,过瀚海,经轮台、和洲,更西行经阿里马、虎司斡鲁朵、塔剌思、讹打剌、撒马尔罕,到达花剌子模国首府今布哈拉,在西域滞留6年之久。元朝外交官周达观于元贞元年(1295年)奉命出使真腊,取海路从温州开洋,经七洲洋、占城、真蒲、查南、半路村、佛村、横渡淡洋至真腊国都吴哥登岸,逗留一年后返回中国。马可波罗作为基督都文化使者,17岁时随父亲和叔叔,经两中东两河流域,越伊朗沙漠,跨凰米尔高原,穿河西走廊,于元至元十二年(1275年)到达元上都(今北京),至元二十九年(1292年)奉命护送公主阔阔真下嫁波斯王子,由刺桐(泉州),沿海上丝绸之路,返回意大利。摩洛哥的伊本·白图泰和郑和下西洋的随船通事(翻译官司)马欢,作为伊斯兰文明的使者,先后(1342年和1413年)分别由西向东和由东向西两个不同的方向,沿海上丝绸之路到访数十个国家,对"一带一路"经济文化交流作出过巨大贡献和产生过巨大影响。

葱、无花果等域外农作物的传入,在丰富着沿线人民物质生活内容的同时,也极大地促进了各区域之间经济、文化和情感的融合。当然,各国实力的此消彼长,不同政权的频繁更迭,历时性与共同性的交互链合,也促成了地缘政治经济格局的变化和演替。中世纪蒙古帝国的崩溃使得连接亚欧大陆东西两端的陆上通道一度中断,印度洋成为全球贸易体系中至关重要的纽带,奥斯曼帝国的崛起让欧洲人不敢"在地中海上哪怕是漂浮一块木板"①从而被迫走向海洋,并以殖民化方式开启全球化时代②;后发殖民海洋强国英国对清政府的强势叩关(1840年鸦片战争),引发了开拓商品市场的资本主义条约体系与维持政治权威的农业社会朝贡体系之间的冲突,并改变了长久以来中华陆权帝国视海洋为天然安全屏障的固有意识,"海防"与"塞防""两防并重"的中华陆海权复合型地缘战略逐渐形成③。习近平主席提出的"一带一路"倡议,唤醒了沉寂千年之久的海陆通道,为亚、非、欧各国重启了一扇合作之门,门外利益与风险同在,机遇与挑战并存。美国近年主导的"印欧经济走廊"(IMEC)能否以印度连接海湾地区的东部走廊和海湾地区连接欧洲的北部走廊成功排除"中国"元素并遏制"一带一路"的影响力最终可能会事与愿违④。

2.3.2 我国参与"一带一路"农业国际合作的自然地理分析

"一带一路"沿线65国国土总面积4990.12万平方千米⑤,占全球陆地总面积的38.5%。耕地面积6.81亿公顷,占世界总耕地面积的48.28%。人口45.67亿,占全球总人口的62.2%。GDP总量22.86万亿美元,占全球总量的30.9%⑥。地理上横跨亚欧非三大洲,气候跨越热带、亚热带、温带和寒带,气候资源、光热

---

① 罗伯特·B.马克斯.现代世界的起源:全球的、生态的述说[M].夏继果,译.北京:商务印书馆,2006:67-75.

② 王义桅."一带一路"的文明解析[J].新疆师范大学学报(哲学社会科学版),2016(1):14-21.

③ 李晓,李俊久."一带一路"与中国地缘政治经济战略的重构[J].世界经济与政治,2015(10):30-60.

④ 全球化智库.崔凡:美国新拉的这个局能够破坏"一带一路"建设吗?[EB/OL].(2023-09-12).http://www.ccg.org.cn/archives/78232.

⑤ 这里主要指初始的范围,并不包括后来的拉美、南太等国家和地区。另据范泽孟,李赛博(2019)的研究,新亚欧大陆桥经济走廊辐射面积约5071平方千米(可能有误),占世界总面积36%。参见范泽孟,李赛博.新亚欧大陆桥经济走廊土地覆被变化及驱动分析[J].生态学报,2019(14):5015-5027.

⑥ 胡必亮,潘庆中."一带一路"合作伙伴综合发展水平测算、排序与评估[J].经济研究参考,2017(15):4-15;刘清杰."一带一路"合作伙伴资源分析[J].经济研究参考,2017(15):70-104.

资源、土地资源、水矿资源等农业禀赋差异明显。中亚五国为典型的大陆性气候,从哈萨克斯坦最北端到土库曼斯坦最南端,纵跨北纬57度至35度,夏季炎热,冬季寒冷,昼夜温差大,雨热不同期。国土面积广阔但耕地资源相对有限,光热资源丰富,但降水量较少,比较适合节水种植业和畜牧业为主的农业产业;西亚北非多为热带沙漠气候,全年炎热少雨,水资源短缺,除土耳其外耕地面积较少,适宜以粮食作物、干鲜果品以及畜牧业为主的农业产业;高加索地区西部属海洋性气候,东部为大陆性气候,是沿线降水量最充沛的地区,各国年均降水量在400毫米以上,其中的格鲁吉亚最高年均降水达929毫米,为该地区之最。虽然区域内多为黑土,土质肥沃,但耕地面积总量较小;俄罗斯以温带大陆性气候为主,土地平坦肥沃,水资源丰富,降水主要集中在5—9月,雨热同期,适合农业生产。但该地区适合作物生长期仅有3个月,从10月至次年4月有较为严重的冻害,低温胁迫对区域作物生长影响较为显著;南亚地区农业用地面积为253.88万平方千米,印度降水充沛,年均达1018.97毫米,雨热同期,利于农业生产,巴基斯坦降水较少且集中,阿富汗夏季酷热干燥,冬季严寒多雨,均不太利于农业生产[①]。"一带一路"区域最主要的覆被类型为草地(44.53%)、林地(33.89%)、未利用地(9.05%)和耕地(7.92%),此外还有部分水域和湿地、建设用地,且呈"三增三减"趋势[②]。草地主要分布在中国内蒙古高原、青藏高原及南部丘陵地区,俄罗斯的中西伯利亚高原与东西伯利亚山地地区,以及蒙古国的北部地区和哈萨克斯坦半干旱区;林地主要分布在俄罗斯的东欧平原、北部地区、中国东北地区、东南丘陵地区及欧洲西部地区;未利用地主要分布在中国西北地区,蒙古国南部地区,伊朗高原及中亚的卡库拉姆沙漠和克孜勒库姆沙漠地区;耕地主要分布在中国的东北平原、华北平原、长江中下游平原与四川盆地地区,以及欧洲西部和俄罗斯西南地区[③]。复杂的自然资源条件和覆被类型使得"一带一路"沿线地区农业类型复杂多样,成为各区域农业分层次梯度合作的自然基础。

---

① 王恒,王丹萌,冯永忠.丝绸之路经济带沿线国家农业自然资源特征评析[J].世界农业,2018(9):127-135.

② 这里的范围主要指新亚欧大陆桥经济走廊辐射地区,并不涵盖非洲等地。所谓"三增三减"指草地、耕地和建设用地有所增加,林地、未利用地及水域和湿地有所减少。参见范泽孟,李赛博(2019)。

③ 范泽孟,李赛博.新亚欧大陆桥经济走廊土地覆被变化及驱动分析[J].生态学报,2019(14):5015-5027.

第3章 农业国际合作购销风险初析

随着经济全球化的发展和我国"一带一路"倡议的不断推进,世界各国之间、我国与"一带一路"合作伙伴之间的联系程度日益加强,农业合作越来越成为各国之间交往的优先领域和重要议题,中国农业同世界的联结也从来没有像今天这么紧密。从国务院批准建立以农业农村部部长为总召集人,由21个部级单位共同组成的"农业对外合作部际联系会议"制度,到《共同推进"一带一路"建设农业合作的愿景与行动》的发布,从"高层互访推动农业合作"到"主动参与全球资源配置",从"积极参与国际标准规则制定"到"成功举办世界性农业会议",从"引进来"到"走出去",我国利用两个市场、两种资源、两种规则的能力持续增强,农业国际话语权和全球影响力也得到显著提升[1],至2019年3月,共有80余个国家与中国签署了"一带一路"农(渔)业领域合作文件,投资存量达到94.4亿美元。[2]如今在中国市场上,随处可见泰国的大米、马来西亚的榴梿、澳大利亚的鲜肉等进口农产品,同样,非洲、东南亚、俄罗斯、中东欧、美洲等除南极洲以外的地区,几乎也都活跃着中国企业的身影,它们从事的领域涵盖农作物种植、农产品加工、畜禽养殖、农田水利灌溉、化肥农药饲料种子农机农资的供应、农业原料的收购,以及物流仓储、终端配送等各个领域。

但我们应该如何从整体上对农业国际合作进行系统的理解是本书首先要明确的问题。农业国际合作包含哪些内涵和要素?其系统结构和运行机制是什么?农业国际合作过程中,可能有哪些购销模式?与购销决策相关的风险因素有哪些?以下将从这些方面着手展开阐述。

---

[1] 白锋哲,吕珂昕. 开放合作引领农业走向世界:党的十八大以来农业国际合作成就综述[EB/OL]. (2017-09-25). http://www.moa.gov.cn/ztzl/xy19d/fzcj/201709/t20170928_5830314.htm.

[2] 澎湃政务. 专访商务部研究院齐冠钧:如何加强"一带一路"农业合作[EB/OL]. (2021-03-12).https://m.thepaper.cn/baijiahao_11681100.

3.1 农业国际合作系统结构界定

3.1.1 农业国际合作系统内涵

系统,是若干个相互作用、相互依赖的组成要素结合而成的一个具有特定功能机制的整体。如果一个要素集合满足两个条件:① 这个集合中至少包含两个不同的要素;② 集合中的各个要素以某种方式相互联系,则称这个集合为一个系统。系统概念如图3-1所示,其中,a、b、c分别为不同的要素。

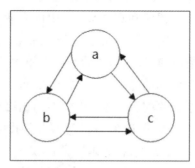

图3-1 系统概念

农业国际合作无疑可视为一个系统,并具有特定的内涵、构成和功能。当我们用系统的观点来研究农业领域的国际合作时,便要将农业国际合作从无限的存在中单独划分出来,视其为一个与外界环境发生物质能量交换的整体,并将农业国际合作中的各个具体领域或方式置于系统之中,分析它们之间的相互作用关系,然后才能得到合适的结论。其中的任何一个合作领域或任何一种合作维度,都只能从一个侧面反映农业国际合作的部分内容而不是全部。在给定的农业国际合作战略目标驱使下,不同领域或维度的农业国际合作必须在结构和功能上密切配合,才能实现农业国际合作的整体目标。因此,从系统的观点来看,构成农业国际合作系统的不同组分之间并不是互相孤立和彼此无关的,它们以某种特定的方式联系在一起并为达成一定目标而相互协同。它们之间具有一定的层次性和派生性,即从大的农业国际合作系统来看,各个具体维度的农业合作作为子系统只是其要素之一,而如果按照一定的基础度再将该具体维度农业合作细分成若干要素,则从这些要素来看,该具体维度农业合作又是一个系统。简而言之,从系统来看,它是要素,从要素来看,它又是系统。

3.1.2 农业国际合作系统构成

如上所述,农业国际合作就是一个复杂系统,它由若干个子系统构成,各子系统又包含若干元素,这些元素与子系统按某种方式结合起来就构成母系统。要对农业国际合作系统进行全面解析几乎不太可能,我们只能根据特定目的、按一定标准、从某个侧面将农业国际合作系统划分为不同的子系统、不同的元素,并分析其不同的运作程序。

从范围层级系统来看,农业国际合作可划分为全球农业国际合作系统、区域和次区域农业国际合作子系统、单双边农业国际合作子系统、微观企业农业国际合作子系统等不同层级。全球农业国际合作是一个大系统,上合组织农业合作、中拉农业合作、金砖国家农业合作、澜湄农业合作、中国-中东欧农业合作则是次一级的区域子系统;中国-赞比亚农业合作、中国-斐济农业合作、中国-缅甸农业合作、中国-南非农业合作,以及中巴、中老等农业合作则是更次一级的双边子系统;而包括中粮、国合、农垦、利华棉业、华大基因、贵友实业、联丰海外、友豪恒远等在内的微观企业在海外所展开的作物种植、畜禽水产养殖、土壤改良、节水灌溉、精准施肥、有害生物绿色防控、废弃物循环利用、面源污染治理和农业生态修复、机械化作业、仓储物流、农产品加工等领域的合作则是更基础层的载体和子系统,其中的微观层和基础层均可能涉及农业生产生活物资的采购、生产、销售、物流、配送等环节。

从中国农业部门实践系统来看,农业国际合作可由农业外交、农业投资合作、农业贸易合作、农业援助等四个子系统构成[①]。这四个子系统又可从不同的基础度出发,派生出更次一级的子系统。例如,以界面属性作为基础度,农业贸易合作子系统可分为主体子系统、对象子系统、机制和内容子系统,其中的主体

---

① 四个子系统的划分参考了农业农村部国际合作司的《新中国70周年农业对外合作》一文。文中,农业对外合作主要体现在农业国际合作机制日益完善、农业走出去方兴未艾、农产品贸易快速发展,以及农业科技合作成果突出等四大方面。考虑到其中的农业国际合作机制实际上就是农业外交的经济学表述,农业"走出去"方兴未艾的同时,中国农业"引进来"惯性犹存,当前是"走出去"与"引进来"并重的格局,因此本书将前两个大的维度引申为农业外交子系统和农业投资合作子系统。农业科技合作方面,虽然中国与包括欧、美、日、澳在内的许多发达国家、地区建立了合作关系,签订了合作协议,但本书所关注的"一带一路"沿线的农业技术合作大多可追溯至20世纪50年代所开始的对外援助项目中,因此,将其引申为农业援助子系统,从而得到农业外交、农业投资、农业贸易、农业援助等四个子系统。

子系统由国内外政府、企业、个人①、团体和其他组织、研究机构、农技专家、农业外交官等元素构成;对象子系统由农、林、牧、渔等农产品及化肥、农兽药、农机、农膜等农资元素构成;机制和内容子系统由多双边合作机制、国内国际合作机制、地方合作机制②,以及国民待遇和市场准入、原产地规则、贸易救济、卫生和植物卫生措施、技术性贸易壁垒、透明度等元素构成③。同样的逻辑,农业投资合作、农业援助、农业外交等系统也可划分为主体子系统、对象子系统、机制和内容子系统,只是各子系统所派生出来的更次一级的元素各有差异。

本书所指农业国际合作中的购销风险主要涉及范围层级系统中的微观企业农业国际合作子系统、中国农业部门实践系统中的农业投资合作子系统、农业贸易合作子系统等。

3.1.3 农业国际合作系统运行机制

以中国农业部门实践系统为例,其四个子系统分别是农业外交、农业投资、农业贸易、和农业援助(图3-2)。

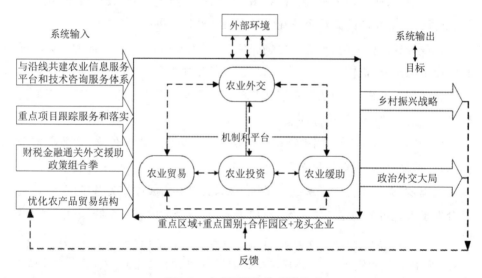

图3-2 农业国际合作系统构成

所谓农业贸易,就是在农业领域所进行的产品和劳务的交换活动。不同国

---

①《中华人民共和国对外贸易法》在2004年修订时已将对外贸易经营主体资格放宽至个人。

②杨易,张倩,王先忠.中国农业国际合作的发展现状、问题及政策建议[J].世界农业,2012(8):41-44.

③参见中国政府与各国签订的自贸协定文本(中国自由贸易区服务网)。

家和地区之间通过农、林、牧、渔等各类产品和服务的贸易往来互通有无,促进消费,调整产业和改善福利。农业投资,是指不同国家之间为了获取资源、技术、品牌,以及公司的控制权和经营权,或者为了实现资本增值等利益而进行的各种直接投资与间接投资活动。农业援外,是通过提供成套项目、技术合作和人力资源开发等三种形式向受援国提供援助,提高受援国农业生产水平和发展能力。①农业外交则是指一国政府以农业问题为切入点且依托农业资源手段与他国进行相应的合作,最终达到促进国家间总体外交关系发展的外交形式。②

1. 农业外交与其他子系统关系

在可预见的将来,粮食和石油仍是关系全球稳定和国家安全的重要战略资源,掌握了农业国际合作的主动性就可避免在遭受重大危机时受制于人,因此,农业是我国外交领域一张难得的王牌。③中国农业外交由政府统筹,具有"政府引领、部委分工、地方跟进、企业参与的特点"④,它包括在贸易、技术、人才等领域的国际合作和在发展、治理等领域的农业援助。农业贸易、农业投资、农业援助的执行主体都是中国农业外交的重要参与者,是中国农业海外利益的重要载体。他们在国际市场上的业务拓展是中国农业外交利益的重要组成部分。每一家农业贸易企业、每一个农业投资主体、每一个农业援外项目实施单位,都是中国农业外交的使者,代表着中国农业外交的形象,有义务践行中国"亲、诚、惠、容"的外交理念。中国政府在国际层面所参与的联合国粮农组织构建的综合性粮农治理机制、世界粮食计划署构建的粮食援助机制、国际农发基金构建的农业贷款机制、二十国集团等国际机制,以及中国与联合国粮食及农业组织"粮食安全特别计划"框架下的"南南合作"、东盟与中日韩农业合作、上海合作组织农业合作、中国—中东欧国家农业经贸合作论坛、中非农业合作论坛、中阿农业合作论坛、澜湄农业合作机制、中国—中东欧国家农业合作促进联合会等多边合作机制,为我国争取农业贸易利益、获取农业投融资机会、投身农业援外行动制定了游戏规则和塑造了竞争角色。农业领域的外贸、外资、援外"三外"联动,央企、国企、民企"三企"抱团出海,参与"一带一路"建设和农业国际合作,是对中国农业外交战略的积极响应和配合。

---

① 郭粟.关于农业援外的几点思考[J].农业部管理干部学院学报,2017(6):24-26.
② 陈翔.浅析"一带一路"背景下的中国农业外交[J].现代国际关系,2015(10):48-53.
③ 郭书田,刘劲松.推动我国农业"走出去"及农业外交的战略思考[C]// WTO与我国农业系列研讨会论文集,2001.
④ 张帅."走出去"战略提出以来的中国农业外交[J].国际展望,2019(5):98.

2. 农业贸易与农业投资

贸易与投资之间的替代或互补关系是国际经济领域的经典主题。农业贸易与农业投资是贸易与资本流动在农业领域范围内的具体表现。一方面贸易障碍的存在会导致资本的国际流动，这种流动的主要动机是绕过关税壁垒以克服贸易壁垒对资本效率的抵消作用，即关税引致投资。另一方面，投资障碍的存在又会导致贸易的发生，这是所谓的贸易与投资的互替效应。如果投资流动并不是因关税导致，且流向东道国出口部门，则会促进国际生产分工的专业化并扩大贸易规模，这是投资与贸易的互补关系。①我国农业对外投资主要表现为在海外建立子公司或合资公司，直接或间接进行农业生产经营，包括港口物流供应链的一体化等。这些活动一方面需要输出大量的工程设备和材料，还会带动农机、农膜、农资、疫苗种苗及其他农产品、消耗品等物品和物资的出口，另一方面产业链供应链的完善既能带动农产品回运和保障我国的粮食安全，又丰富了当地的消费和饮食结构。有研究表明，我国农业投资与农业贸易之间既存在互替关系，也存在互补关系。其中，外商对华农业直接投资与我国农业贸易之间表现为互相促进的互补关系，我国对外农业直接投资与农业贸易之间表现为相互抑制的互替关系。②

3. 农业援外与农业贸易

就我国的农业援外工作而言，促进其他发展中国家农业和农村发展，减轻贫困是优先领域。我们始终坚持"授人以渔"，帮助受援国增强造血功能。③从指导方针来看，农业援外虽然首先是要配合有关战略目标的实现，例如，争取受援国政府的肯定，争取受援国农业生产者欢迎以及国际机构和媒体的正面评价等，但促进农业"走出去"和"引进来"也是援外农业项目监测评价办法中的重要组成部分之一。农业"走出去"既有资金走出去、技术走出去、人员走出去，也有产品走出去。农业"引进来"既有品种资源的引进来、实用技术的引进来、智力人才的引进来，还有农业机械、仪器装备等的引进来。例如，位于"金三角"地区乌多姆赛省的中国援助老挝农业示范中心，自2010年起，中国农业专家帮助当地农户掌握相关种植技术，带动老挝北部农业经济发展。示范中心还将推广种

---

① 乔雯,杨平,易法海.日本对华农业直接投资与中日农产品贸易的关系研究[J].世界经济研究,2008(2):74-79.

② 周新苗,唐绍祥.我国农业对外贸易与投资合作的关联机制研究[J].华南农业大学学报(社会科学版),2011(2):101-108.

③ 林冬梅,郑金贵.中国农业技术对外援助可持续发展:内涵、分析框架与评价[J].海南大学学报(人文社会科学版),2021(6):1-10.

植、养殖所得的产品引进中国市场,实现了技术推广和市场的有机结合,极大地提高了替代种植和技术推广的效果。项目期间,示范中心帮助老挝实现了10万公顷橡胶种植面积的国家战略规划,天然橡胶出口实现了零的突破,增加出口收入20亿元人民币,成为老挝第一大出口产品;玉米产量达到90万吨,大部分出口到了中国、泰国和越南,成为老挝重要的出口产品。[①]这表明,援外与市场、贸易是一组相互关联的有机体。

4. 农业援外与农业投资

资本的本质是追逐利润,援助的本质是道义和责任,由此也决定了农业投资重回报和效益,农业援外重外交大局,但这并不意味着援外与投资互不关联。农业投资在保证一定回报的前提下承载着保障粮食安全和扩大对外开放等任务,需为政治服务;农业援外在配合实现国家外交战略目标的情况下也需考量可持续发展,而可持续发展就意味着援外实施机构能在受援国持续经营,项目自身能够持续地为受援国带来经济、社会、科技和环境效益。[②]中国农业援外的内容主要有建设农场、农业技术示范中心、农业技术试验站和推广站,兴建农田水利工程,提供农机具、农产品加工设备和相关农用物资,派遣农业技术人员和高级农业专家传授技术和提供咨询等。自20世纪50年代开始至今,这些项目在帮助受援国改进农业基础设施、提高农业生产水平、保障粮食安全和减轻贫困方面作出了重要贡献并赢得了普遍赞誉,这为当前和今后的"走出去"农企在受援国开展投资合作开发提供了良好的外部环境。作为对外援助的重要组成部分,援外人力资源开发合作项目为受援国培训了大量农业官员、青年领袖及技术人员,他们在中国学习期间同国内师生分享受援国的文化和经济社会发展状况并建立深厚情谊,这些都是中资企业日后赴受援国投资经营的宝贵财富。此外,有些非农企业通过积极承担实施援外项目,在受援国积累了一定经验和人力资源后,自主开展农业领域的投资合作开发,获得了良好的社会经济效益。[③]因而,农业援外与农业投资也是互相促进,互为补充的。

当前,在"一带一路"农业合作方面,中国政府正加快与共建国家农业公共信息服务平台和技术咨询服务体系共建,同时,不断完善政策措施,提升服务水

---

① 蔡情. 农业援外硕果累累:中国与其他发展中国家共命运[EB/OL].(2016-10-28). http://finance.ce.cn/gold/gd/201610/28/t20161028_17287367.shtml.

② 林冬梅,郑金贵. 中国农业技术对外援助可持续发展:内涵、分析框架与评价[J]. 海南大学学报(人文社会科学版),2021(6):1-10.

③ 张洁,杨易. 以援外工作助推农业"走出去"的几点思考[J]. 世界农业,2014(10):65-70.

平,按照"重点区域+重点国别+合作园区+龙头企业"的模式推动合作平台的运作。①

3.2 农业国际合作中的购销模式

3.2.1 农业国际合作中的采购模式

1. 物资母国采购

物资母国采购是指在农业国际合作背景下,对外经营主体在母国进行农业农资、原料、产品或物资的采购,主要通过采购部门与本地供应商或农户建立合作伙伴关系,签订供销协议等方式来实现。

以新疆果业集团为例,该公司是一家立足新疆特色林果资源优势,集生产、加工、物流配送、市场营销于一体的国家农业产业化重点龙头企业,品牌为"西域果园"。集团在乌鲁木齐、昌吉、吐鲁番、喀什等地(州、市)建有万吨级干坚果加工、果蔬综合加工、葡萄干加工基地,坐拥一座现代化的特色林果科技加工园区和新疆电子商务园区。其目前的采购主要依赖于新疆范围内具有一定规模的合作伙伴,与本地1000多户果农签订合同,由果农提供优质的水果,企业负责把水果运出国门。通过"龙头企业+合作社+农户"模式,该集团把分散的农户生产、加工、销售组织起来,实现特色农产品由粗加工、分散和小规模经营向集约化和规模化销售转变。②2019年12月底,满载44节车厢核桃与核桃仁的"和田—喀什—乌鲁木齐集拼集运货运班列"转中欧班列,缓缓驶离乌鲁木齐国际陆港区中欧班列集结中心,驶往土耳其梅尔辛港,这是新疆林果产品第一次以专列的形式出口国际市场,也是新疆大批量出口干果的第一单。③2020年,新疆果业集团通过电商促成新疆无核白鲜葡萄首次出疆,上线5小时32吨售罄;让棉花、棉胎首次通过电商销售,单品销售数量11万床,金额突破1000万元,成为阿里巴巴集团营销经典案例。从新疆果业集团向国际市场供货的角度来看,该例中的采购属于典型的物资母国采购模式。

---

① 农业农村部新闻办公室.加强"一带一路"农业优势产能合作,推动农业对外合作开创新局面[EB/OL].(2019-02-21).http://www.moa.gov.cn/jg/leaders/lingdhd/201902/t20190221_6172580.htm.

② 娄向鹏.新疆果业集团打造百亿果业航母[J].中国农垦,2020(3):52-54.

③ 王兴瑞.新疆果业向高质量发展迈进[EB/OL].(2019-02-21).http://news.ts.cn/system/2018/06/06/035246500.shtml.

2. 物资本土采购

物资本土采购是指在农业对外合作经营主体为配合企业在东道国的发展战略,在东道国本土采购农业农资或农产品以保证企业战略顺利实施的发展模式。

例如,泰国正大集团是由华裔实业家谢易初、谢少飞兄弟于1921年创建的知名跨国企业,在中国以外称作Charoen Pokphand Group(卜蜂集团)。其在中国的投资额近60亿美元,设有企业213家,遍及除青海、西藏以外的所有省、市、直辖市,员工人数超过80000人,年销售额超过500亿元人民币。该集团从农作物种子的销售开始,逐步发展壮大,形成了由种子改良-种植业-饲料业-养殖业-农牧产品加工、食品销售、进出口贸易等组成的完整现代农牧产业链,成为世界现代农牧业产业化经营的典范。2007年,昆明正大有限公司与云南易门县畜牧部门合作过程中推出"公司+基地+农户"的委托养殖模式,具体运作是由养殖户投资建盖鸡舍、猪舍,公司为农户提供鸡仔、猪仔及饲料,药品疫苗,并为养殖户配备技术人员跟踪服务,进行技术指导,正大集团公司回收养殖产品,根据饲养效果支付饲养户饲养酬金。①由于正大集团总部在泰国,其在中国境内开展农牧产业合作过程中为养殖户所提供的鸡苗、仔猪、药品等大多为中国本土渠道所生产或采购,因而属于本书所归纳的物资本土采购范畴。

3. 物资第三国采购

物资第三国采购是指在农业国际合作背景下,对外合作经营主体在母国和东道国之外的第三国进行农业物资的采购,主要包括借助第三国展会平台、在第三国收购或新建原料加工厂、农场、牧场或采伐基地等方式获取农业原料和物资。

例如,港资企业玖龙纸业成立于1995年,总部位于中国广东省东莞市,2006年在香港联交所主板上市,目前为全球产能排名第二的造纸集团和中国造纸的龙头企业。2020年,玖龙纸业造纸产能达到1757万吨,造纸产量为1615万吨。②随着环保政策趋严、原料价格波动以及零配额进口废纸政策的实施,集团优质废纸和林木原料供应的缺口扩大。为弥补原料缺口,该集团调整原料结构,开辟替代原料供应渠道,在海外备有15万吨木浆和70万吨再生浆年产能,2018年收购2家美国浆纸一体化工厂以及2家浆厂,2019年收购马来西亚1家

---

① 托养模式带动易门畜牧业跨越发展[EB/OL].(2014-04-17). http://www.yuxi.gov.cn/zxdt/20140417/21354.html

② 干货!2021年中国造纸行业龙头企业:玖龙纸业 未来产能不断增长[EB/OL].(2021-06-15).https://new.qq.com/rain/a/20210615A06AUC00

浆纸厂[①],有效地推进了产业链垂直整合,保证了原料供应。作为港资的玖龙纸业在内地投产,并在海外多国收购原料工厂以保证原料供应,站在投资者的国别属性来看,属于典型的第三国采购模式。

此外,关于第三国展会平台采购方面,2021年8月3日至4日,中国国际商会云南商会、上海市果品行业协会、万果联共同在昆明举办"2021第三届云南果蔬产业大会(云果会)暨中国地标农产品产销对接万里行之云南站",会上有数百位国外采购商达成合作意向。众多果业种植商、批发商、零售商等专业人士,采用政企对话、专题探讨、产地考察等形式展开交流分享,借助水果行业交流、搭建学习平台,形成采购意向。云果会主要活动是引导各地采购商乘坐大巴车沿东西两条线路展开云南水果产地考察,东线考察团先后了解了昆明石林人参果基地、曲靖马龙苹果基地,对于基地内品种优秀、口感美味的苹果,很多采购商表现出明确的采购意向。西线考察团则参观了丽江永胜软籽石榴基地,永胜软籽石榴品质优良、味道上乘,深受采购商青睐。[②]此次活动所搭建的平台,从各不同国家的果业种植商、批发商或零售商的角度来看,也是属于借助第三国展会平台采购的范畴。

3.2.2 农业国际合作中的销售模式

1. 物资本地销售

物资本地销售是指在农业国际合作的背景下,对外合作经营主体在东道国本地进行农资或农产品销售的行为。

例如,地处东南亚的缅甸,其农业机械化水平不高,主要以小型农机为主,对小型农机需求很大,农业市场潜力巨大。缅甸当地农机市场品牌主要来自日本、韩国和中国。其中,日本久保田在泰国建有工厂,距缅甸很近,在缅甸国内建有了4S店,配件经过陆路可以及时送达用户手里。而且,久保田在缅甸有20名维修工程师,能够及时满足维修需求。深耕同一领域的中联重科(中联重机)创立于1992年,是我国集工程机械、环境产业、农业机械和金融服务多位一体的全球领先高端装备制造企业,其农业机械业务已经覆盖小麦、水稻、玉米、油菜等主要农作物的育种、整地、播种、田间管理、收获、转运、烘干储存等农业生产全过程,产品已形成拖拉机、收获机、经济作物机械、烘干机、农机具等10多个产品线、50多个产品平台、750多种产品资源的产品组合,在欧洲、南亚、西亚

---

① 叶讯.玖龙纸业产业链不断拓宽[J].绿色包装,2021(2):21.
② 亚洲果蔬博览会.中国地标农产品产销对接万里行(云南站)成功举办:近百位采购商东西两线考察达成诸多合作意向[J].中国食品,2021(16):96-99.

建有完善的备件中心,在欧洲、西亚、南亚、东南亚及北美洲建有制造中心,在欧洲、南美洲、南亚、东亚有研发中心。中联重机一贯重视东南亚市场,在缅甸、菲律宾和泰国均有合作项目,并销售给当地农机用户水稻收割机、拖拉机和播种机等农用机械。由于当地没有建立起完善的配件供应体系和服务体系,2016年,中联重机在缅甸建设第一个中心配件库,并与当地经销商在缅甸全境建设分配件库,以满足后期中联重机农机的维修和保养需要。配件体系建成后,缅甸全境能实现20公里内有配件库并及时送达配件的愿景。[①]中联重机这种农机产品跟随农业合作项目走出去并覆盖当地市场的模式属于本书的物资本地销售范畴。

2. 物资回运母国

物资回运母国是指在农业国际合作背景下,对外合作经营主体将东道国项目生产加工的农产品回运母国进行销售的行为。其目的可能是为了弥补母国在资源禀赋上的劣势,变海外粮食为本国粮食储备,丰富国内市场供给。

例如,中国与拉美和加勒比地区在农业市场和资源上存在典型的互补协同关系,巴西、阿根廷、智利、乌拉圭、秘鲁等国家是中国进口大豆、玉米等粮食的重要来源地,来自该地区的牛油果、车厘子、蓝莓等特色农产品也极大地丰富了中国消费者的选择。在国内土地资源供给日益紧缺和海外农业资源生产成本相对低廉的双重背景下,2016年7月,上海民企鹏欣集团收购了巴西粮食贸易公司Fiagril 57.57%的股权,2017年10月,鹏欣又收购了另一家巴西粮食贸易公司Belagricola 53.99%的股权。Fiagril和Belagricola地处巴西两大粮食主产区——马托格罗索州和巴拉纳州,经营模式相似,主要从事农资销售、大宗农产品生产组织与贸易,都有近30年经营经验,有独立的仓储、运输设备和港口设施,两个公司覆盖大豆和玉米的种植面积达8万平方公里。鹏欣收购的这两家巴西公司运用"轻资产"经营模式,把种子、农药、技术等销售给巴西的种植大户,收获大豆、玉米等农作物后,国外种植户以农作物作偿付。这种"以物易物"的核心供销模式提前锁定收获季节可收获的农产品数量,保证了农产品供应,不仅提高了与国际大粮商的议价能力,更增强了农产品来源的稳定性和贸易主动权。鹏欣集团收购巴西粮食贸易公司,把大豆种到南美洲去的这种模式与过去单纯的进口大豆相比,行为更加积极主动,产业链布局更往前移,盈利模式也更多样化。除巴西以外,鹏欣在新西兰、缅甸等地也有农业资源的布局。目前,该集团已在新西兰拥有29个农场,并开始在中国销售新西兰生产的奶粉、牛奶

---

① 中国工程机械商贸网. 缅甸农机市场广阔但需精耕细作[EB/OL].(2016-01-11). https://news.21-sun.com/detail/2016/01/201601111006350.shtml.

等,在缅甸等地也正在实施年屠宰量150万头的跨境肉牛项目。[①]鹏欣集团这种在海外收购企业和农牧场,并把大豆、玉米等粮食作物和牛奶、奶粉、牛肉等农产品销往中国国内的做法属于本书的物资回运母国范畴。

3. 物资外销他国

物资外销他国是指在农业国际合作背景下,对外合作经营主体将农产品销往母国或东道国以外的他国市场的销售行为。

例如,1999年成立的福建宏东渔业股份有限公司是一家具有远洋捕捞、基地运营、冷链物流服务、水产品加工、海洋生物等完整产业链的远洋渔业龙头企业。2009年,为寻找渔场资源来到了毛里塔尼亚的港口城市努瓦迪布寻求合作。"一带一路"倡议提出以后,企业借助政策东风,于2013年和2016年分别得到中国出口信保为其提供的对外投资保险保障并顺利获得在当地进行渔业基地建设所需的银行融资。如今,该公司在毛里塔尼亚建造了拥有码头、捕捞、加工、仓储、制冰、储油、鱼粉、海水淡化等全产业链的综合性远洋捕捞基地,覆盖面积超过9万平方米,年产值约7000万美元,吸纳了2000多名当地人就业,受到当地政府和人民的欢迎。2019年,毛尼塔尼亚政府批给该公司169艘船的捕捞牌照,并向其开放领海,使其成为毛里塔尼亚对外开放领海的第一家外国公司。目前,宏东渔业在毛里塔尼亚的现代化综合渔业基地共捕捞及加工海产品品类80多种,产品通过欧盟认证,常年出口非洲各国及欧盟、东南亚、韩国、日本等地。[②]福建宏东渔业作为"走出去"企业,与"一带一路"合作伙伴开展渔业合作,捕捞及加工产品再销往世界各国,这种模式属于本书的物资外销他国模式。

3.2.3 农业国际合作中购销模式选择的利弊分析

1. 不同采购模式的利弊

根据上述模式,可以以对外合作经营主体A企业为例,对不同购销模式下的利弊进行粗略分析。在农业国际合作背景下,A企业出于战略实施、风险管理或运营成本等考虑,主要有以下三种采购模式可供选择,分别是物资母国采购、物资本土采购、物资第三国采购,这三种方式各有其利弊。

A企业选择从母国进行物资的采购,其利好可能在于:① 便于对供应商、合

---

① 茅冠隽."种世界的地,产中国的粮!":民企"走出去"掌控海外农业资源[EB/OL].(2019-08-19). https://www.jfdaily.com/news/detail? id=170516.

② 江帆. 偏僻小港建起远洋捕捞基地:中国信保助民企扎根非洲[EB/OL].(2019-04-11). http://paper.ce.cn/jjrb/html/2019-04/11/content_388532.htm.

作社、基地和产地进行实地考察;② 没有语言障碍使得沟通更加灵活而不易发生误解;③ 能够就产品质量或退换机制问题快速达成一致;④ 对安排装运或风险因素易于控制;⑤ 对异议与争端的处理相对易于协商;⑥ 面临的法律与政治环境不确定性降低;⑦ 国内企业之间货款的结算相对简单;等等。

弊处可能在于:① 从国际分工理论来看,各国因资源禀赋或生产成本差异,均存在自己的相对优势产品,因而,母国采购的物资价格并不一定是最廉价的。② 从母国采购物资运往东道国,中途的运输成本、关税成本及相关风险因素不利于控制。③ 农业项目工程承包中比例过高的母国采购也可能违反属地化采购原则。

A企业从东道国本土进行物资采购的可能利好在于:① 能够有效发挥当地的区位优势,充分利用资源优势降低采购成本;② 便于在东道国逐步构建当地的供应商网络关系;③ 可节约从东道国以外采购入境所需支付的关税、运输或保险费用;④ 降低远距离采购衔接中的不可控因素;⑤ 便于即采即用减少投入时差;等等。

弊处可能在于:① 对东道国当地市场行情不熟悉;② 对东道国的商业惯例或交易习惯不了解;③ 不能充分认识当地行业的竞争关系;④ 采购过程可能面临东道国政策的制约;⑤ 当地采购的物资在质量或性能上可能达不到预期的效果。

A企业从第三国进行物资采购的利好可能在于:① 能够借助第三国平台拓宽采购渠道丰富选择来源;② 能够降低对母国或东道国市场的依赖程度;③ 能够充分利用母国或东道以外的市场优势资源;④ 能够拓宽海外视野和业务联系网络;⑤ 能够绕开母国采购可能面临的壁垒;⑥ 能够避开东道国采购可能面临的瓶颈;等等。

弊处可能在于:① 如果与第三国企业并非经常性合作会增加交易风险和成本,与第三国企业的非长期合作不利于企业项目的持续运转;② 第三国采购可能受转运港的影响较大。

2. 不同销售模式的利弊

同样可以B企业为例对不同销售模式利弊进行粗略分析。根据上一小节内容,在农业国际合作背景下,B企业出于战略、运营、成本或其他考虑,主要有三种销售模式可供选择,分别是产品本土销售、产品回运母国、产品外销第三国。

B企业选择将产品在东道国本土销售的可能利好在于:① 即产即销有利于加速资金的回笼;② 提高产品在东道国的市场占有率;③ 丰富东道国当地的消

费市场结构;④ 提高与东道国当地经济的融合度;⑤ 增强企业和当地的沟通互信;⑥ 从反馈中迅速了解行情和捕捉市场信息;⑦ 最大程度减少运输成本,提升产品价格竞争力;等等。

可能的弊处在于:① 许多国家对外资和产品销售有准入限制,企业的销售行为、产品规格、数量等会受到当地政府的管控;② 销售当地也不利于国际市场的开拓;③ 部分落后国家的当地销售可能面临供需不匹配,销售受阻等现象。

B 企业选择产品回运母国的可能利好在于:① 能够充分利用海外生物生产性用地资源,弥补母国特定资源供给的紧缺;② 增加母国国内市场供给,降低该产品在母国市场上的价格;③ 提高母国消费结构的多样化程度;④ 便于根据母国市场的需求调节产能;⑤ 降低政策不确定性对产品运销的影响;等等。

可能的弊处在于:① 产品回运母国涉及跨国运输与国际购销问题,途中的运输成本、关税与配额管制等不确定性增加;② 长途运输中的农产品保鲜或超低温控制技术对企业要求较高;③ 宏观层面也可能增加母国的外汇支出。

B 企业选择产品外销第三国的可能利好在于:① 能够充分利用不同国家市场的异质性特征合理配置资源;② 扩大产品在第三国市场的占有率或影响力;③ 突破东道国可能狭小的市场空间限制;④ 能够借助不同市场的盈利空间平衡企业风险负担;⑤ 有的企业在东道国生产就是想以此为跳板供应第三国目标市场;等等。

可能的弊处在于:① 对企业如何在母国、东道国、第三国等不同国家之间合理分配资源提出了挑战;② 对从东道国向第三国的运输成本难以有效把控;③ 对客户偏好和市场需求反馈的把握可能存在时滞;④ 对第三国市场的培育和维持方面可能需投入较大精力和成本。

3.3 农业国际合作中的购销风险理论探析

风险虽然很早就为人们所察觉,但迄今并没有形成一个为各界所公认的概念。西方古典经济学著作早在 19 世纪就指出,"风险"是生产经营活动的副产品,经营者的经营收入是对其在生产经营活动中所承担的风险的补偿和报酬[1]。美国学者威雷特从"主观性""客观性"与"不确定性"等维度对"风险"进行了相对全面的界定:"风险是关于人们不愿看到的事件的发生不确定性的客观体

---

[1] Fischhoff B. Managing Risk Perceptions[J]. Issues in Science and Technology, 1985 (2):83-96.

现"①,其中的"不愿看到"表明,风险是一种主观感受,同样的风险事件,有的人愿意看到,有的人可能不愿意看到;"不确定性"表明,风险事件的发生具有不确定性,影响结果同样具有不确定性;而"客观体现"又表明,风险不依赖于人们的主观感受而真实存在,不以人们的意志为转移。芝加哥学派先驱法兰克·奈特则立场比较鲜明,曾坚持用自己的术语对"风险"进行定义:"为了维持可测量的不确定性与不可测量的不确定性之间的区别,我们不妨用'风险'指代前者,用'不确定性'指代后者。"②这里的"可测量的不确定性"与"不可测量的不确定性",其实就是其他学者所称的"客观概率"和"主观概率"③。在风险的度量和评估方面,许多学者基于不同的出发点提出了不同的处理技术和方法,例如,马克维兹基于投资收益正态分布假设提出了方差度量方法与资产配置模型,而有些学者认为这种方差度量对正离差和负离差的平等处理有违投资者对风险的真实心理感受,于是引用风险基准和参照水平来代替方差方法中的均值μ以着重考察损失边在风险构成中的作用,提出了包括LPMn(Lower Partial Moments)方法、VAR(Value At Risk)度量法等在内的Downside-Risk度量法。④陈浪南通过计算汇率变动对企业将来净现金流量现值的变化(增加或减少)来测量企业的经济风险,并提出经营多样化与融资多样化的风险管理措施。⑤风险与收益的依存关系方面,经典资本资产定价理论认为,风险与收益成正比。然而,Ang等提出的"特质波动率之谜"却揭示了高特质波动率组合对应低预期收益、低特质波动率组合对应高预期收益的现象⑥,张兵认为,这是我国资本市场投资者整体上从理性状态转移到非理性状态、非理性投资者比例升高的结果⑦。

以上大多为"金融领域"对于风险问题的探讨。与此不同,"购销风险"本质

---

① 汪忠,黄瑞华.国外风险管理研究的理论、方法及其进展[J].外国经济与管理,2005(2):25-31.

② Knight, Frank H. Risk, Uncertainty, and Profit[M].New York:Hart, Schaffner, and Marx.,1921:233.

③ Holton G A. Defining Risk[J]. Financial Analysis Journal,2004,60(6):19-25.

④ 吴世农,陈斌.风险度量方法与金融资产配置模型的理论和实证研究[J].经济研究,1999(9):30-38.

⑤ 陈浪南.跨国企业经济风险的测量与管理措施[J].国际金融研究,1991(5):37-42。

⑥ Ang A, Hodrick R J, Xing Y H, et al. The cross-section of volatility and expected returns[J]. The Journal of Finance,2006,61(1):259-299.

⑦ 张兵.中国资本市场特质波动率异象研究:前景理论的视角[J].经济学报,2021(1):83-108.

上是一种商业或贸易风险,"购销"即"购买"和"销售",或者通俗地说,是商业上的买卖和交易行为。国内学界对于"购销"问题的探讨或多或少地带有一些"计划经济"的烙印,如棉花购销[1]、粮食购销[2][3]、农产品购销[4][5]等,原因是计划经济下我国对关系国计民生的农产品、矿产品或大宗商品存在价格或数量上的调控,因而"购销"便常常与"农产品"等概念捆绑在一起,但实际上,法律意义的"购销"并不必然与"计划经济"关联,也并不必然指"农产品"交易,只要买卖和交易合同双方的义务存有对价关系即可[6]。"购销风险"即合同当事人在(国际)买卖和交易行为中所面临的不确定性。从不完全契约理论来看,交易才是国际贸易的基本分析单位,国际生产到国际消费这一漫长的链条中需要经历复杂的缔约过程,其间必然涉及广泛的契约摩擦[7]。契约的不完全性不仅影响不同生产部门的规模大小[8]、技术选择[9]和特定关系投资[10],而且影响贸易履约[11]。例如,契约的不完全情况下,进口国制度质量高低决定了该国契约的执行力,契约执行力越高,出口企业的贸易量越大持续时间也越长[12]。在这个意义上,"购销风险"是契约不完全状态下企业交易行为所面临的不确定性及其影响后果不确定性的客观体现。"购销风险"可以理解为"贸易风险"的一种

---

[1] 张泉欣. 棉花购销制度改革研究[J]. 中国农村经济,1998(4):33-40.

[2] 熊本国. 关于购销市场化改革后粮食若干问题的思考[J]. 农业经济问题,2005(10):55-58.

[3] 钱煜昊,曹宝明,武舜臣. 中国粮食购销体制演变历程分析:1949—2019[J]. 中国农村观察,2019(4):2-17.

[4] 曾寅初,高杰,李正波. 社会资本对农产品购销商经营绩效的影响研究[J]. 中国农村观察,2006(2):33-48.

[5] 王志刚,马建蕾. 农产品批发市场购销商客户关系形成机制研究[J]. 南开经济研究,2007(2):120-127.

[6] 傅鼎生. 义务的对价:双务合同之本质[J]. 法学,2003(12):69-76.

[7] 刘文革,周方召,肖园园. 不完全契约与国际贸易[J]. 经济研究,2016(11):166-179.

[8] Costinot A. contract enforcement, division of labor, and the pattern of trade[M]. Mimeograph, Princeton University,2005:1-32.

[9] Acemoglu D, Antras P, Helpman E. Incomplete Contracts and Technology Adoption[J]. American Economic Review,2007,97(3):916-943.

[10] Nunn N. Relationship-specifity, Incomplete Contracts, and the Pattern of Trade[J]. Quarterly Journal of Economics,2007,122(2):569-600.

[11] Rajan P, Lee J. contract enforcement and international trade[J]. Economics and Politics,2007,9(2):191-218.

[12] Araujo C, Giordano M, Ornelas E. Institutions and Export Dynamics[J]. Journal of International Economics,2016,98(2):2-20.

微观表达方式,但后者除内涵上包含前者以外,可能更侧重于国际地缘政治格局、国际贸易保护主义、环境灾害事件,以及各类病毒疫情蔓延等带来的产业或国家安全风险等[①]。

农业国际合作中的购销风险,从微观主体来看主要指伴随着涉农项目国际投资与贸易合作过程而发生的不确定性事件及其影响。其中,既有典型制造产业(产品)国际投资与贸易的一般性风险,如受到企业和管理者影响的内生性风险以及完全由工业和技术灾难、自然灾害和恐怖袭击等外部环境决定的外生性风险[②],也有农业领域的特殊性风险,如作物与牲畜自然生长过程不确定性(干旱、病虫害、疾病、重金属等)带来的生产风险,天气变化、价格飙升或市场准入减少带来的市场风险,农业机械伤害、家庭成员病故、农药危害人身健康,以及牲畜和人之间疾病传播带来的个人风险等[③]。当然,与本选题相近的文献更多地倾向于关注农业供应链风险,如 Jonkman 等[④]、Dai 和 Liu[⑤]、Nayal 等[⑥],Lei 等研究了"供应商-零售商"农业供应链中的期权合约,在模型中考虑了表征需求的销售努力与表征农产品新鲜度的损失率对优化决策的影响,他们发现,与仅采用批发价格合同的分散供应链相比,采用期权合同的分散供应链的预期利润可以增加,但如何分配增加的利润取决于他们在供应链中的议价能力,并认为,初始订单数量和期权数量都随着销售努力的增加而增加,期权价格可以平衡损失率的影响,以协调整个供应链[⑦]。陈剑等则重点聚焦了采购流程并提出包含环境、竞争、道德、财务、履约、内控等维度在内的"5+X"采购风险框

---

① 张露,罗必良. 贸易风险、农产品竞争与国家农业安全观重构[J]. 改革,2020(5):25-33.

② Buckley P J, Chen L., Clegg L J, et al. The role of endogenous and exogenous risk in FDI entry choices[J]. Journal of World Business, 2020(55):1-11.

③ Komarek A M, De Pinto A, Smith V H. A review of types of risks in agriculture: What we know and what we need to know[J]. Agricultural System, 2020(178):1-10.

④ Jonkman J, Barbosa-Póvoa A P, Bloemhof J M. Integrating Harvesting Decisions in the Design of Agro-Food Supply Chains[J]. European Journal of Operational Research, 2019, 276(1): 247-258.

⑤ Dai M, Liu L. Risk assessment of agricultural supermarket supply chain in big data environment[J]. Sustainable Computing: Informatics and System, 2020(28):1-8.

⑥ Nayal K, Raut R, Priyadarshinee P et al. Exploring the role of artificial intelligence in managing agricultural supply chain risk to counter the impacts of the COVID-19 pandemic[J]. The International Journal of Logistics Management, 2021(3):744-772.

⑦ Lei Y, Tang R, Chen K. Call, put and bidirectional option contracts in agricultural supply chains with sales effort[J]. Applied Mathematical Modelling, 2017(47):1-16.

架。①本书认为,"合同"是体现购销双方意愿的载体,购销双方对于未来可能带给自己损失的情形都会尽己所能通过"合同"这一"机制"来加以防范,因而"合同"不失为一个较好的观察线索。以合同进程作为主线(而不仅仅是合同本身)来看,国际购销实操活动大体均可分为前期准备、磋商与合同订立、合同履行三个阶段②,各个阶段都存在显性或隐性的致损因素,以下对各阶段场景及风险作初步描绘。

3.3.1 农业国际合作前期购销风险

1. 交易渠道选择风险

(1) 参展

参展,尤其是参加各类专业性的国际博览会、交易会、展览会,或者与展会相配套的各种论坛、洽谈会和交流会,是企业寻求国际投资贸易商机的第一步。农业企业寻求国际购销机会通常通过各类农业展会来进行。农业展会以农产品及其加工品、园林花卉、农业生产资料、农业高新技术的展示交流为主要内容③,以会议、展览和节庆为主要形式,将各种市场经营主体和消费群体囊括其中④,在促进农业行业发展和国内国外"两个市场"融合方面发挥着越来越重要作用。目前的农业会展领域,国内以中国杨凌农业高新科技成果博览会和中国国际农产品交易会、中国国际茶叶博览会、中国国际渔业博览会、中国农产品加工业投资贸易洽谈会、中国国际农业机械展览会等十大品牌展会比较具有影响力。⑤而国际上,英国皇家农业博览会、意大利维罗那农业博览会、德国汉诺威国际农业机械展等也是久负盛名。企业通过展会可以展示企业形象和优势产品,选择或转移目标市场、接触潜在客户和合作伙伴、了解竞争对手,为进一步开展业务洽谈、实地考察或合同签订和购销计划的调整奠定基础。当然,从不利的一面考虑,企业选择展会时也完全可能遭遇以下情况:自己的参展意图与展会内涵并不吻合;展位员工对产品的讲解不够生动不能很好地吸引游客;展位布局、色彩、灯光、地板、标志、图像、广告等不够协调,主题元素不

---

① 陈剑,肖勇波,朱斌. 大数据视角下的采购风险评估:基于某服务采购企业的案例分析[J]. 系统工程理论与实践,2021(3):586-612.
② 吴百福,徐小薇,聂清. 进出口贸易实务教程[M]. 8版. 上海:格致出版社,2020:8.
③ 于孔燕. 关于农业类展会发展的思考[J]. 农业经济问题,2006(8):40-42.
④ 张红丽,周海文. 中国农业会展行业发展现状、问题及对策研究[J]. 改革与战略,2015,31(9):100-104.
⑤ 中国贸促会农业行业分会. 2019—2020年度中国农业展会分类认定结果发布[EB/OL].(2021-04-09). http://www.moa.gov.cn/xw/bmdt/202104/t20210409_6365492.htm.

够凸显;参展产品的规格、型号不符合游客的预期;参展经费超出财务预算等,此外,展品的运输、海关和关税、存储等过程性问题同样会给企业带来潜在风险和损失。①

展品的跨境及海关问题主要涉及到暂准进出境制度。世界海关组织(WCO)框架下有关暂准进境的公约有两个制度体系,一个是ATA单证册公约体系(1963年《ATA公约》体系与《伊斯坦布尔公约》体系),一个是《京都公约》(修订)专项附约G(暂准进境),两者适用的货物范围及贸易便利化原则是一致的,所不同的是,前者设计了一套通过ATA单证册和国际联保系统来运作,而且,ATA单证册制度只是暂准进境制度中的一种特殊形式,在此之外还有大量不能适用ATA单证册但仍需暂准进境的货物。②因此,展品的跨国参展需面临诸多的通关与制度风险。以我国为例,《中华人民共和国海关暂时进出境货物管理办法》(海关总署第233号令)第9、10条分别规定:

ATA单证册项下暂时出境货物,由中国国际贸易促进委员会(中国国际商会)向海关总署提供总担保;除另有规定外,非ATA单证册项下暂时进出境货物收发货人应当按照有关规定向主管地海关提供担保。

暂时进出境货物应当在进出境之日起6个月内复运出境或者复运进境。

(2) 网络平台

对于农业国际购销的网络平台而言,主要就是指农产品跨境电商,即农产品电商活动的网络化、信息化和国际化。由于距离、时间、物流、税率差,以及跨境电商实验区的设立等多种原因,再加上近些年新冠疫情的影响,许多农业企业开始热衷于通过网络平台进行交易,这种方式虽然便捷、成本较低,但仍然存在着各种风险。首先是农产品跨境电商因涉及不同国家食品安全、生物安全、疫病防控、行业标准等方面的法律法规,跨境物流和出入境清关等环节具有较大的不确定性,尤其生鲜类农产品跨境运输的质量也很难保证。其次,跨境电商的消费者遍布全球各国,使用的货币千差万别,支付平台形式各异,不同币种的汇率也波动频繁,这对于农企跨境电商获利带来很大风险。③再次,从农产品跨境电商平台的选择来看,有的是依法自行组建的电商平台,在页面弹出广告的推销,以及销售过程中的收款与退款方面具较大的自主性,还有的是采取"租借"其他电商平台的方式来展开业务,通过支付一定费用来享受电商平台提供

---

① Siskind B. 参展实务[M]. 刘林艳,宋宏杰,译. 重庆大学出版社,2016.
② 朱秋沅. 展品暂准进境国际法比较及其对我国的立法建议[J]. 海关法评论,2018(8):50-76.
③ 冯雪彬,于淼,张建英. "一带一路"背景下我国农产品跨境电商一体化对接联动研究[J]. 商业经济研究,2021(20):147-150.

的各种服务。企业究竟是选择哪类平台来开展农产品跨境电商业务都可能面临风险,例如,前者的巨额维护和运营成本支出,后者的低自主程度很可能来自平台企业的"敲竹杠"等。

2. 交易对象选择风险

(1) 商务谈判中交易对象选择风险

农业国际购销谈判都是在一定的政治、经济、文化、法律制度、社会环境中进行的。因此,在正式谈判之前,一般要对交易对象本身及所处的背景环境进行认真准备和调研,做到未雨绸缪,防患于未然。交易对象的合法资格和资质、商业信誉情况、公司运营和财务状况、有无营业地或有多少营业地,与合同及合同履约关系最为密切的营业地在哪里,其所在国是否为《联合国国际货物销售合同公约》缔约国,交易对象的谈判期限是什么,等等,这些问题直接关系到谈判的控制权、对方的履约能力,以及合同的有效性;除此以外,两国之间关系交恶,或者政府与买卖双方之间存在某种特殊的关联可能会使商务谈判变得没有意义;政局的动荡很容易让正在进行中的商务谈判中断,或让已经签署的协议成为一纸空文;交易对象所在国家的外汇储备不足可能导致很多合同不能按期履约;信用较差的银行开立的信用证可能使企业无法正常收到货款;不同的宗教信仰可能让谈判过程啼笑皆非甚至出现意想不到的情况;不合礼仪的称呼、穿着和守时习惯可能使谈判双方不欢而散无果而终;交易对象所在国家落后的港口设施和装卸速率可能会使得运输和履约异常艰难;气候的差异可能延缓农产品生产和交货的周期等。以上是谈判之前对交易对象本身及其相关环境信息的初步摸底。只有准备充分,己方才能根据谈判目的和项目的重要性,确定自己的谈判阵容和谈判方案,将风险和损失降到最低。

(2) 国际招标方式交易对象选择风险

国际招标采购模式是通过国际招标流程和采购合同履行流程两大环节的实施来实现"钱物交流",从而使买卖双方实现各自目标。其中,国际招标流程包括确定最终招标文件、招标公告、开标、评标、确定中标人和签订合同;采购合同履行流程包括的主要环节有制造和采购、出口地检验和清关、包装、运输、保险、进口地检验和清关、伴随服务、最终验收、索赔和争议解决等。这两大流程一前一后,紧密联系,构成一个有机的整体。随着我国农业领域对外开放程度的不断提升,以及"一带一路"农业合作的不断推进,我国在沿线地区的项目不断增多,规模不断扩大。但企业如果利用世界银行、亚洲开发银行等贷款项目资金的,均要求以国际招标方式进行采购。尤其世界银行贷款项目国际招标流程,是当前世界范围内最为成熟和完备的招标流程。国际招标采购内容基本包括货物、土建工程和成套设备三大类,与农业购销有关的主要涉及农产品及其加工品和各类农业工程机械,例如耕整地机械、种植施肥机械、田间管理机械、收获机械、农用搬运机械、畜牧机械等。世界银行为各种类型的采购制定了标准的招标文件,借款人必须强制性地使用这些文件,世界银行负责审查采购程序、采购文件、评标报告、授标建议和合同,以确保采购是按照贷款协定中所规定的程序进行的。借款人与项目所需货物和土建工程的提供者的权利和义务取决于项目的招标文件。对于借款企业来说,包括农林类货物、项目和成套设备在内的国际招标采购实务活动主要可分为PDCA四个阶段,即计划(Plan)、实施(Do)、检查(Check)、处理(Action)。在计划阶段确定了招标采购内容和资金来源后,需考虑招标采购主体,即谁来实施招标采购活动,是自行办理、委托招标人代理共同完成,还是由招标代理以自己的名义进行国际招标采购活动。由招标人以自己的名义实施招标属于间接代理,一般只在特殊情况下采用。在实施阶段,世界银行贷款项目国际招标流程涉及以下环节:确定最终招标文件、招标公告、开标、评标、确定中标人和签订合同。其中,招标文件的最终确定是货物国际招标采购流程的基础工作和关键环节,因而极其重要。从招标文件的格式来说,实质上主要是明确以下三方面的内容,即"采购什么""如何采购""采购谁的"。其中,"采购谁的"关系到选择卖方的方法,即招标规则。因而,对于借款企业来说,在国际招标采购过程中,能否通过编制投标资料表来形成清晰和完整的"投标人须知"直接关系到供货对象将会是谁、在后续的合同履行中将会遭遇什么风险,例如对于投标语言的规定、对于投标报价及其范围和相关税赋的规定、对于贸易术语的规定等[①]。

3.3.2 农业国际合作中期购销风险

1. 合同订立

(1) 合同形式

根据《中华人民共和国民法典》第四百七十四条规定,以对话方式作出的意思表示,相对人知道其内容时生效。以非对话方式作出的意思表示,到达相对人时生效。以非对话方式作出的采用数据电文形式的意思表示,相对人指定特定系统接收数据电文的,该数据电文进入该特定系统时生效;未指定特定系统的,相对人知道或者应当知道该数据电文进入其系统时生效。当事人对采用数据电文形式的意思表示的生效时间另有约定的,按照其约定。这里首先是关于数据电文形式风险,尤其是近些年来由智能手机和移动数据催生的"微信"这种

[①] 袁鸿鸣. 国际招标采购[M]. 北京:对外经济贸易大学出版社,2004.

即时通信方式是否属于"书面形式",进而是否可据此判定合同成立具有较大的司法争议,因为由此产生的纠纷案件正越来越多地进入公众视野,而司法实践中"同案不同判"的现象屡有发生。① 其次是合同关系是否成立的风险,因为在英美法的合同解释原则中,主观主义已经受到越来越多的批判。即主观主义原则认为当事人之间是否存在合同关系主要根据当事人主观意图,只有当事人意思一致并达成合意(meeting of minds)时合同才成立,若他们对合同含义的理解不同,则当事人之间不存在合同关系。这种原则受到批判是因为当事人内在主观意图难以判断,其可信度会随着时间流逝和利害关系而大打折扣,且合同关系中相对方的合理信赖应该受到保护。因此,学界和司法界普遍认为应该摒弃主观主义原则,而应依据合同外在表达和外部证据来确定其含义,法官目前主要采纳修正的客观主义原则来进行合同解释②,这就决定了当事人或农业购销双方合同关系是否成立并不完全取决于对话或数据电文本身。

(2) 合同内容

购销协议具体内容由双方当事人规定,一般包括双方当事人约定的姓氏或者称谓和住处、标的、数量、品质、价款或者劳务回报、履行合同时限、地址和办法、违约责任、处理纠纷的办法等。在与"一带一路"沿线各国进行交易的整个过程中,合同的意义举足轻重,它规定了不同营业地当事人共同的利益和责任分担,而且受到政治、经济、法律,甚至疫情等多种因素的影响,因此,国际购销合同与一般合同相比,所面临的风险更高。例如,农产品的数量条款是否包含机动幅度和溢短装内容,毕竟国际运输与装卸过程由于条件限制使得实际履约数量很难与合同数量严格相符;合同品质条款是否包含有相应的质量增减价条款,多数农产品(芝麻、大豆、花生等)的品质(如含油量)都会受到天气或灾害事件的影响。因而,在数量或品质等反映标的物核心特征的条款中如果不考虑这些因素,难免易会给交货一方或付款一方带来不公。还有,在合同条款中双方没有约定法律适用问题,一旦出现事合同纠纷,不同国家的司法处理是存在很大差异的。虽然《联合国国际货物销售合同公约》(CISG)优先于法院的冲突规则是国际共识和普遍做法,但中国各级法院在适用分析中不引用CISG具体条款是普遍存在的问题,并没有表现出对CISG适用规则优先性的足够尊重,而且有时还犯类似"以住所地、设立地代替营业地等术语表述与文本不一致"的低级

---

① 孙秋晓. 以即时通信方式订立的合同之书面形式审思[C]. 中财法律评论,2018年第10卷.

② 卢志强. 英美法合同解释制度的历史变迁及发展革新[J]. 深圳大学学报(人文社会科学版),2020(5):95-103.

错误,反观其他许多国家法院在文书中对营业地,特别是对排除适用的时间、方式等常有深入研讨。①

2. 合同文件管理

在农业国际合作的过程中,合同文件管理这一环节所隐含的风险也不容忽视。在与贸易投资伙伴进行合作的过程中,双方往往要花费较长时间进行贸易投资谈判,签署的合同文本涉及到不同语种,有的还附有补充协议,及复杂设备的图纸和参数说明等,因此,在对合同进行归档整理的时候,要注意防范出现缺页、漏页、损毁、相关附件遗失或编号不对应等风险。另外,如果使用的是传统纸质合同,则容易出现褪色、受潮或被污染的情况;如果使用的是电子类合同,也存在中病毒、被删除、篡改等情况。

在合同文件整理归档后,由于双方贸易合作过程中存在着不确定性,有时需要对合同内容进行变更,因此合同文件的存放和整理十分重要。在进行农产品贸易时,受到自然或人为等因素的影响,合同中的某些条款必须进行变更,例如,遭遇自然灾害,农产品大量减产,无法达到合同中规定的数量,需要对合同所约定的交易数量或交易时间进行变更,这时需要有相应的合同管理程序与之适应。

3.3.3 农业国际合作后期购销风险

1. 备货仓储

在全球经济一体化背景下,各国消费者对其他国家的农产品需求不断增加,对农产品种类和新鲜程度的要求也越来越高,因此为了降低农产品在储存过程中的损坏率,各企业对农产品储存场所与基础设施的建设是十分有必要的。

农产品在仓储环节的损失率偏高的原因之一是企业基础设施的不完善。有的企业自身不具备储存产品的场所和设施,需要签订仓储合同委托第三方储存,然而,在选择第三方保管人之前需要对其资质进行评估,避免产品出现较高的损坏率甚至被第三方欺诈。

另外的一个主要原因是较为落后的仓储管理。传统的仓储管理主要依靠人工,在产品数量多的情况下效率偏低且容易出现差错,导致农产品在进出库过程中的不畅通,无法准确估计产品出入库的时间,增加了产品的仓储时间,一方面不仅增加了仓储成本,另一方面也增加了农产品变质的风险。

---

① 刘瑛.论《联合国国际货物销售合同公约》在中国法院的适用[J].法律科学(西北政法大学学报),2019(3):191-201.

2. 催、审、改证

审核信用证对审证人员所具备的专业知识有一定要求,需要对信用证进行全面、完整、仔细地审核。在审证时,首先应根据所签订的合同条款来审核信用证条款;然后再结合相关的进出口业务知识和信用证知识,检查合同条款是否有错误、缺陷、表述不明等情况,规避信用证风险;另外还要结合农产品或农业合作的相关特性对合同条款进行进一步审核,避免出现不必要的风险,例如农产品进出口合同中的溢短装条款、农机产品购销合同中的分批装运条款等。在审核信用证后,出口方发现存在不符之处,应立即要求进口方对信用证的相关条款作出修改,以避免交单议付时遭银行拒付。交易合同中的对应条款如果不同步修订,也可能会出现货款双方的纷争和推诿。

此外,对于存在一定的保质期的农产品以及按买方要求而定制的农机产品贸易,买方及时开立信用证非常重要,因此在进行此类产品的贸易时应当特别注意时间,若通过信用证结算,则要适时通知或催促国外进口商及时开立信用证,以便将货物及时装运。

3. 装船、车、机

在货物装运时,根据合同条款的规定或选用的国际贸易术语的不同,国际购销关系人需要选择相应的运输工具完成运输。在进行国际货物运输时,由于选用的运输方式和适用公约的不同,给当事人带来的风险也不尽相同。

(1) 国际海上货物运输

在国际海上货物运输领域,主要有以下几个国际公约:《海牙规则》(全称为《1924年统一提单的若干法律规定的国际公约》)、《维斯比规则》(全称为《1968年修改统一提单若干法律规定的国际公约议定书》)、《汉堡规则》(全称为《1978年联合国海上货物运输公约》)、《鹿特丹规则》(全称为《2009年联合国全程或部分海上国际货物运输合同公约》)等。国际航运规则体系的演变折射出国际航运市场力量的此消彼长。作为连续五年保持世界货物贸易第一大国的中国并没有加入以上几个公约,而是通过在本国的海商法中吸收"海牙-维斯比体系"的核心条款,并巧妙地坚持《汉堡规则》所赋予的某些合理权益,从而渐进式地实现对本国法律体系的革新。[①]总体而言,前两个体系更注重保护承运人和船东的利益,后两个体系则一步一步地加重了承运人和船东的负担。海事司法领域所涉海上货物运输纠纷中,运输合同及提单条款适用的规则不同,意味着船货双方的责任和风险承担不同。例如在民事权利保护方面,我国《海商法》《海牙规则》《维斯比规则》采用的是1年诉讼时效,即货主向承运人要求赔偿的请

---

① 李阳. 论汉堡规则对传统海运强国的影响[J]. 宁夏社会科学,2014(3):21-29.

求权,自承运人交付或应当交付货物之日起1年之内有效,否则,承运人或船舶都应被免除对于货物的任何责任。而联合国国际贸易法委员会制定的《汉堡规则》将该时效延长至2年,相当于加重了承运人的责任期限,更加注重船货双方利益和风险的平衡。

此外,关于承运人责任基础的规定,各个体系也存在显著差别。《海牙规则》和《维斯比规则》下承运人所承担的是"不完全过失责任",也就是说,承运人在航海过程出现过失所造成的损失可以免于承担赔偿责任;《汉堡规则》则提出承运人应承担"完全过失责任",即推定过失责任与举证责任相结合,也就是说,承运人如果不能证明自己在海上运输过程中为规避风险和事故的发生采取了一切可能的措施,那么承运人应当承担赔偿责任,这一规定扩大了承运人的责任承担范围;《鹿特丹规则》也采用了"完全过失责任",废除了航海过失免责和火灾过失免责,同时将承运人谨慎处理船舶适航的义务扩展至整个航次,而不仅仅是我国《海商法》《海牙规则》《维斯比规则》所要求的航舶开航前和开航时,从而使得承运人几乎没有免责的机会,大大增加了承运人的责任负担。

(2)国际道路货物运输

"一带一路"倡议推动了国际道路货物运输的发展,但是由于不同国家运输车辆的标准不统一以及国别轨道标准不统一,货运车辆在国际运输方面难免会遇到一定的阻碍。就我国而言,由于我国的货客车辆与其他各国车辆的外廓尺寸、最大限值等标准存在不同,在双方车辆进入对方国境时,可能存在通关或行驶安全上的风险和隐患,从而使农产品购销目的落空。当前国际道路运输领域一个非常重要的规则体系是战后由法国倡议通过,后经联合国主持修订的《TIR公约》,即《国际公路运输海关公约》,其在全球的70多个缔约国几乎涵盖了"丝绸之路经济带"沿线的所有国家和地区。为推进和落实"一带一路"倡议,我国于2016年7月5日正式加入了《TIR公约》,适用此公约体系所进行的跨境公路运输即为TIR运输。虽然我国已成功实施了从蒙古国边境城市阿勒坦布拉格-二连浩特-天津的食品运输、乌鲁木齐-阿拉山口-荷兰的"TIR+9610"跨境电商运输、白俄罗斯-二连浩特的冷冻带骨生牛肉运输、白俄罗斯明斯克-霍尔果斯的冷冻鸡腿和鸡翅中运输、霍尔果斯-俄罗斯莫斯科的芒果运输等批次[①],但相对于海运而言,风险和局限还是较明显的。首先在线路方面,与中国陆路接壤的国家多数经济发展水平落后,自然条件恶劣,公路畅通程度低,如果将某些运输线路纳入TIR运输体系,农产品国际运输的安全性和保鲜度可能不堪设想;其次在资质和准入方面,从事TIR运输的车辆必须取得TIR运输车辆

---

① 数据来自IRU国际道路运输联盟。

批准证书,并悬挂TIR标识牌,动辄上万公里的跨国运输,不是所有车辆都能胜任的,在车身、材质、轮胎、发动机性能甚至驾驶员资格等方面都有很高的要求。有的驾驶员只需证明有足够的资金供国外违章行驶时缴纳罚款,并向国家认证的TIR担保协会提交书面承诺,挂靠一家具备TIR运输资格的物流公司就可踏上国际旅程。长时间驾驶对于司机个人的精力、品质和技术均是一场考验。此外,IRU国际道路运输联盟也正在与各国政府、海关当局及联盟会员合作,在全球范围推进TIR数字化运输进程,旨在实现安全、高效、便捷的无纸化作业。尤其在疫情期间,TIR数字化运输可以最大限度减少过境过程中的人际接触,降低相关作业人员和口岸执法人员的健康风险。但沿线各国的数字化进程并不一致,它们之间对于过境货物、人员与车辆的数据信息能够互换到什么程度仍存在较大的不确定性。

在铁路货物运输方面,主要有《国际铁路货物联合运输协定》(简称《国际货协》)和《国际铁路货物运输规则》(简称《国际货约》)这两大国际公约。我国于1953年加入《国际货协》,却至今仍然没有加入《国际货约》,但是在"一带一路"合作伙伴中的欧洲和中东国家有一大部分加入了该条约。因此,在与"一带一路"合作伙伴进行贸易往来时,中国企业可能选用《国际货协》,也可能选用《国际货约》作为准据法。但我国目前的铁路运输规则体系主要以《铁路法》为基础,与国际条约之间不一定能完全融合,"一带一路"铁路运输及中欧班列运营可能给国际购销带来的各类风险仍需持续关注。例如,国际铁路运输企业、从业人员、铁路线路的准入、国际铁路运输合同和运价管理、运输清算制度等是否与沿线铁路规则体系实现了良好的衔接,这些都可能为选择铁路运输的国际购销当事人带来不确定性。

(3) 国际航空运输

关于国际航空货物运输的国际公约主要有华沙公约、海牙议定书、蒙特利尔议定书等。1929年制定的华沙公约(全称为《关于统一国际航空运输某些规则的公约》),该公约规定了航空运输的承运人、旅客和货物托运人、收货人等的法律权利和义务,其中对承运人所应承担的责任的确立主要有以下三个原则:一是承运人负过失责任;二是限定了承运人赔偿的最高限额;三是禁止承运人滥用免责条款。蒙特利尔公约(全称为《统一国际航空运输某些规则的公约》),该公约主要用于保障国际航空运输消费者的利益,即对在国际航空运输中出现的人身伤亡或财物损失等的赔偿进行规定。

我国于1958年正式加入华沙公约,于1999年签署蒙特利尔公约。因此,在司法领域所涉航空货物运输纠纷中,适用的公约不同,承运人承担赔偿责任的责任基础不同,货方和承运人面对的风险程度也会有所不同。

4. 通关申报

(1) 申报风险

在填制进出口货物报关单时,需要规范填写报关单内的各个栏目内容,对于其申报要素应准确表述和填报。例如,某农产品"是否野生"不能仅填"否",规范的填法应为"非野生"。没有品牌,不能仅填"无",应注明"无品牌",否则都属于申报要素不规范的情形。同样是茶叶进出口,不同种类的茶叶所对应的税则号不同,相应的税率、监管条件、检验检疫标准也会有所不同。此外,很多农产品在品质、品相上还按不同等级进行区分,例如,车厘子可分为L、XL、J、JJ、JJJ、JJJJ等不同级别,各个级别的车厘子价格不一样,海关在审价和确定该批货物的完税价格时也会有不同的考量。总之,在申报阶段应当准确填写相关信息,避免出现不必要的误解,从而耽误货物进出口通关的时间。

同时,企业在申报的时间节点上也应给予充分的重视。根据《中华人民共和国海关法》规定,进口货物的收货人应当自运输工具申报进境之日起十四日内,出口货物的发货人除海关特准的外应当在货物运抵海关监管区后、装货的二十四小时以前,向海关申报。如未能按法定时间申报,并留给海关以充足的时间来审单和查验货物,很有可能造成退单或延迟申报而承担相应的滞报金,并给进出口货物带来滞关风险,进而影响合同的如期履行。

(2) 查验风险

进出口货物在申报数据被海关接受以后,根据风险参数或布控指令,一般都应该接受海关的查验。海关对货物实施查验主要是为了核对报关单及随附单证中的内容是否与实际货物相符,例如,品名、数量、规格、归类、产地、价值等,从而减少企业的错报、漏报、瞒报、伪报等行为。此外,对进出口货物的查验可能还涵盖该货物的禁限属性及涉证、涉税、涉检等情况,查验的每一项内容对于进出口企业来说都意味着风险。除特殊情况下,海关工作人员应当在指定的时间和地点对货物进行查验。在提前下达查验通知而企业相关人员未能到场的情况下,海关认为必要时可对进出口货物进行开验、复验或者提取货样,但货物保管人员必须在场。在查验和提取货样过程中,可能存在货物被损坏的风险,如食品或果蔬、农机等产品在海关人员开箱、取样化验、搬运、吊装等过程中受到挤压或碰撞从而使其商业价值受损。虽然可以对其直接损失要求损害赔偿,但也存在交涉风险。

(3) 知识产权风险

承运货物的运输工具在进出一国海关时,不仅运输工具负责人需向海关如实申报,交验单证,接受海关监管,其所载运的进出口货物的收发货人也应自主或委托有资质的报关企业向海关如实如期申报。但是申报过程可能会遭遇各类风险,知识产权风险就是其中之一。二十年以前,我国不仅对农业知识产权保护力度不够,各行各业的知识产权保护意识不强。十九大以来随着创新型国家建设和高质量发展的推进,我国农业知识产权保护力度不断加大,《中欧地理标志协定》签署,六安瓜片、安溪铁观音、贺兰山东麓葡萄酒、安徽宣纸、中国特色手工艺品柳编、帕尔马火腿、马吉那山脉橄榄油等一大批中欧知名农产品地理标志被纳入协定保护产品清单,国内海关对知识产权保护的力度也不断加强。有些品牌和标志的境外知识产权权利人已就其知识产权在我国海关总署备案,而农业国际购销主体包括境内买方和境外的制造商并不知情,在货物进境申报时,可能遭遇海关的依职权调查处理风险。当然,有的可能是境外制造商或卖方故意为之,想盗用知名品牌或地理标志扩大其销售额,其使用的商标或标志未经知识产权权利人授权的事实并未告知境内买方,买方在完全不知情的情形下与其订立合同预付货款并安排运输入境向海关申报,最终因涉嫌侵犯知识产权被扣留甚至销毁。此外,我国境内制造商若擅自使用未经知识产权权利人授权的商标,加工农产品或食品出口,也会遭遇海关依职权调查处理风险或依知识产权权利人申请扣留风险。我国海关屡次在申报出口的货物中查获未经授权的"老干妈"风味糟剁辣椒、香辣菜等食品便是典型例子,其权利人为贵阳南明老干妈风味食品有限责任公司。

5. 保险

保险在国际贸易、投资及合作中都是十分重要的一部分,了解本国和其他国家的农业相关保险政策,有利于规避风险减小损失。

(1) 国际货物运输保险

国际货物运输保险按照运输方式不同,可分为海洋运输货物保险、陆上运输货物保险、航空运输货物保险。《中国保险条款》(CIC)中的海洋运输货物保险包括平安险、水渍险和一切险三种基本险别,此外还有散装桐油险和冷藏货物险、战争险等几个专门的险别,在投保基本险的基础上,可另外投保附加险,例如淡水雨淋险、短量险、锈损险等。英国伦敦保险协会制定的货物保险条款(ICC)则分成(A)、(B)、(C)、战争险、罢工险和恶意损害险6种。其中的ICC(A)与《中国保险条款》中的一切险,ICC(C)与《中国保险条款》中的平安险承保责任范围大体相似。农业国际购销主体在选择不同条款险别时要注意货物装运、贸易术语、结算方式等情况综合考虑,以尽量减少风险损失。例如,地处国内内陆省份的企业以FOB方式向国外出口农产品,投保了中国保险条款的一切险,虽然责任起讫是仓至仓,但货物从内陆装运后在运往装运港的途中因运输车辆原因遭遇意外,部分货物受损。由于出口企业对货物的实际控制权在内陆装运时已经转移至运输公司,但根据惯例(《国际贸易术语解通则2020》)该货物需在装运港装船后才能完成风险转移。因此,该出口企业一方面无法获得清洁提单向银行交单议付收取货款,另一方面,国内运输损失可能也难以得到全额理赔。

（2）出口信用保险

中国出口信用保险公司(简称"中国信保")是由国家出资设立、支持中国对外经济贸易发展与合作、具有独立法人地位的国有政策性保险公司,它主要通过为对外贸易和对外投资合作提供保险等服务,促进对外经济贸易发展。中国信保提供的主要产品及服务包括:中长期出口信用保险、海外投资保险、短期出口信用保险、国内信用保险、与出口信用保险相关的信用担保和再保险、应收账款管理、商账追收、信息咨询等出口信用保险服务。2014年的中央一号文件曾就农业领域专门指出,要加快实施农业走出去战略,培育具有国际竞争力的粮棉油等大型企业,支持到境外特别是与周边国家开展互利共赢的农业生产和进出口合作,鼓励金融机构积极创新为农产品国际贸易和农业走出去服务的金融品种和方式。[①]从实际情况来看,中国信保近些年在农产品出口承保规模、向农产品出口企业支付赔款、承保海外种植园等农业海外投资类项目等方面贡献显著,但对于"走出去"的广大农业企业尤其是中小民营企业来说,选择出口信保在承保受理、理赔受理、买方资信调查、授信额度、理赔程序、理赔条件、理赔速度、赔付比例等方面都存在较高的门槛和不确定性,应结合中国信保不同省区分公司推出的地方性支持举措,采取相应的风险处理方案。

（3）国别农业保险

我国企业参与"一带一路"沿线农业合作,在项目运营、畜作生产收获过程中为规避风险减小损失难免要选择购买相应险种,由于项目的整个链条并不一定都在国内,涉及不同国家和地区,因而有必要在了解相关国家农业保险政策的基础上进行一定选择。例如,日本早在1929年就颁布了《家禽和农作物保险法》,1938年颁布了《农业保险法》,对于水稻、小麦等口粮作物,均纳入强制保险范围,而对于园艺类作物、果树、家禽养殖等则实行农户自愿保险;无论农户自愿保险还是强制保险,政府都会根据不同险种的保险费率高低,对水稻、小麦、大麦及其他经济作物提供50%～55%不等的保费补贴。此外还有再保险服务,

---

[①] 李璐.中国信保:全力支持农产品出口和农业走出去[J].进出口经理人,2014(4):82-83.

在畜禽作物遭遇重大灾害时由政府、联合会、共济组织按一定比例分担保险责任[①]；地处南亚的印度，其国家农业保险计划将保险对象划分为粮食作物、油料作物、园艺作物和经济作物几大类并以此来确定保费，对于保费补贴则每5年一次实施动态调整。除此以外，印度农业保险市场上还有一些新型的保险产品，如农业收入保险主要是为防止农民因农产品价格剧烈波动而造成的收入严重损失，作物和牲畜保险主要以生长期间因自然灾害或意外事故造成产量价值损失为承保责任，降雨指数保险则是当降雨量、气温、光照等特定气象指数发生偏差使得农作物损失达到合同约定的触发门槛时保险公司负责赔偿，这些不同类型的保险产品都有其相应的条件和承保范围，需要农业合作项目相关当事人结合经营意图加以选择和取舍。作为欧洲最大的农业国法国，其农业保险主要由三部分构成：一是商业保险，由保险公司承保农业风险中的可保风险，如冰雹、风暴等对农作物等造成的损失；二是国家农业灾害保证基金，对农业生产中的不可保风险进行补偿，包括农作物收成和牲畜养殖损失；三是国家再保险，主要对自然灾害造成的其他不可保风险进行补偿。伊比利亚半岛的西班牙农业保险体系也对于天气非正常变化引起的损失、牲畜疾病造成的损失、森林火灾损失等提供保险服务和补偿。农业合作经营主体需综合考量战略意图及成本与费用负担，选择适合自己的保险服务。

6. 货款支付

（1）结算风险

国际贸易货款结算常用的结算方式主要有汇付、托收和信用证，购销主体选择不同的结算方式可能意味着不同的风险承担。汇付即付款人通过银行将货款交付给收款人的一种结算方式，属商业信用。对于预付货款的购买方而言，选择汇付可能面临货款已付但收不到货或者所收货物与合同不符等风险；对货到付款的销售方来说，选择汇付可能面临货物已经交付但收不到货款的风险。[②]从结算工具与资金的流向来看，汇付是顺汇法，而托收则是逆汇法。托收即销售方通过出具汇票，委托银行向购买方收取货款的一种结算方式。托收与汇付同属商业信用，存在不同程度风险。例如，在D/P（付款交单，Document against Payment）、D/A（承兑交单，Document against Acceptance）等结算方式下，货物到港后若购买方破产无法向销售方支付货款，或者购买方不及时收货、不付款赎单，导致易腐变质的农产品出现损失，虽然代表货物控制权的单证仍

---

① 马达.农业保险之国际经验借鉴[J].上海保险，2022(1)：46-49.
② 陈波云，胡馨，龙劲松.我国企业参与"一带一路"农业国际合作购销风险的探究[J].农家致富顾问，2020(12)：275-278.

在销售方,但此时已很难再进行转售操作。与上述两种结算方式不同,信用证是一种银行信用,是银行根据购买方的请求,开具给销售方的一种书面凭证,一经开立便独立于合同之外,只要受益人提交的单证符合信用证要求,银行即承担付款责任。尽管如此,交易双方选择信用证方式结算也存在一定的风险,对于受益人(出口方)而言,当交单不符时可能面临开证行拒付或者遭遇信用证软条款等风险;对于开证申请人(进口方)而言,由于银行付款时处理的只是单据而非实际货物,因而付款赎单后可能出现货单不符的风险。

(2) 汇率风险

即汇率波动使得购销商品价格以不同货币表示的价值不同,从而导致购销一方利益受损。企业从事国际购销活动时,可能会选择本国货币或外国货币进行结算,但由于汇率时刻都在波动中,在外币贬值时出口销售方实际收到的货款减少,在外币升值时购买进口方实际支付的货款增加,这也使得企业面临一定的汇率风险。

7. 异议与争端解决

农业国际合作与其他国际合作一样,双方难免都会存在一些理解上的分歧。因此,除了交易过程中尽量合理规避风险以外,在争议产生后如何解决和处理合作过程中的异议和争端也是一个重要方面。解决国际购销争议的方式一般有协商、仲裁和诉讼。国际仲裁是最为常用的方式,其中仲裁机构的选择、仲裁程序、仲裁成员、仲裁裁决的执行等都可能给双方带来一定的风险。

第4章 我国与"一带一路"沿线区域农业合作进展及购销风险典型事例

4.1 我国与"一带一路"沿线区域农业合作进展

4.1.1 中蒙俄经济走廊农业合作进展

2014年9月11日,中国国家主席习近平出席中俄蒙三国元首会晤时提出共建"丝绸之路经济带"的倡议,获得了俄方和蒙方的积极响应,提出把丝绸之路经济带同俄罗斯跨欧亚大铁路、蒙古国草原之路倡议进行对接,打造中蒙俄经济走廊。①中蒙俄经济走廊的建设对中国、蒙古国和俄罗斯三国友好合作及健康发展具有重要意义,三国天然的地理优势和独特的产业互补特性使其在农业领域合作上有巨大潜能和良好前景。

1. 政策安排

在合作政策协议方面,中俄蒙三方于2015年7月9日签署了关于建设中蒙俄经济走廊规划纲要的谅解备忘录,并在此基础上于2016年6月23日正式签署了《建设中蒙俄经济走廊规划纲要》②,助力三国间交通基础设施互联互通、口岸建设、产能、投资、经贸、人文、生态环保等领域的合作,由此中蒙俄经济走廊建设步入了新阶段。2017年7月,中俄两国联合发布了《中华人民共和国和俄罗斯联邦关于进一步深化全面战略协作伙伴关系的联合声明》,为进一步推动中俄农业合作创造了条件。2018年11月7日,在中俄总理定期会晤框架下,两国继续布局相关农业发展规划以推动两国边境地区的农业合作,致力于在俄远东及贝加尔地区和中国东北共同打造建设一系列的粮食、油料加工、畜牧和渔业综合体。③近年来中蒙俄三方在一系列合作利好政策的推动下,更加精准务

---

① 新华网. 习近平:打造中蒙俄经济走廊[EB/OL]. (2014-09-12). http://www.xinhuanet.com/world/2014-09/12/c_1112448804.htm.

② 人民网.《建设中蒙俄经济走廊规划纲要》(全文)[EB/OL]. (2017-03-09). http://world.people.com.cn/n1/2017/0309/c411452-29134333.html.

③ 龙盾,陈瑞剑,杨光."一带一路"建设下中国企业赴俄罗斯农业投资现状及分析[J]. 世界农业, 2019(9):96-103.

实地开展了农业领域的交流合作,2019年6月中国国家主席习近平访俄期间,双方在农业合作方面达成了多项重要共识,两国元首见证签署了一系列务实合作文件,取得多项成果。《中俄关于发展新时代全面战略协作伙伴关系的联合声明》指出,未来双方将进一步扩大并提升农业合作水平,深化农业投资合作;积极开展农产品食品相互市场准入合作,扩大双方优质农产品食品贸易,并特别强调支持两国企业开展大豆等农作物生产、加工、物流与贸易全产业链合作。双方签署的《关于中国允许进口俄罗斯粮食和油籽及其副产品名录和进口规模议定书》以及玉米、大米、大豆等农产品检验检疫要求修订协议,为提升俄罗斯农产品对华出口提供了具体的政策支持。《关于深化中俄大豆合作的发展规划》为全面扩展和深化两国大豆贸易与全产业链合作奠定了重要基础,推动双方大豆贸易与合作驶入快车道,为中俄双边务实合作注入了新动力,也将对优化两国贸易结构产生深远影响。[①]2019年6月4日,中国农业农村部副部长与来访的蒙古国食品、农业与轻工业部部长会见,并一致同意了将在优良畜种引进与培育、无疫区建设、跨境动物疫病防控、有机食品认证、非洲猪瘟等重大动物疫病信息通报、农产品贸易等领域加强合作的共同愿景。[②]2019上海合作组织现代农业发展圆桌会议在陕西省杨凌示范区举行,上海合作组织秘书长诺洛夫及俄罗斯、乌兹别克斯坦等12国代表出席,中方提出愿与各成员国一道,巩固上海合作组织农业合作机制,推动农业信息共享,开展农业科技交流合作,促进投资贸易合作,推动在杨凌设立农业技术交流培训示范基地,扎实推进上海合作组织成员国农业合作深入发展。[③]2019—2023年分别举行的中俄总理定期会晤委员会农业合作分委会第六、七、八、九、十次会议中,中俄双方就农产品贸易物流基础设施建设、农食产品贸易、农产品相互准入、种业、投资与边境地区合作、科技、动植物疫病防控、中俄农业合作试验示范区建设等议题达成了广泛共识。[④]2021年6月,中俄双方共同宣布《中俄睦邻友

---

① 张红侠.中美贸易摩擦背景下的中俄农业合作[J].俄罗斯东欧中亚研究,2020(02):38-49.

② 农业农村部新闻办公室.屈冬玉会见蒙古国食品、农业与轻工业部部长乌兰·卓尔丹木[EB/OL].(2019-06-06).http://www.moa.gov.cn/xw/zwdt/201906/t20190604_6316191.htm.

③ 农业农村部新闻办公室.马有祥出席2019上海合作组织现代农业发展圆桌会议[EB/OL].(2019-10-24).http://www.moa.gov.cn/jg/leaders/myx/hd/201910/t20191024_6330586.htm.

④ 农业农村部新闻办公室.中俄总理定期会晤委员会农业合作分委会第六、七、八、九、十次会议召开[EB/OL].(2023-11-03).http://www.moa.gov.cn/jg/leaders/myx/tp/202311/t20231103_6439835.htm.

好合作条约》延期,就加强中俄战略协作和全方位务实合作等重大问题达成新的共识,深化共建"一带一路"同欧亚经济联盟对接合作,支持数字经济创新发展,共同应对全球气候变化,推动地区经济社会发展。①2021年7月16日,国家主席习近平同蒙古国总统呼日勒苏赫通话时指出中蒙双方要发挥毗邻优势,深化共建"一带一路"倡议同"草原之路"倡议对接,加强矿能、基础设施、生态环境等领域合作,中方愿进口更多蒙古国矿产品和农牧产品,同蒙方加强协调合作,坚持真正的多边主义,推动构建相互尊重、公平正义、合作共赢的新型国际关系。蒙方也表示愿同中方密切往来,推进各领域务实合作,积极共建"一带一路",加强在多边事务中协调合作,共同构建人类命运共同体。②

2. 合作进展

(1) 贸易投资

在贸易合作方面,2022年,中俄双边贸易额达到创纪录的1902.71亿美元,同比增长29.3%,占中国进出口总额的3%。其中,中国对俄罗斯出口761.22亿美元,同比增长12.8%,占当年中国出口总额的2.1%;从俄罗斯进口1141.48亿美元,同比增长43.4%,占中国进口总额的4.2%。中国连续13年稳居俄罗斯第一大贸易伙伴国,俄罗斯则跻身中国十大单一贸易伙伴之列,成为中国第十大单一贸易伙伴,并保持中国"一带一路"沿线第三大贸易伙伴国地位。③④俄罗斯的鳕鱼、蟹等水产品和油籽油料、大豆、肉类产品等深受中国市场欢迎,十年来,中国自俄罗斯进口农产品年均复合增长率为10.7%。⑤2022年俄罗斯对中国农产品出口额达70亿美元,同比增长44%,中国在俄罗斯农产品出口中的比重提升至20%。从具体品种来看,俄对华出口的农产品中,大豆出口量与2021年的54.7万吨持平,贸易额增长55%;禽肉出口量为13.9万吨,同比增长11%,出口额增长53%;水产品出口量恢复至疫情前水平,鱼类出口量达到93.73万吨,同

---

① 新华网. 习近平出席第六届东方经济论坛全会开幕式并致辞[EB/OL].(2021-09-03).http://www.xinhuanet.com/2021/09/03/c_1127825263.htm.

② 新华网. 习近平同蒙古国总统呼日勒苏赫通电话[EB/OL].(2021-07-16).http://www.xinhuanet.com/politics/leaders/2021/07/16/c_1127663582.htm?id=335894.

③ 中国贸易救济信息网. 中俄经贸合作广度深度不断拓展[EB/OL].(2023-04-04).http://cacs.mofcom.gov.cn/article/gnwjmdt/sb/sbqt/202304/176239.html

④ 亚布力中国企业家论坛. "一带一路"·观察:中国与俄罗斯的经贸合作[EB/OL].(2023-04-04).https://baijiahao.baidu.com/s?id=17614563959155814620&wfr=spider&for=pc.

⑤ 中国新闻网. 中国-俄罗斯食品农产品线上对接会在安徽芜湖举行[EB/OL].(2022-09-02).https://www.chinanews.com/cj/2022/09-02/9842903.shtml.

比增长52%,出口额达到27.5亿美元,较2021年增长48%,较2019年增长26%。①中蒙贸易合作方面,中国多年是蒙古国最大的贸易伙伴国,中蒙贸易额从2014年不到75亿美元,扩大到2022年122亿美元,年均增长了6.6%。②中蒙农产品双边贸易额由2014年的2.27亿美元增长至2021年的6.28亿美元,翻了将近2倍左右,中国主要自蒙古国进口羊毛等纺织原料,向蒙古国出口谷物、蔬菜、糖食等产品。③

在投资合作方面,自2013年至2017年年底,中国赴俄投资企业数量已累计超过400家,年投资总额最高达到9亿美元,俄罗斯已成为中国在欧洲开展农业投资的主要对象国之一,是中国开展"一带一路"农业对外投资的重点国家。从投资流存量来看,截至2017年,中国对俄罗斯的农业投资流量和农业投资存量分别为1.2亿美元和6.7亿美元,分别占中国对欧洲农业投资总额的16.2%和11.5%,分别占中国对全球农业投资总额的5.85%与3.87%,同期相比有所下降。与2013年相比,投资流量下降21.05%,投资存量增长50.9%。从投资领域看,中国对俄投资主要集中在种植业特别是粮食种植上,在产业链上主要集中在种植生产与加工贸易等环节。2017年,对种植业的投资流量额占总投资额的83.3%,投资存量也达到79.1%(其中经济作物占14.9%)。与2013年相比,种植业的投资流量额下降2.91%,投资存量则从2.62亿美元增至5.3亿美元,增长一倍。从在俄投资企业的数量来看,2017年,在俄开展农业投资的中国企业共有70家,种植业投资企业数量占中国从事种植业投资境外企业数量的13.83%。在俄企业大部分以农场经营模式为主,投资地域广涉俄罗斯8个地州,主要集中在犹太自治州、阿穆尔州、滨海边疆区等5个远东地州,主要产出农产品为水稻、小麦、玉米、大豆和油料作物等。这些农产品中,基于国内市场的需求和现有政策支持,大豆是主要的回运产品。2017年中国企业在俄产出大豆38.2万吨,比2013年减产20.8万吨,相对国内近亿万吨的大豆进口需求而言,尚无法发挥补充生产的重要作用。此外,据统计,2017年中国在俄农业企业雇用俄方工作人员2132人,占企业在境外总雇佣人员的32.5%,占中国农业对外投资企业总雇佣人员的1.59%,发放雇佣工资1967.55万美元,在俄缴纳税金达4804.4亿美元,占中国农业对外投资企业在东道国缴税总额的11.7%。在2013年至2017年,中国在俄已累计提供1.4万个工作岗位,为东道国缴纳税款超过1.5亿

---

① 周应恒.积极推动中俄农业合作,重塑农业贸易格局[N].中国贸易报,2023-12-13.
② 缴翼飞,谭海燕.中蒙贸易屡创新高,商务部明确支持建设向北开放新枢纽[N].21世纪经济报道,2023-09-08.
③ 王攀先.中蒙农产品贸易互利及其潜力研究[D].呼和浩特:内蒙古农业大学,2023.

美元。①

受疫情影响,2020年对俄农业投资流量、存量和投资企业数量仅占同期中国农业对外投资流量、存量和投资企业数量的比例分别为0.8%、1.9%和5.8%。2020年,中国对俄农业投资流量为1800万美元,为2013年有统计数据以来最低;投资存量5.8亿美元,仅高于2013年为第二低;企业数量59个,与2014年并列最低,下降原因为疫情导致关税提升、人流物流受阻和防疫成本增加。对俄投资行业主要是种植业和畜牧业。2020年在俄投资生产的粮食作物21.2万吨,猪肉1385吨。其中,主要作物大豆、玉米和小麦产量分别为8.8万吨、8.8万吨和2.1万吨②。根据中国对外直接投资统计公报,2016年至2020年我国对俄罗斯在农林牧渔业的直接投资存量趋于平稳,稍有下降,2016年的直接投资存量达到了30亿美元,2020年的直接投资存量为27.72亿美元。

2009年,中蒙官方合作签订了农业设备的交接协议书。依据该协议书,中国政府要向蒙古国提供价值15万元的拖拉机,水利灌溉等方面的农业机械设备。2011年,中国在乌兰巴托市向蒙古国移交了"南南合作"背景下援助蒙古国的各类农用物资,如中小型的拖拉机、各型号的播种机、除草机等相关的农业生产设备。而且在该项目的计划中,中国将向蒙古国直接投资270万美元。其投资的领域主要有推广相关的农业生产技术,派遣相关农业专家和技术人员到蒙古国开展农业技术指导,到一线去培训相关的人员等。此外,中国还对蒙古国在饲料、畜牧、温室的大棚以及商品的各类贸易等方面开展示范性的工程合作建设,并进一步地向蒙古国提供与农业相关的机械设备和物资方面的大力援助。截至2018年底,中国仍然是蒙古国当前最大贸易合作伙伴国,也是蒙古国外资投资最大的来源国。根据蒙古国政府的统计数据显示,中国对蒙投资占到了外国企业对蒙直接投资总规模的30%。其中,矿业和农牧业是外国企业直接投资的主要领域。外商对蒙的直接投资主要集中在畜产品的各类加工方面。中国商务部的统计数据显示,截至2015年底,中方对蒙直接投资存量达到了38亿美元。其中投资分布的主要领域为矿产、建筑、能源、畜产品、金融、加工等领域,对农业投资的整体占比都非常小。2016年,中国在蒙境内的投资企业有119家,其中针对农牧方面投资的企业只有3家,主要集中在农机、羊绒运输、羊绒驼绒加工等领域。中国投资者对蒙古国农机的投资比例最大,超过40%;其次为对羊绒及运输的投资,比例为36%;而后对蒙古国羊绒驼绒加工的投资比

---

① 龙盾,陈瑞剑."一带一路"建设下中企赴俄罗斯农业投资现状及分析[EB/OL].(2020-04-14).https://www.investgo.cn/article/yw/tzyj/202004/483624.html.

② 周应恒,积极推动中俄农业合作,重塑农业贸易格局[N].中国贸易报,2023-12-13.

例相对较低,比例为18%。中方面对蒙投资的领域主要体现在畜牧业和农业的各类灌溉领域,也就是发展其渔业、肉型的畜牧业以及农业相关的灌溉领域等。中国官方数据显示,在农牧业的发展与投资领域,中国在蒙古国投资企业是渔业业务的"苏米东"公司,马肉加工领域的昭乌达公司,农业灌溉领域的"紫光阿尔泰"水业工程公司,开展小麦、水果、蔬菜以及北水南调工程业务的中国宝贝国际投资集团,开展甜菜种植业务的内蒙古自治区甜菜制糖工业公司。中国对蒙古国食品加工领域投资的产业包括饮料、酒精、奶制品等方面的生产。在这些相关的食品投资的各类企业主要有以下5个:生产饮料产品的蒙福热希饮料厂,食用酒精生产企业泰安宏业公司,进行食品生产的白音阜公司,蛋糕生产企业温舟信誉公司,酸奶生产企业SEMPRE集团。[①]2021年1—6月,中国企业对蒙非金融类直接投资5090万美元,同比下降41.2%,同时中国企业在蒙新签工程承包合同额22.4亿美元,同比增长121.7%;完成营业额2.4亿美元,同比增长105.3%。[②]

(2)教育科技

在科技合作方面,2023年3月20日至22日,习近平主席应俄罗斯总统普京前往俄罗斯访问,双方将努力恢复和扩大两国线下人文交流合作,不断巩固两国人民友谊和双边关系社会基础。双方将深化教育合作,推进双向留学提质增效,鼓励高校合作,支持中俄同类大学联盟和中学联盟建设,推动合作办学和职业教育交流,深化语言教学合作,增进两国学生交流,开展数字化教育合作。双方将深化科技创新领域互利合作,扩大行业人才交流,发挥基础研究、应用研究、科技成果产业化等方面合作潜力,聚焦科技前沿领域及全球发展共性问题联合攻关,包括应对及适应气候变化问题。在人工智能、物联网、5G、数字经济、低碳经济等技术与产业领域探索合作新模式。双方将加强两国博物馆、图书馆、美术馆、剧院等文化、文学、艺术机构交流交往。双方将拓展旅游合作和往来,鼓励构建舒适旅游环境。双方将深化医疗卫生领域合作,扩大科研和高等医学教育领域交往,加强药品和医疗器械监管领域交流合作,在灾害医学、传染病、肿瘤学、核医学、妇幼保健、眼科、精神病学等领域开展合作,在世界卫生组织、金砖国家、上海合作组织、二十国集团、亚太经合组织等多边平台加强相关合作。[③]中国在对蒙古国的农业灌溉方面提供了较大的技术支持,如在蒙古

---

① 佳格.中蒙农业合作影响因素分析[D].哈尔滨:哈尔滨工业大学,2019.
② 新浪财经.2021年1—6月中国-蒙古经贸合作简况[EB/OL].(2021-07-30).http://finance.sina.com.cn/roll/2021-07-30/doc-ikqcfnca9848889.shtml.
③ 中国政府网.中华人民共和国和俄罗斯联邦关于深化新时代全面战略协作伙伴关系的联合声明[EB/OL].(2021-07-30).https://www.gov.cn/xinwen/2023-03/22/content_5747726.htm.

国开展农业灌溉投资过程中,中国的"紫光阿尔泰"水业工程公司就是典型代表。此外,中国国际投资集团在蒙古国创办"北水南调"开发公司,积极吸引国际资金建设世界最大淡水资源库——贝加尔湖水资源引入蒙古国,同时计划从蒙古国库苏尔湖、色榜格河引水,推动蒙古国农业灌溉效率提升。①在"南南合作"背景下,中蒙合作项目已经完成两期,中方派遣专家赴蒙古国,全面开展畜禽饲养等相关专业指导工作,推广中国实用技术,取得可喜成绩,并获得了项目运作经验。在中蒙俄三国合作方面,多次召开"中蒙俄跨境动物疫病防控研讨会",共同交流探讨加强兽医领域合作,跨境经济合作和中蒙俄经济走廊建设逐步加快。②

(3) 项目建设

a. 中蒙兽用天然药物资源挖掘与新药创制合作研究项目③。

2017年,中国内蒙古农牧业科学院兽医研究所和蒙古国立农业大学就合作开展"中蒙兽用天然药物资源挖掘与新药创制合作研究"项目签订科研合作协议,双方对试验条件环境和动物试验基地开展了调研。同年11月,双方就"中蒙兽用天然药物资源挖掘与新药创制合作研究"项目合作申报了2018年度中国国家重点研发计划——政府间国际科技创新合作重点专项,当年通过了中国科技部立项审批并获得资助。该项目实施以来,中蒙双方均发挥各自的地域优势,双方项目均按期进展顺利。"中蒙抗逆、优质、丰产大麦新品种选育及产业化应用"政府间重点专项开展了以大麦新品种选育及配套栽培技术为核心的相关研究,2020年共引进蒙古国大麦种质资源51份并种植鉴定表型,同时我方提供给蒙方30份大麦高代品系在蒙方试种,目前为止相关研究正在进一步进行中。④

该项目首次由中蒙双方共同致力于收集传统蒙古族兽医药方制剂,掌握蒙兽医药的传统制作工艺,同时对尚未发掘的常见天然兽药制品进行再开发利用,创制出新型绿色健康高效的兽医生物制剂,是双方合作的主要成果。

---

① 佳格.中蒙农业合作影响因素分析[D].哈尔滨:哈尔滨工业大学,2019.

② 申凯红,潘彪,刘丽佳.中蒙牛羊肉贸易的发展机遇与前景[J].农业展望,2018(9):95-100.

③ 农业农村部对外经济合作中心.大图们区域农业合作示范案例一:中蒙兽用天然药物资源挖掘与新药创制合作研究[EB/OL].(2021-07-30).http://www.fecc.agri.cn/gjhz/201912/t20191202_343785.html.

④ 鄂尔多斯市科学技术局.内蒙古农牧业科学院国家国际科技合作基地:坚持国际合作推动我区农牧业科技创新发展[EB/OL].(2021-07-30).http://kjj.ordos.gov.cn/xwzx2020/qnwkj/202005/t20200529_2674534.html.

本书数据收集期间,双方正在进行的合作有筛选5~8种植物源性天然药物(瑞香狼毒、狼毒、石榴皮、黄芪、蜘蛛香、黄芩、小白蒿、红豆草)和矿物源性天然药物稀土以及腐植酸钠,并制定新兽药质量标准和适用于两国的生产技术规程,同时完成蒙兽药新产品的研发,以及将蒙兽药新试剂示范应用于蒙古国多个牛羊养殖场,使动物疾病发生率降低,饲料利用率明显提高。

b. 中国吉林省农业科学院与俄罗斯远东地区大豆、苜蓿品种示范推广及乳品加工技术合作项目[①]。

中国吉林省农科院与金达海外农业开发投资有限公司开展合作,筛选大豆优良品种6个(吉育202、吉育204等),在金达海外公司(子公司俄罗斯土星公司)农场进行了推广试种,筛选的6个品种均适合在俄罗斯远东地区种植、推广。并且在俄罗斯远东地区的金达海外公司推广种植面积3.6万亩[②],大豆销售收入2100万元。

2018年,中国吉林省农科院与远东滨海农业研究所、金达海外农业开发投资公司子公司土星公司签订了苜蓿品种比较试验合同,制定了苜蓿品种比较试验方案,试验选用双方各3个,共计6个紫花苜蓿品种。并完成了抗寒、高产苜蓿品种在俄罗斯远东地区试种1500亩,其中春播550亩,第一年亩产0.5吨,苜蓿草销售收入66万元。此外苜蓿草种植选择山坡荒地连片种植,一次种植,可连续生长收割6~8年,苜蓿发达的根部对土壤、水分起到保护作用,增强地表植被覆盖能力,有效防止水土流失,治理土地沙化,对生态环境的改善作用十分显著。

双方共同开展了中国东北地区和俄罗斯远东地区乳酸菌菌种资源的收集整理和建立跨区域乳酸菌菌种资源库工作。在俄罗斯远东地区采集传统发酵乳制品、酸黄瓜等发酵果蔬产品260余份。利用本实验室乳酸菌分离鉴定方法和技术,从样品中分离乳酸菌新菌株390株,其中乳杆菌320株,乳球菌70株,对这些菌株进行了编号和保藏,并对菌株的发酵特性和益生特性进行了评价。此外还开展益生菌加工制备技术在俄罗斯远东地区的示范推广及应用研究,开发系列益生菌发酵乳制品,酸奶、奶酪等新产品。

中国吉林省农业科学院和俄罗斯远东农业研究所共同组建的"农业科学研究中心",于2018年11月1日在俄罗斯哈巴罗夫斯克正式举行了合作签约和揭

[①] 农业农村部对外经济合作中心. 大图们区域农业合作示范案例三:中国吉林省农业科学院与俄罗斯远东地区大豆、苜蓿品种示范推广及乳品加工技术合作项目[EB/OL]. (2019-12-27).http://www.fecc.agri.cn/gjhz/201912/t20191227_344404.html.

[②] 1亩=666.67平方米。

牌仪式,双方旨在进行大豆、苜蓿、禾谷类作物引种试验以及畜牧养殖、农产品加工等领域技术交流。未来双方期望能够继续在"优质大豆品种在俄罗斯远东地区筛选、试种、推广""苜蓿品种在俄罗斯远东地区筛选、试种、推广"和"益生菌和发酵乳制品加工技术示范推广和产品开发"三个领域开展研究并使相关的技术开发得到突破。

c. 俄罗斯果蔬大棚种植技术推广和果蔬保鲜库建设项目[①]。

中国辽宁省沈阳市威云果品有限公司从2017年开始进行果蔬大棚种植技术推广项目,已经完成种子、化肥、农药等农资筹备工作,翻耙土地、播种、施肥和施药工作,田间管理工作,与俄罗斯科研机构和周边农户初步交流农业技术等工作。公司目前已经在俄罗斯克拉斯诺亚尔库茨建立起优质经济作物种植示范园区,投资金额120万元人民币,租赁土地170亩,建造15个温室果蔬大棚,并建立仓储恒温冷藏配送中心。此外,中方公司正在新西伯利亚建设1.5万吨冷藏库建设项目。通过仓储物流建设,一是为海外仓提供配套服务,二是为国内外市场提供优质产品的仓储物流配送等服务。该项目的建成将有效辐射于当地X5连锁超市(1800多家)、马特米特(音译)(5000多家)等大型连锁超市。

在此基础上,公司计划下一步扩大园区种植面积,完成现有建设项目施工,并逐步建成大规模仓储物流群及仓储配套设施,吸收更多的国外果蔬运营商、大型连锁商超等销售商达成长久的合作。

d. 俄罗斯农业生产基地建设项目[②]。

中国黑龙江省绥芬河市宝国经贸有限责任公司的整体运营框架是两个境外独资公司+一个境内粮食保税加工厂。境外两个独资公司分别是"伊列娜"有限责任公司和"绿色田野"有限责任公司。"伊列娜"注册地为俄罗斯滨海边疆区波格拉尼奇内;"绿色田野"有限责任公司注册地为俄罗斯滨海边疆区卡缅市。境内粮食加工厂为绥芬河市保达农牧产品加工有限公司,注册地为绥芬河市综合保税区。目前,该项目已经完成海外两个大型农业生产基地建设。"伊列娜"有限责任公司在俄罗斯滨海边疆区波格拉尼奇内拥有可耕种土地8870公顷。"绿色田野"有限责任公司在俄罗斯滨海边疆区卡缅市拥有可耕种土地5220公顷。

---

① 农业农村部对外经济合作中心. 大图们区域农业合作示范案例四:俄罗斯果蔬大棚种植技术推广和果蔬保鲜库建设项目[EB/OL].(2020-01-13). http://www.fecc.agri.cn/gjhz/202001/t20200113_3447.html.

② 农业农村部对外经济合作中心. 大图们区域农业合作示范案例五:俄罗斯农业生产基地建设项目[EB/OL].(2020-01-13). http://www.fecc.agri.cn/gjhz/202001/t20200113_344775.html.

上述两个境外农场拥有大型农机设备300余台(套),建有原粮烘干生产线、粮库、机械修理库、养猪场、化肥库、办公楼、职工宿舍等配套设施,生猪存栏6000多头,截至目前境外累计投资1.6亿元人民币。

此外,为进一步延伸跨境产业链条,实现境内外产业的良性互动,并充分利用保税区的保税、免税等优惠政策,绥芬河宝国公司在绥芬河市综合保税区注册成立了绥芬河市保达农牧产品加工有限公司,主要开展境外种植粮食回运保税加工业务,一期工程已投入9000余万元人民币,年产10万吨的玉米压片生产线已正式投产,年产5万吨的膨化大豆加工厂和年产12万吨的混合饲料加工厂建设也已基本完成,目前已进入试产阶段,全部投产后年可消耗大豆和原粮20万吨。以上两个项目也取得了较好的成果,2017年境外园区种植面积1.2万公顷,共收获原粮5万多吨;2018年境外园区种植面积共计1.4万公顷,收获原粮近6万多吨。

下一步该项目将扩大生产规模,延伸跨境产业链条,走现代化、生态化发展之路,2至3年内实现在俄种植面积2.5万公顷,原粮产量突破15万吨,并完成绥芬河保税区加工区项目二期工程建设,形成集种植、养殖、仓储、物流、粮食深加工、畜牧产品深加工、高端品牌营销战略为一体的生态化、品牌化对俄农业合作企业。

e. 中蒙蛋鸡饲料和麸皮贸易合作项目[①]。

中国内蒙古自治区包头市北辰饲料科技有限责任公司与蒙古国乌兰巴托市AJIGANA有限责任公司和蒙古国乌兰巴托市Tumen shuvuut有限公司签订贸易合作协议,从2010年开始连续向蒙古国出口蛋鸡饲料。

从2010年到2017年,中国内蒙古自治区包头市北辰饲料科技有限责任公司向蒙古国乌兰巴托市Tumen shuvuut有限公司出口蛋鸡饲料,年均出口蛋鸡饲料6800吨,出口额约320万美元,每吨饲料平均收益约150元人民币,年均收益102万元人民币,约15万美元。从2018年开始至今,中国内蒙古自治区包头市北辰饲料科技有限责任公司与蒙古国乌兰巴托市阿吉嘎纳AJIGANA有限公司合作,向蒙古国出口蛋鸡饲料,每年7500吨,出口额350万美元,每吨饲料平均收益200元,年均收益150万元人民币,约23万美元。

从2010年开始,中国内蒙古自治区包头市北辰饲料科技有限责任公司通过内蒙古荣浩进出口贸易有限公司开始从蒙古国进口麸皮,至今年均进口约4000吨,进口额约80万美元。进口麸皮每吨收益约100元人民币,4000吨麸皮

---

① 农业农村部对外经济合作中心. 大图们区域农业合作示范案例六:中蒙蛋鸡饲料和麸皮贸易合作项目[EB/OL]. (2020-02-24). http://www.fecc.agri.cn/gjhz/202002/t20200224_345509.html.

收益40万元人民币,约6万美元。

未来我国将进一步扩大与蒙古国的贸易规模,扩大蛋鸡饲料出口量,增加牛羊饲料出口,在扩大出口额的同时,将进一步扩大进口规模,在扩大麸皮进口量的同时,增加其他农产品进口,力争进口额与出口额的规模得到突破。

f. 中蒙抗寒水稻、大豆种植试验示范推广项目[①]。

2015年,中国内蒙古兴安盟科右中旗特牧牧业开发有限公司与蒙古国Bornuur Eco Foods公司(蒙古国中央省)和蒙古国沃土有限责任公司(蒙古国鄂尔浑省)共同确立了中蒙抗寒水稻、大豆种植试验示范推广项目。该项目以中国内蒙古兴安盟科右中旗特牧牧业开发有限公司为项目主持单位,蒙古国Bornuur Eco Foods公司(蒙古国中央省)和蒙古国沃土有限责任公司(蒙古国鄂尔浑省)参与项目之中并提供土地及附属设施。项目自2016年开始实施,2017—2018年在蒙古国中央省和鄂尔浑省分别建设示范基地10公顷;2018年底,项目完成了高寒地区水稻3个品种、大豆3个品种的种植初试工作;青贮玉米种植45公顷,收获700多吨,青贮玉米栽培管理技术基本成熟;并完成大豆和饲料玉米的成功种植。2019年,该项目正在开展抗寒水稻和大豆在蒙古国不同地区的种植试验,预计投资20多万元左右。

该项目下一步将进入中试阶段,具体将扩大大豆种植面积至500亩,水稻种植面积扩展到100亩。在不同地区种植试验,积累经验;其他作物也逐步扩大种植面积,将青贮玉米面积扩大至5000亩以上;在蒙古国帮助组建合作社,尽可能得到牧民的认可和支持,拟组建3个合作社;对蒙古国涉农领域的相关领导、学者和农牧民进行培训,计划培训次数6次,其中牧民培训人数500人次(妇女培训人数不少于350人次);举办国际、国内合作交流会议各2次;大量吸纳在中国留学过的蒙古国留学生,组建项目团队,为进一步扩大项目影响力和日后项目的申报和执行奠定良好基础。并将把试验成果在蒙古国中央省、色楞格省、达尔罕省、肯特省和科布多省等共5个省的多个县广泛推广,逐步扩大水稻、大豆、青贮玉米和饲料玉米的种植面积。

g. 中蒙洗净山羊绒收购合作[②]。

中国内蒙古自治区维信羊绒集团与蒙古国宏聚有限责任公司经过双方友

[①] 农业农村部对外经济合作中心. 大图们区域农业合作示范案例七:中蒙抗寒水稻、大豆种植试验示范推广项目[EB/OL].(2020-02-24). http://www.fecc.agri.cn/gjhz/202002/t20200224_345510.html.

[②] 农业农村部对外经济合作中心. 大图们区域农业合作示范案例八:中蒙洗净山羊绒收购合作[EB/OL].(2020-07-15). http://www.fecc.agri.cn/gjhz/202007/t20200715_357063.html.

好协商,本着平等、互利、优势互补、诚信自愿的原则,对洗净山羊毛进行收购,对该项目持续投资。

2019年6月27日,在中国内蒙古-蒙古国经贸合作推介洽谈会上,中国内蒙古自治区维信羊绒集团与蒙古国宏聚有限责任公司达成1000吨洗净山羊绒收购协议;中国内蒙古自治区维信羊绒集团与蒙古国宏聚有限责任公司将按照协议分别展开工作,推动项目进展;蒙方负责洗净山羊绒的收购、加工、检验、检疫、运输、出口报关手续等;中国负责筹集资金,验货接货。2020年底已完成收购500～1000吨洗净山羊绒,项目总投资约45000万元人民币。

h. 中蒙饲料贸易项目[①]。

目前,中国辽宁禾丰牧业股份有限公司与蒙古国主要开展以下合作:以贸易业务带动直接投资,寻找蒙古国有实力的合作伙伴成立合资公司,从事饲料加工、畜禽养殖及屠宰加工等业务;将中国辽宁禾丰牧业股份有限公司先进的技术及管理经验应用于蒙古国市场的开发及项目管理,将科技成果转化为生产力,为客户提供培训和服务,以提升蒙古国畜牧业整体的发展水平;在当地培训及培养专职的技术服务人员,同时通过研讨会方式对客户进行培训,宣传先进的饲喂模式及饲养管理知识,促进蒙古国养殖观念的改变。

未来,中国辽宁禾丰牧业股份有限公司将预期与当地有实力的、具有规模的养殖企业在以下方面进行合作:开展优质饲料的加工,引导蒙古国开展现代化的科学饲喂模式,帮助养殖户改变传统的养殖观念,逐步形成规模化养殖,提高养殖绩效,进而增加养殖户的经济收益;利用中国辽宁禾丰牧业股份有限公司的海外投资经验以及专业的技术和管理优势,开展肉鸡产业化业务,包含养殖、孵化、屠宰和食品加工等环节;开展蒙古牛肉、羊肉的进口贸易业务。蒙古国牛羊存栏数量较大,且肉质鲜美,性价比较高,近两年已经有制熟的肉制品出口到中国,中国辽宁禾丰牧业股份有限公司将在中蒙两国关于肉制品贸易相关政策框架下,适时开展肉制品的贸易业务。

i. 中俄"农业快车"项目[②]。

2019年6月,俄双边关系提质升级,并就农业领域的深度合作达成意向。当年9月,在第五届"东方经济论坛"上,中俄达成了"农业快车"合作协议,即通过整车班列向中国运输农产品,大大缩短了俄罗斯向中国运输农产品的时间。

---

① 农业农村部对外经济合作中心. 大图们区域农业合作示范案例九:中蒙饲料贸易项目[EB/OL].(2020-07-15).http://www.fecc.agri.cn/gjhz/202007/t20200715_357064.html.

② 潘寅茹. 搭上"农业快车",疫情下中俄贸易跑出"加速度"[EB/OL].(2020-07-27). https://www.yicai.com/news/100713849.html.

承担此次农业快车运输任务的就是俄罗斯铁路物流公司。2019年10月9日,装载有俄罗斯进口面粉的首趟"中俄农业"快车抵达中国济南市。我国济南与俄罗斯西部距离遥远,而面粉又有一定的保质期,如何将面粉在最短时间运抵济南成为一个重要问题。得益于俄铁的"农业快车"项目,俄罗斯面粉运抵济南耗时16天,比海运减少了一个半月的时间,最大限度保证了面粉的品质。俄罗斯铁路股份公司副总裁给出的数据显示,在2020年前5个月,俄铁运输的中俄农产品中,98%的产品都是通过最短的路线,由哈萨克斯坦过境,从俄罗斯到中国各大城市的。正是看到了中俄"农业快车"的潜力,2020年,俄罗斯企业计划向中国出口的面粉总量由此前的1万吨大幅提升至8万吨,2023年前10个月俄罗斯共向中国出口超过10万吨面粉,增长2.7倍,中国已成为俄罗斯面粉的第三大出口国。①2022年6月,中企与俄罗斯新陆粮走廊集团公司签署了共同开展该项目的协议,重点是通过本币结算进行交易。同年9月,中俄边境附近的后贝加尔斯克粮食铁路枢纽转运设施启用,彻底解决了两国运输的根本问题——轨距差异。

以往俄罗斯出口的粮食运往中国,需要几个月的时间,然而现在,这一运输时间被缩短至了2~3周,且年运输产能高达800万吨,大大提升了贸易效率和速度。这一枢纽在设计上的巧妙之处在于,它可以实现100%的"双向"装载,不仅能够向中国和其他友好国家运送粮食产品,在返程时,专用集装箱还可从中国运回俄方订购的其他大宗物品,大大增强了中俄铁路运输系统的运行效率。②

2020年年初,历经7年谈判后,俄罗斯牛肉首次"叩开"中国市场的大门。中国批准两家俄罗斯牛肉生产商向中国出口牛肉,俄罗斯最大牛肉生产厂米拉托尔格就是其中之一。在接受第一财经记者采访时,米拉托尔格中国代表处负责人比尼表示,该公司首批200吨牛肉是从符拉迪沃斯托克(海参崴)通过海运抵达上海。他希望未来借助从莫斯科出发的中俄班列将俄罗斯牛肉直接冷链运送到成都或重庆。"目前俄铁与中国铁路相关部门也在商讨这个计划,合作意向非常接近。一旦实现的话,运输时间只需12至15天",他说。

中国作为俄罗斯农产品、食品第一大出口对象国的地位继续巩固。中国进口的品种包括鲜冷冻鱼、植物油、食用油脂、螃蟹。与此同时,双方在农产品相

---

① 俄罗斯卫星通讯社. 俄农产品出口中心:俄罗斯对华面粉出口增长2.7倍[EB/OL]. (2023-12-05). https://sputniknews.cn/20231205/1055489427.html.

② 腾讯新闻. 粮食走廊启动,7000万吨农产品将直达中国,开启中俄合作新篇章[EB/OL]. (2023-12-07). https://view.inews.qq.com/k/20231207A04XK500?no-redirect=1&web_channel=wap&openApp=false.

互准入方面也取得了积极的进展,禽肉、乳制品继续扩大对华出口,俄牛肉也已进入中国市场。

j. 中俄大豆合作项目。

中国既是主要的大豆生产国,又是全球最大的大豆进口国和消费国,每年中国进口的大豆在9000万吨左右。尽管中国已成为俄罗斯大豆的主要出口国,但每年源自俄罗斯的大豆进口量不到100万吨,占比不足1%。

2019年6月,中俄共同签署了《关于深化中俄大豆合作的发展规划》;7月,中国海关总署宣布开放对俄罗斯全境大豆的进口;8月,规划签署后的首批4431.677吨俄罗斯大豆运达江苏南通港;该批大豆为中粮集团旗下中粮贸易从俄罗斯采购,由"YONGHONG 9"号轮从俄罗斯海参崴装运至南通,是南通口岸首次以海运散装方式进口俄罗斯大豆,拓展了长江流域对接"一带一路"进口粮食海路物流通道,也标志着中俄《关于深化中俄大豆合作的发展规划》成果正式落地。[①]2020年3月11日,中国首次以万吨级远洋轮装载进口俄罗斯大豆共1.49万吨抵达江苏南通港。

目前,中俄大豆贸易回运逐步便利,制度性障碍逐渐破除,9个中国大豆品种已在俄罗斯远东试种,双方正在积极开展大豆省州"结对子"工作,并初步确定黑龙江—广东—滨海边疆区、黑龙江—犹太自治州、黑龙江—阿穆尔州、山东—犹太自治州四对大豆重点省州开展"结对子"合作。

k. 中俄远东农业合作项目[②]。

该项目主要涉及内蒙古、辽宁、吉林、黑龙江等省份。内蒙古对俄农业合作以全国最大的陆路口岸城市满洲里市为代表,满洲里口岸承担着中俄贸易60%以上的陆路运输业务,果蔬出口贸易量逐年提升,口岸农产品仓储基地服务功能与设施日臻完备,满洲里市帆达国际物流中心仓储园区项目于2019年投入使用;辽宁省农产品对俄罗斯出口贸易稳步发展,进出口增长也较快,增速58.6%。全省对俄罗斯农产品出口企业达两百余家,出口产品涵盖了水产品、种植业产品、畜产品,林产品四大品类13种产品;黑龙江省对俄农业产业协会在俄从事种植、养殖、加工贸易的企业有120多家,总投资额为7亿多美元,年产粮食约170万吨。目前,两地农业开发规模持续扩大,合作领域不断拓宽,黑龙江在俄粮食种植结构已由过去的以蔬菜种植为主转向以大豆种植为主,以玉

---

① 搜狐网.《关于深化中俄大豆合作的发展规划》签署以来首批俄罗斯大豆在南通口岸进境[EB/OL].(2019-08-05). https://www.sohu.com/a/331655758_120032491.

② 农业农村部对外经济合作中心.中俄远东农业合作情况报告[EB/OL].(2019-06-03). http://www.fecc.agri.cn/gjhz/201906/t20190603_340074.html.

米、水稻、小麦等粮食作物种植为辅。在粮食作物种植之外,企业合作向猪、牛等畜禽养殖、粮食加工、饲料加工、仓储物流及农产品批发建设等领域延伸[①];吉林省通过园区建设稳步推进和资源整合,产业集群和产业升值效能初现。泰源农牧科技开发有限公司在俄滨海边疆区建立中俄什克托沃农牧业产业园区,金达海外农业开发投资公司在俄罗斯滨海边疆区建设农业优质示范产业园区等。

黑龙江省境外种植开发项目由俄滨海边区、哈巴罗夫斯克州、犹太自治州、阿穆尔州发展到俄境内7个州的29个区,最远延伸到克拉斯诺亚尔斯克和莫斯科东南部的奔萨州地区。吉林省在俄从事农业开发企业达30多家,其中在俄滨海边疆区从事农业开发企业20多家,并逐步向哈巴罗夫斯克及哈桑区开展投资合作。黑龙江省对俄境外农业开发产业链条逐步全面,逐步形成种植、养殖加工、仓储、物流运输等全产业链发展。如黑河北丰公司建设的中俄阿穆尔农牧产业园区项目,累计完成固定资产投资5亿元,入园企业6家。吉林省对俄农业合作逐步向中草药、食用菌栽培、农产品深加工等领域迈进。如吉林省海外农牧业投资有限责任公司在俄滨海边疆区进行种植业基地建设,同时项目区内已建设道路、实验室、催芽室、烘干塔、仓储等基础设施。吉林省宇尧实业公司在俄滨海边疆区哈桑区开展中药、人参、蔬菜、食用菌栽培等种植业,建设干菜和豆油加工厂和开发旅游观光产业。辽宁省积极与俄罗斯多家国家级农业科研院所开展玉米等种质资源培育和品种交流互换合作研究,共引进俄罗斯玉米、水稻、向日葵、大豆、荞麦、燕麦、食用豆等资源近5000份,极大地丰富了该省种质资源。

1. 中蒙牛肉贸易[②]。

2015年蒙古国、中国、俄罗斯三方商定,中国、俄罗斯允许本国企业进口蒙古国无口蹄疫省的肉类产品,2016年1月14日,中国与蒙古国进一步草签议定书,准许蒙古国西部5省的冷冻牛羊肉对中国出口,双方中断多年的牛肉贸易重新开展;同年8月,蒙古国科布多省发生小反刍兽疫,9月国家质量监督检验检疫总局要求暂停进口蒙古国冷冻牛羊肉及其相关产品。由此,蒙古国向中国出口牛肉再次中断。

近年来,中蒙牛肉贸易表现出3个方面的特征。一是从牛肉贸易相对量看,双边贸易规模较小,中国从蒙古国进口的牛肉低于中国牛肉进口总量的

---

① 中国商务新闻网. 中俄农业合作,黑龙江一马当先[EB/OL].(2020-10-28). https://baijiahao.baidu.com/s? id=16817681440248052498&wfr=spider&for=pc.

② 王岫嵩,纪媛,吉尔格拉,等. 中蒙牛肉贸易的现状、潜力与可行方案[J]. 世界农业, 2018(6):43-48.

5%,而蒙古国出口到中国的牛肉不到蒙古国对外出口总量的1%。二是中国对蒙古国出口的产品主要是牛杂碎,出口规模较小。三是中国从蒙古国进口的牛产品非常少,产品种类单一。2016年,中国从蒙古国进口加工牛肉244 26吨、去骨冻牛肉6400吨,进口额共计10455万美元。随着中蒙双方贸易的友好往来,中蒙牛肉贸易规模有望增加。

m. 四川"境外农业合作示范区"中俄项目[①]。

为进一步推动中俄农业合作,四川省农业农村厅认定"四川楚瓦什农业园"(以下简称"园区")为省级"境外农业合作示范区"。该园区由四川铁投现代农业发展股份有限公司在俄罗斯楚瓦什共和国投资建设。园区是在李克强总理和梅德韦杰夫总理共同见证下签署的中俄农业合作项目,是中俄"两河流域"合作机制下切实落地的项目。2019年6月,该项目被列入俄罗斯楚瓦什共和国优先发展项目,同年11月被列入中俄投资合作国家重点项目。

园区计划投资10.8亿元,在3~4年内分期建设2万公顷草场、2.4万头存栏规模的牧场、日处理鲜牛奶500吨的乳业加工园及年处理肉牛2万头的屠宰场,形成集牧草种植、奶牛养殖、乳制品加工、肉牛屠宰加工、农产品国际贸易于一体的全产业链发展格局,满足国内对优质奶制品和肉制品的巨大需求。项目投产后可提供300~400个工作岗位,缓解当地就业问题,每年可为当地和联邦政府增加约1亿5千万卢布的财政收入。至2020年11月,园区已租赁土地8000公顷,建成简易道路,完成部分土地整理并试播种牧草和饲料作物,完成万头奶牛场技术优化和地质勘察,牧场开始建设,多项工作全面铺开。

4.1.2 孟中印缅经济走廊农业合作进展

孟中印缅(BCIM)区域内经济合作构想开始于1999年由中国和印度学者联合发起的"中印缅孟地区经济合作论坛",且四国共同签署了《昆明倡议》,使得这一地区的经济合作步伐向前推进,但一直进展缓慢。直到2013年5月中印双方签署了《中印联合声明》,指出鉴于2013年2月孟中印缅汽车拉力赛的成功举行,双方同意与其他各方协商,成立联合工作组,研究加强该地区互联互通,促进经贸合作和人文交流,并倡议建设孟中印缅经济走廊。2013年10月中印双方共同发表了《中印战略合作伙伴关系未来发展愿景的联合声明》,推动孟中印缅经济走廊倡议进一步规划开展。2013年12月,孟中印缅经济走廊四方联合

---

① 农业对外合作部际联席会议办公室. 四川"境外农业合作示范区"中俄项目全面铺开[EB/OL]. (2020-11-23). http://www.gjs.moa.gov.cn/ydylhzhhnyzcq/202011/t20201123_6356793.htm.

工作组第一次会议在中国昆明举行,就建设前景、优先合作领域、合作机制建设等问题进行了探讨,正式将孟中印缅经济走廊建设推入务实新阶段。①10年来,孟中印缅地区合作论坛先后举办4次,从概念到实施,孟中印缅四国智库对话机制展现了国际协商共识对区域合作的重要支持作用。

1. 政策安排

在合作政策协议方面,2005年中孟两国领导人签署《中华人民共和国农业部与孟加拉共和国政府农业部农业合作谅解备忘录》,在农作物种交换、农产品加工、杂交水稻种植技术、农业技术人员培训、农业机械技术等领域开展合作,农业科技和管理人员交流探讨农业合作的方式。2014年云南省农村科技服务中心派技术人员赴孟加拉国进行技术咨询服务,对合作建立农业科技示范园达成了书面协议。2006年中印双方同意成立中印农业合作委员会,每两年举行一次会议,商议各项条款的实施,签署了中印农业合作谅解备忘录,广泛开展了农业及相关领域的合作。2013年中国总理访印,签署关于经贸、农业、环保等领域的八项合作协议,直接刺激两国农业领域合作的发展。云南依托农业部与缅甸开展农业技术人员培训,农作物品种的交换,农业科技示范园等合作内容。2012年云南临沧市与缅甸政府签订农业合作备忘录,合作建设"缅北农业综合开发区",在缅甸老街、登尼、户板等地综合开发共300万亩甘蔗、橡胶、咖啡和其他经济作物;2013年中缅签署《中国农业部与缅甸畜牧水产及农村发展部关于渔业合作的协议书》,在渔业、养殖业、种植业、畜牧业等领域加强合作。2014年9月,中国农业部部长韩长赋访缅期间,两国部长签署了《关于加强农业合作的谅解备忘录》,决定建立农业合作副部级双边机制,并成立农业、畜牧兽医和渔业合作分委会,全面指导在缅甸开展农业技术示范推广合作、现代农业改造与育种合作、跨境动植物疫病联防联控合作、小额农贷合作、增加对缅甸农业投资、扩大农产贸易等。②2016年10月,习近平主席成功访孟加拉国,双方一致同意将中孟关系提升为战略合作伙伴关系,开启了中孟传统友好关系的新篇章。2019年7月,第三次赢得大选连任的哈西娜总理访华,分别与习近平主席、李克强总理会见,并取得丰硕访问成果。2021年7月2日,中国、柬埔寨、缅甸、巴基斯坦、越南农业部门就共同建立农药产品质量标准达成合作共识,共同发布了《促进"一带一路"合作 共同推动建立农药产品质量标准的合作意向声明》,并明确了下一步合作工作方案及工作机制。根据声明内容,中国、柬埔寨、缅甸、

---

① 陈利君.建设孟中印缅经济走廊的前景与对策[J].云南社会科学,2014(1):1-6.
② 张芸,崔计顺,杨光.缅甸农业发展现状及中缅农业合作战略思考[J].世界农业,2015(1):150-153.

巴基斯坦、越南将在以下领域开展合作:一是交流人类与环境友好型农药需求。把握本国农作物主要有害生物发生情况,交流各国农药施用情况,并提出各国未来农药品种和病虫害防治需求。二是共同确定农药品种目录。参考联合国粮农组织和世界卫生组织农药产品质量标准名录,遴选并确定新农药品种、新生物农药品种及非新农药品种的目录。三是共同推动标准制定。推动亚太植保委员会(APPPC)优先对根据本合作意向书所确定农药品种进行标准制定。四是开展合作研究与人员培养。支持和鼓励各国相关实验室开展合作研究,共建区域性实验室。共享生物农药商业化登记规范,开展人才培训和技术交流。[1]2021年7月5日,由农业农村部国际合作司主办、对外经济合作中心承办的首届澜湄水果节在京召开,农业农村部国际合作司副司长指出在各方共同努力下,五年来,澜湄农业合作在政策对话、产业发展、农产品贸易与投资、能力建设与知识分享等方面取得积极进展,为次区域农业绿色发展、农民增收、农村繁荣作出了贡献,并建议成员国继续发扬接地气、惠民生、重参与的澜湄农业合作特色,不断深化农业科技经贸合作、能力建设、绿色发展等领域合作,提升澜湄农业合作水平。[2]

2. 合作进展

(1) 贸易投资

贸易方面,中国和缅甸边境线绵长,两国贸易往来密切。据缅甸商务部统计,2022—2023财年前11个月(2022年4月1日至2023年3月3日),缅甸与中国边贸口岸贸易额达27亿美元,同比上涨超5亿美元,涨幅超23%。缅甸主要对华出口农产品和水产品,同时自华进口建材、电器、机械、食品和药物等。2022—2023财年的前10个月(2022年4月1日至2023年2月17日),缅甸的贸易总额达299.6亿美元,较上一财年同期增加41.29亿美元,同比增长16%。其中,出口额为146.68亿美元,同比增加15.65亿美元,涨幅12%;进口额152.91亿美元,同比增加25.63亿美元,涨幅20%。缅甸主要对外出口农产品、畜牧产品、水产品、矿产品和森林资源、工业加工产品等,同时进口原材料、生活用品和化工产品等。中国是缅甸大米和橡胶的第一大进口市场。2023年1月,缅甸对外出口大米累计超14万吨,总计创汇6180万美元。其中,通过海运出口大米超

---

[1] 农业农村部国际合作司. 中国、柬埔寨、缅甸、巴基斯坦、越南五国联合发布共建"一带一路"农药产品质量标准合作意向声明[EB/OL].(2021-07-02).http://www.gjs.moa.gov.cn/ydylhzhhnyzcq/202107/t20210702_6370854.htm.

[2] 农业农村部对外经济合作中心. 果香飘扬澜湄沃土,合作共促农业发展:2021年首届澜湄水果节在京拉开帷幕[J].世界农业,2021(08):2.

13万吨,为缅甸创汇5584万美元;通过边贸口岸出口大米约1.56万吨,创汇596万美元。在所有缅甸大米对外出口国家中,中国以超5.3万吨的数据排名第一。同月,缅甸通过水路出口橡胶约1.38万吨,创汇1643万美元,其中对中国出口最多,出口量达9220吨,占比超过三分之二,其次为马来西亚、印度和日本等国。缅甸全国橡胶种植面积160万英亩(1英亩=4046.86平方米),其中75%的产量向中国出口,8%在国内消费,其余17%向其他国家出口。①

中印双边的农产品贸易规模也在不断扩大,从2010年的6.3亿美元增长到2019年的30.6亿美元,年平均增长率为17.2%,2019年为928.1亿美元,受疫情影响,2020年为877亿美元,2021年,中印双边贸易额达1256.6亿美元,同比增长43%,首次突破千亿美元大关。整体而言,中印双边贸易中国是处于顺差地位,但在农产品贸易中,中国处于逆差地位,2021年贸易逆差为694亿美元。中国主要的进口产品是棉花、水产品、油料、豆类等,印度从中国进口的主要农产品是生丝、鱼油、干果、羊肉等。就双边农产品进出口而言,中国从印度进口的主要是初级农产品,对印出口主要是农业加工品,具备一定的互补性和差异性。②随着港口处理能力大幅提升,2021年印度大米出口高达2200万吨,高于紧随其后的泰国、越南和巴基斯坦3国的总出口量,将占大米全球总出口量的45%。除传统买家外,中国、越南和孟加拉国也从印度进口大米。2020年,印大米出口较上年增长49%至1470万吨,创最高纪录。③2021年1月至12月,中孟贸易额251.5亿美元,同比增长58.4%。其中,中国对孟出口241亿美元,同比增长59.8%;自孟进口10.5亿美元,同比增长30.9%。④

在投资合作方面,2019年中国企业对印农业投资总额达到了5.96亿美元,比2018年增长了52.6%。中国企业对印投资领域主要集中于种植业、畜牧业,2019年在这两个领域的投资额为3.12亿美元,另外,在渔业、农业生产资料加工业领域的投资额也比较大。新希望集团2019年在加尔各答建立了南亚地区第一家饲料加工厂,投资额为980万美元,是中国近些年最大的单笔投资。印度企业对中国农业领域的投资虽然不多,但投资领域主要集中于生物农业以及育

---

① 陈晓阳. 中缅贸易加速恢复[N]. 光明日报,2023-03-16(第012版).

② 刘彬凤. "一带一路"背景下中印农业合作的现状及推进策略[J]. 对外经贸实务,2020(9):31-34.

③ 《农业农村部国际合作司. 境外涉农信息快报(第282期)[EB/OL].(2021-09-28). http://www.moa.gov.cn/xw/bmdt/202109/t20210928_6378451.htm.

④ 搜狐网. 2021年1月至12月中国—孟加拉国经贸合作简况[EB/OL].(2022-03-22). https://www.sohu.com/a/681199786_121687414.

种业,2019年对华农业投资额首次突破5000万美元。①据统计,2021年1—12月,中国企业对孟非金融类直接投资12.6亿美元,同比增长293.2%;在孟新签工程承包合同额42亿美元,同比下降68.1%;完成营业额59.8亿美元,同比增长8.6%。②2022年中国企业在印新签工程承包合同额14.3亿美元,完成营业额20.2亿美元。2020年新设立的澜湄农业合作广西分中心充分发挥区位优势,系列成果奠定良好基础,截至2021年3月,广西共有超过50家企业和单位在澜湄流域国家开展农业投资和科技合作,实施项目60多个,对外投资金额累计超过9亿美元。先后在越南、老挝、柬埔寨、缅甸和区内建成一批中国(广西)—东盟农作物优良品种试验站项目,向澜湄流域国家输出试种蔬菜、水稻等农作物优新品种750多个,筛选出适合当地种植的品种接近150个,示范展示面积2.78万公顷,累计示范推广农作物优良品种面积超过500万亩。试验站引进试验示范的农作物品种普遍比当地种植品种增产20%~50%,亩增收超过20%。通过试验站平台,培训当地农业管理、技术人员、农民和农业院校学生共8700多人次,成为引领澜湄流域国家农业科技进步的重要平台。③

(2)教育科技

在教育培训方面,2018年6月10日至16日,"一带一路"国家农业产能国际合作研修班在北京成功举办。来自保加利亚、柬埔寨、埃及、印度、老挝、菲律宾、泰国、乌兹别克斯坦等8个国家的17名代表参加此次研修班。该次研修班围绕"一带一路"农业产能合作,重点向共建国家学员阐释了"一带一路"农业合作背景、理念以及中国企业的实践等内容。④第二届"一带一路"国际合作高峰论坛于2019年4月25日至27日在北京举行,中国农业科学院"杰出青年"外国专家在"一带一路"合作伙伴的农业科技国际交流与合作领域中发挥出了突出的作用。目前,中国农业科学院通过科技部"发展中国家杰出青年来华工作"计划先后吸引了来自巴基斯坦、埃及、埃塞、印度、蒙古国、卢旺达、缅甸等7个国家28名"杰出青年"来院工作,涉及作物、果树、蔬菜、植保、环境与可持续发展、

---

① 刘彬凤."一带一路"背景下中印农业合作的现状及推进策略[J].对外经贸实务,2020(9):31-34.

② 搜狐网.2021年1—12月中国—孟加拉国经贸合作简况[EB/OL].(2022-03-22).https://www.sohu.com/a/681199786_121687414.

③ 农业对外合作部际联席会议办公室.澜湄农业合作规划、项目齐推进[EB/OL].(2021-03-04).http://www.gjs.moa.gov.cn/ydylhzhhnyzcq/202103/t20210304_6362927.htm.

④ 农业农村部国际合作司."一带一路"国家农业产能国际合作研修班成功举办[EB/OL].(2018-06-20).http://www.gjs.moa.gov.cn/ydylhzhhnyzcq/201904/t20190418_6184214.htm.

生物、资源区划、蜜蜂、信息技术、兽医等10多个专业学科。①中国农业大学、华中农业大学与加尔各答农业大学成立了三校生物技术方向研究生培养体系，2018年已经招收第一批联合培养博士生。②第三届"一带一路"国际合作高峰论坛于2023年10月18日在北京召开，习近平总书记提出要推动科技创新。中方将继续实施"一带一路"科技创新行动计划，举办首届"一带一路"科技交流大会，未来5年把同各方共建的联合实验室扩大到100家，支持各国青年科学家来华短期工作。中方在本届论坛上提出全球人工智能治理倡议，愿同各国加强交流和对话，共同促进全球人工智能健康有序安全发展。③

在科技合作方面，2018年3月，中国农业科学院副院长万建民应邀率团出访孟加拉国，与孟加拉国农业大学校长及各学院院长、孟加拉国农业从业者协会进行了座谈，就在植物保护、作物育种、动物疫病防控、果树研究、研究生教育等领域开展合作进行了探讨，签署了《中国农业科学院与孟加拉国农业大学科技合作备忘录》，参观了孟加拉国农业大学的实验室，实地考察了孟加拉国水稻高产田并参加了技术推广活动，这对于促进中国农科院成熟技术和产品在孟加拉国的推广和使用，提升其农业生产水平，树立中国农科院良好国际形象具有重要意义。④2018年4月16日，印度农业研究理事会助理总干事Sanjeev Saxena先生率领的印度农业研究理事会代表团访问并参观中国农业科学院国家农业科技产业园。中方表示愿意与印度农业研究理事会（ICAR）以及包括国际半干旱地区热带作物研究所（ICRISAT）在内的驻印国际机构就下一步务实合作特别是建立联合实验室、签署科技合作谅解备忘录等密切往来。印方提出希望下一步在太阳能技术应用、生物能源应用、土壤保护与利用等领域如何推动现代设施农业建设，特别是园艺、蔬菜、花卉、马铃薯等技术领域方面，与中国农业科学院开展广泛的合作与交流。⑤2018年6月26日，农业农村部党组成员、中国农

---

① 中国农业科学院国际合作局. 中国农科院"杰出青年"外籍专家"一带一路"峰会崭露头角[EB/OL].(2019-04-29).https://gh.caas.cn/zdhd/188249.htm.

② 刘彬凤."一带一路"背景下中印农业合作的现状及推进策略[J].对外经贸实务,2020(09):31-34.

③ 新华社. 习近平出席第三届"一带一路"国际合作高峰论坛开幕式并发表主旨演讲[EB/OL].(2023-10-18).https://baijiahao.baidu.com/s? id=17800828717368880028&wfr=spider&for=pc.

④ 中国农业科学院国际合作局. 中国农科院深化与"一带一路"沿线国家的农业科技合作[EB/OL].(2018-04-09).https://gh.caas.cn/hzdt/131962.htm.

⑤ 中国农业科学院国际合作局. 印度农业研究理事会Sanjeev Saxena先生访问我院[EB/OL].(2018-04-18).https://gh.caas.cn/hzdt/132882.htm.

业科学院原院长唐华俊会见了来访的缅甸联邦议会议长兼民族院议长曼温楷丹一行。唐华俊表示希望双方充分利用已有基础,进一步推动双边科技交流与合作更加广泛深入开展,一是围绕重点作物品种,推进作物种植、植物保护、土壤肥料、沼气能源建设等方面的科技合作研究、示范与推广;二是加强人员培训和研究生培养;三是针对农业生态、智能农业、信息技术等共同感兴趣的领域和热点问题,通过召开专业学术会议或科学家会议加强沟通,充分交流各自研究进展和优势领域。曼温楷丹表示希望中方能够在包括玉米在内的作物品种资源等方面加强与缅方的合作,帮助缅方改善农业实用技术,提升粮食产量,造福缅甸人民。①2018年9月,中国农业科学院原副院长万建民率团出访印度,与相关农业科研单位就开展科技合作进行磋商,指出双方应在签署的谅解备忘录框架下,针对共同感兴趣的农业科技问题加强联合研究,进一步高效利用水、土壤等自然资源,共同应对气候变化对农业发展带来的挑战,为小农户提供实用的技术帮助,保障国家粮食安全和食品安全。②2019年8月22日,借助在云南昭通召开的第三届南亚东南亚农业科技创新研讨会平台,澜湄合作农业科技交流协作组(ECCAST-LMC)正式成立,成立澜湄合作农业科技交流协作组是落实在柬埔寨召开的澜湄合作农业联合工作组第二次会议六国达成的合作共识,柬埔寨、中国、老挝、缅甸、泰国、越南共同支持在原有"大湄公河次区域农业科技交流合作组"的基础上,建立覆盖范围更广、合作内容更丰富的澜湄合作农业科技交流协作组。③2018年中国农业科学研究院与印度德里大学联合成立了作物育种中心,2019年印度Bijak公司在石河子投资设立了"旱地棉花技术开发中心",加大与新疆产棉区的技术合作。④

(3) 项目建设

a. 广西农业对外合作厅项目⑤。

---

① 中国农业科学院国际合作局. 唐华俊会见缅甸联邦议会议长兼民族院议长曼温楷丹[EB/OL].(2018-06-29).https://gh.caas.cn/zdhd/138518.htm.

② 中国农业科学院国际合作局. 落实"一带一路"倡议,深化多双边合作[EB/OL].(2018-09-27).https://gh.caas.cn/hzdt/150514.htm.

③ 云南省农业科学院. 澜湄合作农业科技交流协作组(ECCAST-LMC)正式成立[EB/OL].(2019-08-28).https://www.yaas.org.cn/view/front.article.articleView/47636/6/214.html.

④ 刘彬凤."一带一路"背景下中印农业合作的现状及推进策略[J]. 对外经贸实务,2020(9):31-34.

⑤ 农业对外合作部际联席会议办公室. 广西农业对外合作厅际联席会议工作亮点纷呈[EB/OL].(2019-08-28). http://www.gjs.moa.cn/ydylzhhnyzcq/202006/t20200611_6346293.htm.

首先是打造了"两站两区"农业对外合作样板。"两站"方面,截至2019年底,广西在越南、老挝、柬埔寨、缅甸、印尼等国建设的5个中国(广西)—东盟农作物优良品种试验站,共向东盟输出试种蔬菜、水稻等优新品种750多个,累计在东盟示范推广面积超过400多万亩;同时,在自治区内建立的3个东盟农作物优良品种广西试验站,从东盟引进150个水稻、果蔬等作物品种成功试种。"两区"方面,在文莱、老挝、缅甸启动创建的3个境外农业合作示范区和百色市1个境内农业开放合作试验区成果初现。百色农业开放合作试验区共引进50多个芒果、百香果、甘蔗等农作物优良品种以及香蕉、水稻等新技术进行试验示范。"两站两区"平台成功推动一批广西企业到境外重点合作国投资农业。

其次是加强了对东盟农业科技人才的引进与培训。截至2019年,"东盟杰出青年科学家来华入桂计划"中涉及农业的项目共有15个,泰国、缅甸等5国共15名东盟杰青先后来到广西农科院、林科院等7个单位开展农业科技开发工作,形成了22项工作成果,为扩大我国农业在东盟国家的影响力、促进广西优势农业品种、技术与成果输出打下坚实基础。在科技部"国际杰青计划"的框架下,广西科技厅以独特的区位优势为依托,积极践行"一带一路"科技人文交流,于2017年底在全国率先启动了"东盟杰出青年科学家来华入桂工作计划"(以下简称"东盟杰青入桂计划")。项目实施至今,共受理广西各用人单位申报岗位174个,批准设岗91个,已成功为该区引入海外杰出青年科技创新人才46名(含待入桂7名),解决合作攻关关键技术科研问题60余项,形成了包括学术论文、共建国际联合实验室、专利申报、构建合作关系等形式的国际合作成果80余项。[①]

再次是面向东盟的农业科技合作平台不断丰富。自治区科技厅以科技项目形式,积极支持区内企业、研究院所建设"中越边境农业科技走廊""中国(广西)—东盟农业科技创新中心""中国(广西)—缅甸农业科技示范园""海世通(文莱)深远海网箱养殖国际研发中心""中国—马来西亚贝类联合实验室""中越作物病虫害综合防控联合实验室""动物疫病防控技术研究联合实验室"等农业科技创新国际合作平台,极大提升了广西农业技术的区域辐射力和国际影响力。

b. 缅甸参与澜湄农业合作[②]。

2019年在中国商务部和国务院扶贫开发领导小组办公室牵头下,中国国际

[①] 广西壮族自治区科学技术厅. 2021年"东盟杰出青年科学家来华入桂工作计划"项目指南修订解读[EB/OL]. (2021-01-20). http://kjt.gxzf.gov.cn/xxgk/ghjh/ndjh/t7712010.shtml.

[②] 农业农村部对外经济合作中心. 缅甸农业发展与澜湄农业合作进展简报[EB/OL]. (2020-02-20). http://www.fecc.agri.cn/xglj/lmnyhzzx/gzdt/202002/t20200220_345333.html.

扶贫中心组织有关专家赴缅甸选择适合乡村,通过传授大棚有机蔬菜和有机水稻种植技术,开展了农业减贫示范合作项目。2019年3月"澜湄周"在缅甸首都内比都召开,缅甸各界澜湄合作意识不断增强。

2017年11月,缅甸与中国签署了第一批澜湄专项基金共10个项目,主要针对选定地区的农民开展研讨交流会议、加工等基础设施建设,组织开展技术培训、建立示范基地。通过该批专项基金项目推动了缅甸果蔬农产品由民间小额互市向大额国际进出口贸易转变;创新了农业国际合作运营模式,从整体上推动了缅甸农业的发展,提升了缅甸农业技术水平。

2019年1月,中国和缅甸双方代表在内比都签署第二批澜湄合作专项基金缅方项目协议,相较于第一批澜湄基金项目,此批项目涉及范围更广、辐射地区更多、合作层次更深,致力于加强缅甸与中国及澜湄其他国家间的合作、增加缅甸建立生物技术实验室所需的基础设施、提供优质的种质资源、建立研发中心、提升缅甸农产品质量、开展农业技术培训、助力农产品加工技术水平的提升,有效防控动植物疫病的传播,同时加强对网络信息化的利用。

c. 澜湄合作专项基金中方农业项目[①]。

2017—2018年,中国农业农村部组织实施澜湄基金项目15个,项目形式以技术合作为主,包括研讨交流、试验示范、能力建设等,项目实施对完善澜湄农业合作机制,落实澜湄合作领导人会议重要倡议,强化技术支撑,输出中国农业技术、设备、人才,分享中国农业发展经验,宣传澜湄农业合作进展与成果,推动澜湄流域经济发展带建设发挥了积极作用。

中国农业农村部与云南省政府连续两年在云南召开澜湄合作村长论坛,论坛发出了《澜湄村社合作芒市倡议》,倡议成立"澜湄村社发展联盟",中国促进乡村全面振兴的经验做法引与会代表强烈兴趣与合作愿望,为今后不断推进澜湄农业、农村、农民全方位合作开好了头。召开澜湄农业合作联合工作组会议,促成各国就概念文件达成一致,就农业发展政策、申报实施澜湄基金项目等事宜进行密切联系,与主管部门、业务部门、外交渠道、科研机构等建立了良好的合作关系。开展澜湄农业合作研究,中国农业农村部牵头编制了《澜沧江—湄公河农业合作三年行动计划(2020—2022)》,该计划由中国、柬埔寨、老挝、缅甸、泰国、越南等6个澜湄合作机制成员国农业部门共同制定,旨在落实澜湄合作第二次领导人会议期间发布的《澜湄合作五年行动计划(2018—2022)》,明确

---

① 农业农村部对外经济合作中心. 澜湄合作专项基金中方农业项目实施进展与成效[EB/OL]. (2019-12-24). http://www.fecc.agri.cn/xglj/lmnyhzzx/gzdt/201912/t20191224_344305.html.

澜湄农业合作的方向与重点,进一步提升澜湄农业合作水平①。

组织实施湄公河水稻绿色增产技术试验示范项目,从中国引进水稻品种44个,筛选出适合当地的优良品种15个;建立水稻绿色增产技术试验示范基地8655亩,根据当地实际情况引入中国较为成熟的育秧、栽培、水肥管理和病虫害绿色防控等技术,辐射带动面积超过4.5万亩,帮助当地水稻单产提高25%以上,每亩平均增收达200元人民币,围绕发展稻虾、稻鱼、稻鸭等6种稻田综合种养模式,开展绿色水稻综合种养技术试验示范和推广,在保护当地生态环境的前提下实现了增产增收,为推动当地水稻提质增效提供了有效的技术支撑,也为水稻科研育种提供了科学依据。

实施澜湄热带农业产业合作示范区建设项目,以"走出去"的企业为主体,共同建设热带农业产业合作示范区。邀请柬埔寨、老挝、缅甸、泰国、越南五国人员共计15人到海南培训20天;邀请中国热带农业科学院专家赴柬埔寨皇家农业大学和产业园区内现场举办培训班;支持中资企业在柬埔寨建设椰子产业合作示范基地1000亩。

实施澜湄农技推广与信息服务平台建设项目,采用国内最新的移动互联技术,整合各方农业科技资源、市场信息,构建澜湄农业技术推广与农业信息共享的农业综合服务平台(手机应用程序),将中国先进的农业实用技术和农业信息服务模式转移输出,创新湄公河国家农业信息服务手段,增强澜湄区域农业政策交流、信息共享与成果转化。

实施澜湄流域农作物病虫害绿色防控合作平台建设项目,针对流域内绿色防控的技术需求,围绕政策支撑、绿色防控发展模式、有关绿色防控学术与管理政策开展研讨、交流与培训。实施东南亚智慧农业监控平台建设项目,在老挝、柬埔寨等国家搭建一套农业智慧系统,搭建覆盖中南半岛的"互联网+农业"智慧农业信息交流和数据库平台。实施澜湄国家农业科研机构合作平台建设项目,邀请泰国、柬埔寨等湄公河国家高等院校和科研机构相关负责人来华访问,签署有关合作协议,建立联系渠道。

联合老挝、柬埔寨、泰国等湄公河国家开展联合执法和增殖放流活动5次,累计增殖放流鱼苗273.8万尾,对澜湄流域渔业资源快速养护、维护生态系统稳定发挥了积极作用。此外,还组织开展了水生生物保护宣传活动,提升公众生态保护意识。2018年11月,在长江生物资源保护论坛上,各国代表高度肯定中国在澜湄流域水生生物保护方面取得的成果,达成了加强在澜湄流域水生生物

---

① 中国政府网.《澜湄农业合作三年行动计划(2020—2022)》正式通过[EB/OL].(2020-02-26).https://www.gov.cn/xinwen/2020-02/26/content_5483545.htm.

保护的合作共识。

实施澜湄流域种植橡胶对生物多样性的影响联合研究项目,开展澜沧江(中国云南植胶区)—湄公河区域(越南、柬埔寨、老挝、泰国和缅甸)橡胶林植物多样性的调查工作,加强与国际橡胶生产研究机构的合作,提出有关建议,对推动次区域天然橡胶产业健康发展具有重要意义。

实施澜沧江—湄公河流域国家热带农业人才培育工程、跨境动物疫病防控技术交流与合作、沼气技术培训班、澜湄国家农药风险管理研修班4个培训项目,在华举办涉外培训班10个,参训185人次;派出专家团组20余个,开展技术交流与现场培训,培训当地农户和技术人员2500人次。

热带农业人才培育工程项目建设了澜湄农业人才培训专家库、培训实践基地库和配套精品培训课程,在境内外举办培训班,与湄公河国家有关单位签订合作协议或达成合作意向,为澜湄流域国家热带农业人才培育工程建设提供支撑。

跨境动物疫病防控技术交流与合作项目通过"请进来"和"走出去"培训,提升了澜湄国家兽医实验室对口蹄疫诊断监测能力,加深了与中—缅—泰实验室间的紧密联系,为澜湄区域跨境动物疫病联防联控,畜产品安全贸易提供了技术支撑。

沼气技术培训班完成了对湄公河国家学员的技术交流、成果示范、企业推介、经验分享,鼓励学员申报合作项目,受柬埔寨学员邀请,赴柬埔寨举办联合国工业发展组织支持的商业化沼气技术培训班两期,受邀投标了联合国工发组织发起的柬埔寨老挝生物质能能力建设项目1个。

澜湄国家农药风险管理研修班围绕生物多样性与病虫害防治、植物病害生物防治、中国农药管理政策与环境风险控制等进行理论交流和实践学习,为提高次区域农药风险管理能力,推动农药产业的国际贸易合作提供了的契机。

中方设立澜湄合作专项基金以来,支持缅甸农业、畜牧和灌溉部实施了30余个项目。中方还援助缅甸在内比都埃羌达和敏彬建成了两个减贫示范村,积极帮助缅甸解决电力、交通等制约农业农村发展的基础设施问题,以实实在在的行动助力缅甸发展,造福缅甸人民。中方愿继续同缅方在双边和澜湄合作等多边机制下加强农业合作、分享农业发展经验,帮助缅方实现农业现代化。①

d. 香蕉生产全产业链项目②。

我国是世界香蕉生产和消费大国,产量和消费量均位居世界第二。国家统

---

① 农业农村部. 缅甸农业、畜牧和灌溉部7个澜湄项目正式启动[EB/OL].(2023-01-17).http://www.moa.gov.cn/ztzl/ymksn/xhsbd/202301/t20230117_6419017.htm.

② 中国日报网. 香飘澜湄路,蕉聚富民途[EB/OL].(2021-03-22).http://cn.chinadaily.com.cn/a/202103/22/WS60582e6ca3101e7ce9745193.html.

计局数据显示，2022年我国香蕉产量为1177.68万吨，受面积下降等综合因素的影响，同比增量仅为5.26万吨，同比增长0.4%，消费量为1356.54万吨，与上年持平，进口香蕉181.07万吨，金额为11.63亿美元。我国传统进口蕉主要以菲律宾蕉、厄瓜多尔蕉为主，近年来，随着国家"一带一路"倡议实施，以及国内优势香蕉种植区域的收缩，越来越多的中国香蕉种植企业将眼光投向了周边国家，香蕉产业在东盟国家迅速兴起，尤其是在澜湄国家。我国香蕉贸易格局已然发生改变，进口渠道呈现多元化的趋势，从越南、老挝、缅甸、柬埔寨等澜湄国家进口大量香蕉到中国，香蕉产业在澜湄国家的重要地位日渐凸显。

中国热带农业科学院海口实验站在澜沧江—湄公河合作专项基金支持下，组建了一支涵盖品种选育、栽培管理、病虫害防控、采后保鲜和副产物加工等香蕉生产全产业链的国家级专家队伍，协助中国香蕉产业"走出去"，并且走得远、走得稳。

试验站首先与企业加强联动，一方面针对企业存在的薄弱技术环节进行指导和培训，提升"走出去"企业自身技术水平，另一方面与企业共同打造高标准的香蕉种植示范基地，立体展示香蕉新品种和新技术，让当地农户能切实感受新品种和新技术的优势，带动他们投身香蕉产业并实现脱贫致富。其次与湄公河国家当地科研单位密切合作，建立联合实验室，对于他们遇到技术难点进行理论讲解和指导，遇到的新问题进行联合攻关，同时邀请其科研人员来中国进行学习，增进技术交流。最后对当地农户和技术人员开展技术培训，传授中国香蕉产业的新品种、新技术和新理念，目前已累计开展3期，培训100余人。

海南顶益绿洲生态农业有限公司与项目组共同打造了100亩的香蕉标准化种植示范基地，辐射基地香蕉种植面积已达3000亩，并计划2021年将香蕉种植面积扩大至30000亩，目前产量达到10000吨，雇佣柬方工人250人以上。绿洲公司在柬埔寨从事香蕉开发，为该公司带来了较丰厚的效益，同时他们也不忘当地人民的支持，积极投身于当地公益事业，累计向象头乡小学、桔井中学、寺庙捐款25.3万美元，资助当地教育和宗教，为方便周围居民出行，投资50万美元为当地修建50公里道路和2座桥梁。

云南金鑫大农业有限公司在缅甸北部开展以香蕉为主的规模化农业替代罂粟种植，为我国在缅北建起绿色的禁毒除源屏障贡献着自己的力量。目前金鑫公司香蕉种植达10.35万亩，长期使用缅甸工人达10000多人，累计投资人民币4000多万元改善基地周围交通、教育、住宅等条件，已在项目区累计修建公路343.3公里，建设跨径30米以上的钢架桥2座、跨径5~20米桥涵72处，修建搬迁务工房200多间，资助建盖学校2所、教堂1所及小诊所2所。越来越多的工人跟随着搬迁到基地务工,享受着中国替代政策带来的好处:完善的基础设施、学校、医院、教堂、道路、桥梁。以香蕉为主替代种植的不断发展,不仅减少了毒源,加深了中缅友谊,更多的是让缅北劳苦民众盼来了新的希望!

目前中国"走出去"的香蕉种植面积不断扩大,已逐渐形成从种苗、种植、农资生产、鲜蕉储运到加工的完整产业链。不仅让更多的澜湄国家百姓喜获"金果实",还让中国香蕉产业走向世界。

4.1.3 中巴经济走廊农业合作进展

中巴经济走廊建设倡议是国家总理李克强于2013年5月访问巴基斯坦时提出的,为加强两国经贸合作、互联互通,实现共同发展的愿景。2015年中巴经济走廊项目正式启动,将带动我国西部地区的产业发展,并给巴基斯坦的经济发展注入新活力,其中农业领域的合作是两国合作发展的重点。由于巴基斯坦与中国的全天候合作伙伴关系,及双方的农业产业特质和发展任务,未来中巴农业合作的潜力和空间很大。

1. 政策安排

在合作政策协议方面,2006年,中国与巴基斯坦签署《中巴联合声明》,确定加强双边农业技术,尤其是农产品加工、农药、滴灌和渔业等方面的技术交流与合作;同年签署了《中巴经贸合作五年(2007—2011)发展规划》,合作主要集中在农业节水灌溉产业合作及技术培训、种业技术转让和生产基地建设、农药、农业技术培训、果蔬加工、化肥等方面。2009年以来,中国农科院、湖北省种子集团、新疆天业节水灌溉股份有限公司、新疆生产建设兵团、国家粮食局以及杨凌农业高新技术产业示范区等机构和企业分别与巴基斯坦签署了合作谅解备忘录,在水资源管理、杂交育种技术合作、Bt杂交棉、农业示范基地建设等方面开展了技术交流与合作。[①]2019年3月19日,巴基斯坦代表团访问中国农科院,中巴双方就促进农业合作,加强棉花、水稻、蔬菜、植保、节水技术、设施园艺等领域科技合作,特别是加强农业科技人才培养等进行了友好交流。[②]2019年10月31日中巴双方代表在伊斯兰堡召开的中巴农业合作论坛上正式为"中巴农业合作交流中心(PCACEC)"揭牌,促进中巴农业合作良好推进。[③]2020年4月24日,中

---

① 张雯丽,翟雪玲. 中巴农业投资合作现状、环境与潜力[J]. 国际经济合作,2017(05):39-43.

② 中国农业科学院国际合作局. 巴基斯坦代表团访问中国农科院[EB/OL].(2019-03-21).https://gh.caas.cn/zdhd/175473.htm.

③ 中国热带农业科学院. 中国热带农业科学院代表团出席2019中巴农业合作论坛与中巴农业工作组第一次会议[J]. 世界热带农业信息,2019(11):1-2.

巴农业联合工作组第二次会议召开,指出将在农业能力建设、科技创新、水产养殖、口蹄疫无疫区建设、投资贸易等方面加强合作,共同落实《关于加强植物病虫害防治合作的谅解备忘录》,积极推进在巴植物病虫害可持续治理中心建设。①2021年1月1日巴基斯坦中巴经济走廊事务局主席阿西姆·巴杰瓦在伊斯兰堡接受中国媒体联合采访时表示,中巴经济走廊将推动巴基斯坦工农业发展,提振巴基斯坦经济,同时也将促进巴基斯坦与周边国家的互联互通。中巴经济走廊建设将步入第二阶段,重点发展工业和农业。②2021年5月27日,农业农村部外经中心组织中国—国际农发基金(IFAD)—巴基斯坦农业三方合作项目(以下简称"中巴项目")线上研讨活动,就更好地开展中巴项目凝聚共识、探讨合作路径,提出希望利用国际金融组织资源,向"一带一路"沿线重点国家传播中国农业发展经验,提供"中国方案",促进发展中国家农业全产业链发展。③2021年12月1日,中国-巴基斯坦纺织产业合作交流会在线上成功举办,巴方表示此次活动意义重大,纺织业是巴支柱产业,参会企业可了解到巴纺织业的独特优势,来巴投资建厂可实现两国产业优势互补,惠及民生。巴方也将切实保护来巴投资的中国企业利益,在安保、能源等多方面为中国企业提供保障。中方表示中巴经济走廊建设已进入高质量发展新阶段,两国纺织业合作是其中重要组成部分。双方可充分利用中巴自贸区第二阶段协议,在纺织品贸易与纺织产业合作方面加强合作。④按照两国领导人达成的重要共识,推动中巴经济走廊建设高质量发展,打造新时代更加紧密的中巴命运共同体。2021年12月8日,商务部副部长任鸿斌与巴基斯坦经济事务部部长奥马尔·阿尤布·汗以视频方式共同主持召开中巴经贸科技联委会第15次会议,双方就深化双边经贸合作等议题达成广泛共识,中方表示愿以建交70周年为契机,与巴方深入对接发展战略,进一步扩大贸易往来,推动投资合作,加强在抗疫、扶贫、地方及

---

① 农业农村部新闻办公室. 中国-巴基斯坦农业联合工作组第二次会议召开[EB/OL]. (2020-04-26).http://www.moa.gov.cn/xw/zwdt/202004/t20200426_6342408.htm.

② 中国政府网. 专访:中巴经济走廊将促进巴基斯坦工农业发展:访巴基斯坦中巴经济走廊事务局主席阿西姆·巴杰瓦[EB/OL].(2021-01-03).https://www.gov.cn/xinwen/2021-01/03/content_5576300.htm.

③ 农业农村部对外经济合作中心. 外经中心组织中国-国际农发基金(IFAD)-巴基斯坦农业三方合作项目研讨活动[EB/OL].(2021-06-03).http://www.fecc.agri.cn/gjhz/202106/t20210603_379942.html.

④ 中华人民共和国商务部. 中国-巴基斯坦纺织产业合作交流会成功举办[EB/OL].(2021-12-02). http://www.mofcom.gov.cn/article/zwjg/zwxw/zwxwyz/202112/20211203223053.shtml.

多边等框架下的合作,实现中巴经贸合作高质量发展,为构建新时代更加紧密的中巴命运共同体作出更大贡献;巴方表示希望同中方制订未来五年双边经贸合作框架,扩大贸易与投资合作,加强在农业、工业和信息技术等领域合作,愿与中方加强在世贸组织框架内合作,推动双边经贸关系取得新的发展,造福两国人民。①

2. 合作进展

(1) 贸易投资

贸易合作方面,巴基斯坦统计局数据显示,2020年7月至2021年3月间,巴棕榈油进口额达18.63亿美元,同比增长34.86%;进口量达244.33万吨,同比增长7.3%。大豆油进口额达4832万美元,同比增长6.72%;进口量达72776吨,同比增长10.36%。②2022—2023财年,中巴贸易额265亿美元,同比下降4.6%。其中,中国对巴出口230.9亿美元,同比下降4.6%;自巴进口34.1亿美元,同比下降4.8%。③2022年中国与巴基斯坦贸易差额为197亿美元,2021年中国与巴基斯坦贸易差额为206亿美元。④投资合作方面,2010年的中巴《联合声明》中指出,中方将重点支持巴灾区国道公路网修复工程,承担粮食加工、调气和冷藏仓库、农作物遥感卫星测控等农业项目。中方将拨出1000万美元现汇支持巴"灾民补偿计划",并提供1亿美元优惠贷款和3亿美元优惠出口买方信贷用于巴方急需的项目。⑤据商务部统计,2015年中国对巴基斯坦直接投资流量3.2亿美元,直接投资存量40.36亿美元。中国与巴基斯坦农业领域的投资合作呈现规模逐渐增大、领域进一步拓展的特征。双边农业合作逐渐从以粮食作物种植为主,拓展到基础设施建设、产品加工、农业机械、农业信息化应用等以前合作相对较少的领域。⑥中巴经济走廊是共建"一带一路"标志性工程和先行先试项

---

① 中华人民共和国商务部. 中国和巴基斯坦召开经贸科技联委会第15次会议[EB/OL]. (2021-12-08). http://www.mofcom.gov.cn/article/xwfb/xwbldhd/202112/20211203226237.shtml.

② 农业农村部国际合作司. 境外涉农信息快报(第278期)[EB/OL]. (2021-05-06). http://www.gjs.moa.gov.cn/gzdt/202105/t20210506_6367210.htm.

③ 中华人民共和国商务部. 2022年中国-巴基斯坦经贸合作简况[EB/OL]. (2023-12-28). http://www.mofcom.gov.cn/article/tongjiziliao/sjtj/yzzggb/202312/20231203463480.shtml.

④ 华经情报网. 2022年中国与巴基斯坦双边贸易额与贸易差额统计[EB/OL]. (2023-02-08). https://www.huaon.com/channel/tradedata/868231.html.

⑤ 张斌. 巴基斯坦农业发展与中巴农业合作探析[J]. 中国农学通报, 2012, 28(02): 90-96.

⑥ 高云, 刘祖昕, 矫健, 等. 中国与巴基斯坦农业合作探析[J]. 世界农业, 2015(08): 26-31.

目,2013年至2021年,走廊累计为巴基斯坦带来254亿美元直接投资,创造了许多就业岗位。①据不完全统计,截至2019年12月底,我国在巴共设立代表处、分公司、办事处等不具法人地位的机构155家,投资设立企业262家,截至2023年在巴中方人员约3万人。2022年,中国企业在巴新签工程承包合同额32.7亿美元,完成营业额45.6亿美元。巴基斯坦央行报告认为,过去的15年里,巴农业增长率一直停滞在每年2.2%至2.6%的范围之间,小麦、玉米、棉花、甘蔗和水稻等重要农作物占用了巴大部分农业资源,但产出在近20年中每年仅有1.1%左右的增长,因此导致2022财年巴粮食贸易逆差出现36亿美元的赤字。②巴基斯坦国内每年食用油消费量可达到500万吨左右,但由于油籽的市场收益较低,农民种植积极性不高,每年约89%的食用油消费量要进口才能满足需求,花费约36亿美元。中巴两国企业历经10年培育出适合巴当地气候、产量高且营养价值高的油菜新品种,该品种比巴国内品种产量高出10%以上,2023年的种植面积估计达到2万英亩。③

(2) 教育科技

在教育培训方面,2020年3月22日,中国农业农村部组织"中国援助巴基斯坦灭蝗设备操作培训",使巴方人员基本掌握我援助的牵引式高效喷雾机的操作要点,更好地发挥我方援助药械的灭蝗功效。④2020年11月17至18日,中国农业科学院果树研究所通过线上的形式,举办了为期2天的"一带一路"发展中国家果树病虫害绿色防控培训班,来自巴基斯坦、孟加拉国、尼泊尔的农业科研和管理人员以及农业院校学生90多人参加了培训,推广了果树病虫害绿色防控技术。⑤

在科技合作方面,2023年中国科学院着眼于气候变化和自然灾害对中巴经济走廊的影响,围绕建立健全与"一带一路"共建国家的科技合作体系,联合中巴两国数十家学术机构和政府部门建立了该中心。中国科学院希望与所有合

---

① 新华网.中巴经济走廊建设8年多来为巴带来254亿美元直接投资[EB/OL].(2021-09-23).http://m.xinhuanet.com/2021/09/23/c_1127894399.htm.

② 农业农村部国际合作司.涉外涉农信息快报(第333期)[EB/OL].(2023-03-24).http://www.gjs.moa.gov.cn/gzdt/202303/t20230324_6423838.htm.

③ 农业农村部国际合作司.涉外涉农信息快报(第375期)[EB/OL].(2023-06-16).http://www.gjs.moa.gov.cn/gzdt/202306/t20230616_6430385.htm.

④ 农业农村部国际合作司.中国为巴基斯坦提供灭蝗设备操作培训[EB/OL].(2020-04-02).http://www.gjs.moa.gov.cn/dsbhz/202004/t20200402_6340704.htm.

⑤ 农业农村部种植业管理司.果树病虫害绿色防控"云"培训助力"一带一路"农业发展[EB/OL].(2020-11-23).http://www.zzys.moa.gov.cn/gzjl/202011/t20201123_6356809.htm.

作伙伴一道开展多领域科技合作,强化共建"一带一路"地区应对自然灾害风险能力和可持续发展能力。聚焦中巴经济走廊自然灾害风险与防灾减灾、生态环境资源合理利用与可持续发展两大关键问题,共发布成果7项,为"一带一路"和中巴经济走廊建设提供了科学决策和工程技术支持,为区域可持续发展提供了科技支撑。①2020年7月23日,中国援助巴基斯坦蝗灾防治无人机交付,中方自获悉巴方蝗情后即向巴方援助了一批治蝗药剂药械,按巴方需求提供了300吨马拉硫磷杀虫剂、50台风送式大型喷雾机(加农炮),赠送了一批植保无人机,并派员赴巴对作业人员进行技术培训②,对巴及时防控蝗灾起到积极作用。今后,中方还将根据巴方需求和蝗情变化,提供力所能及的援助③。

(3) 项目建设

a. "苏木段"高速公路项目④。

2019年11月,中巴经济走廊最大交通基础设施项目白沙瓦—卡拉奇高速公路苏库尔至木尔坦段("苏木段"高速公路)正式通车,打通了巴基斯坦中部南北交通大动脉,极大改善了当地交通状况,也将芒果从产地木尔坦运至卡拉奇港原本需要的十几个小时缩短至4小时左右,有效缓解了国内交通问题带来的腐坏浪费。

b. 国际农业发展基金(IFAD)项目⑤。

农业农村部对外经济合作中心成功申请到国际农业发展基金(IFAD)"中国-IFAD南南和三方合作(SSTC)基金"支持开展"中国—巴基斯坦农业合作项目"。该项目为农业农村部对外经济合作中心首个与粮农三机构中的IFAD在发展中国家开展合作的项目,金额为50万美元,主要内容包括通过诊断研究了解巴农业发展现状,识别确定其对中方农业技术、品种的具体需求,并开展能力建设、技术转让和知识分享等活动,实施期为2年。

---

① 中国日报网.综述:科技合作为中巴经济走廊保驾护航[EB/OL].(2023-10-29). https://world.chinadaily.com.cn/a/202310/29/WS653dbd3ca310d5acd876c4ca.html.

② 关于政协十三届全国委员会第三次会议第1566号(农业水利类182号)提案答复的函[EB/OL].(2020-09-26).http://www.moa.gov.cn/govpublic/ZZYGLS/202009/t20200930_6353729.htm.

③ 农业农村部新闻办公室.中国巴基斯坦蝗灾防治无人机交付仪式在京举行[EB/OL].(2020-07-24).http://www.moa.gov.cn/xw/zwdt/202007/t20200724_6349346.htm.

④ 中国政府网.中巴经济走廊"苏木段"高速公路举行竣工仪式[EB/OL].(2019-11-06).https://www.gov.cn/xinwen/2019-11/06/content_5449555.htm.

⑤ 农业农村部对外经济合作中心.我中心与国际农业发展基金(IFAD)签署"中国巴基斯坦农业合作项目"赠款协议[EB/OL].(2020-04-09).http://www.fecc.agri.cn/gjhz/202004/t20200409_349707.html.

c. 北京杂交小麦推广项目①。

北京杂交小麦工程技术研究中心培育的京麦9号、京麦179等杂交小麦品种累计在全国示范推广200余万亩,平均增产约20%。并推广到巴基斯坦、孟加拉国、乌兹别克斯坦等"一带一路"合作伙伴,为这些国家农民带来增产增收。

d. 中国与联合国粮农组织设立首个南南合作沙漠蝗虫防控项目②。

2020年6月,中国农业农村部与FAO共同签署文件,批准了首个沙漠蝗虫防控紧急项目。预算共200万美元,旨在支持FAO开展全球行动来防控几十年来最严重的沙漠蝗虫大暴发。实施地区为非洲和亚洲,重点是埃塞俄比亚、肯尼亚、巴基斯坦、乌干达和伊朗等国家。

e. 中巴跨境光缆项目③。

中巴跨境光缆项目是中巴首条跨境直达陆地光缆,也是中巴经济走廊框架下两国通信网络互联互通的重点项目,对于完善巴电信基础设施、推动信息技术发展等具有重要意义。在巴基斯坦北部的高山地区铺设通信光缆殊为不易。当地地形险峻、气候多变,光缆铺设团队不仅要面对严寒、强降雪、高原反应等挑战,还需要着重防范山体滑坡、路基沉陷等地质灾害危险。据华为技术巴基斯坦有限公司首席执行官孟强介绍,干线通信光缆要保证长期运作中绝对安全、绝对稳定,同时也要方便沿线检查和维护保养。为此,光缆铺设团队不畏艰险,将高质量共建"一带一路"落实在设计和施工的方方面面,以高技术高标准完成了跨境光缆的建设。光缆的铺设带来了通信联通的便利化。在中巴红其拉甫口岸,为方便往来的商旅人员和货车司机,巴基斯坦国家银行设立了联网工作的自动柜员机。根据巴基斯坦信息技术与通信部的规划,未来,中巴跨境光缆将在巴基斯坦境内继续延伸,乃至从巴基斯坦西南部的瓜达尔港穿越阿拉伯海连接东部非洲,并向北与欧洲连接。

f. 喀喇昆仑公路升级改造项目④。

喀喇昆仑公路升级改造项目于2015年12月签订商务合同,项目金额为

---

① 周怀宗. 北京10余万亩麦田即将开镰收割[EB/OL].(2020-06-09).http://www.moa.gov.cn/xw/qg/202006/t20200609_6346148.htm.

② 农业农村部国际合作司. 境外涉农信息快报(第123期)[EB/OL].(2020-06-28).http://www.moa.gov.cn/xw/bmdt/202006/t20200628_6347377.htm.

③ 中国一带一路网. 中巴跨境光缆项目:"信息通信技术带给我们广阔的舞台"[EB/OL].(2022-09-07).https://www.yidaiyilu.gov.cn/p/274414.html.

④ 澎湃新闻. 宁吉喆:务实推动中巴经济走廊高质量运行,携手构建新时代更加紧密的中巴命运共同体[EB/OL].(2021-07-08).https://www.thepaper.cn/newsDetail_forward_13509238.

1339.8亿卢比(约合13.15亿美元)。中国交通建设股份有限公司子公司中国路桥工程有限责任公司负责项目建设,计划用42个月的时间,在哈维连至塔科特间新建一条全长120公里、双向四车道(部分两车道)的高速公路及二级公路。2019年11月18日,该项目举行竣工通车仪式。2020年7月,喀喇昆仑公路升级改造项目赫韦利扬至塔科特段全线通车。

项目将在对原有公路进行提升改造的基础上,逐渐将喀喇昆仑公路延伸至巴基斯坦腹地。该项目的开工建设标志着贯穿巴基斯坦南北、连通中巴的陆上交通线建设的正式启动。项目建成后,将有力改善当地交通状况,促进当地经济社会发展,进一步提升中巴经贸合作。

表4-1 各走廊合作机制概览

走廊	机制安排	合作要点
中蒙俄经济走廊	中俄蒙三方签署《建设中蒙俄经济走廊规划纲要》	促进交通基础设施发展及互联互通;加强口岸建设和海关、检验检疫监管;加强产能与投资合作;深化经贸合作;拓展人文交流合作;加强生态环保合作;推动地方及边境地区合作
	中俄联合发布《中华人民共和国和俄罗斯联邦关于进一步深化全面战略协作伙伴关系的联合声明》	鼓励双方主管部门签订有关加强农业合作以及检验检疫合作的协议,发展渔业合作
	在中俄总理定期会晤框架下,两国继续布局相关农业发展规划	推动两国边境地区的农业合作,致力于在俄远东及贝加尔地区和中国东北共同打造建设一系列的粮食、油料加工、畜牧和渔业综合体
	中俄两国元首见证签署了《中华人民共和国和俄罗斯联邦关于发展新时代全面战略协作伙伴关系的联合声明》	积极开展农产品食品相互市场准入合作,扩大双方优质农产品食品贸易,支持两国企业开展大豆等农作物生产、加工、物流与贸易全产业链合作
	农业农村部副部长与蒙古国食品、农业与轻工业部部长会见	加强优良畜种引进与培育、无疫区建设、跨境动物疫病防控、有机食品认证、非洲猪瘟等重大动物疫病信息通报、农产品贸易等领域合作
	上海合作组织现代农业发展圆桌会议	巩固农业合作机制,推动农业信息共享,开展农业科技交流合作,促进投资贸易合作,推动在杨凌设立农业技术交流培训示范基地
	中俄总理定期会晤委员会农业合作分委会第六、七、八、九、十次会议	强化农业合作机制,在农业品贸易、农产品相互准入及动植物检验检疫、农产品贸易物流基础设施建设、农业投资和边境地区合作等领域加强合作

续表

走廊	机制安排	合作要点
	中俄双方共同宣布《中俄睦邻友好合作条约》延期	深化共建"一带一路"同欧亚经济联盟对接合作,支持数字经济创新发展,共同应对全球气候变化,推动地区经济社会发展
	国家主席习近平同蒙古国总统呼日勒苏赫通话	进口更多蒙古国矿产品和农牧产品,同蒙方加强协调合作,坚持真正的多边主义,推动构建相互尊重、公平正义、合作共赢的新型国际关系
孟中印缅经济走廊	中孟两国领导人签署《中华人民共和国农业部与孟加拉共和国政府农业部农业合作谅解备忘录》	在农作物种交换、农产品加工、杂交水稻种植技术、农业技术人员培训、农业机械技术等领域开展合作
	云南省农村科技服务中心派技术人员赴孟加拉国	合作建立农业科技示范园
	中印双方成立中印农业合作委员会	每两年举行一次会议,商议各项条款的实施,签署了中印农业合作谅解备忘录,广泛开展了农业及相关领域的合作
	中国总理访印签署合作协议	签署关于经贸、农业、环保等领域的八项合作协议,直接刺激两国农业领域合作的发展
	云南依托农业部与缅甸开展合作	开展农业技术人员培训,农作物品种的交换,农业科技示范园等合作内容
	云南临沧市与缅甸政府签订农业合作备忘录	合作建设"缅北农业综合开发区",在缅甸老街、登尼、户板等地综合开发共300万亩甘蔗、橡胶、咖啡和其他经济作物
	中缅签署《中国农业部与缅甸畜牧水产及农村发展部关于渔业合作的协议书》	在渔业、养殖业、种植业、畜牧业等领域加强合作
	中缅两国农业部部长签署《关于加强农业合作的谅解备忘录》	建立农业合作副部级双边机制,并成立农业、畜牧兽医和渔业合作分委会,全面指导在缅甸开展农业技术示范推广合作、现代农业改造与育种合作、跨境动植物疫病联防联控合作、小额农贷合作、增加对缅甸农业投资、扩大农产贸易等
	中国、柬埔寨、缅甸、巴基斯坦、越南农业部门共同发布《促进"一带一路"合作 共同推动建立农药产品质量标准的合作意向声明》	交流人类与环境友好型农药需求;共同确定农药品种目录;共同推动标准制定;开展合作研究与人员培养

续表

走廊	机 制 安 排	合 作 要 点
	首届澜湄水果节在京召开	深化农业科技经贸合作、能力建设、绿色发展等领域合作,提升澜湄农业合作水平
中巴经济走廊	中国与巴基斯坦签署《中巴联合声明》	加强双边农业技术,尤其是农产品加工、农药、滴灌和渔业等方面的技术交流与合作
	中巴签署《中巴经贸合作五年(2007—2011)发展规划》	集中在农业节水灌溉产业合作及技术培训、种业技术转让和生产基地建设、农药、农业技术培训、果蔬加工、化肥等方面
	中国农科院等与巴基斯坦签署了合作谅解备忘录	在水资源管理、杂交育种技术合作、Bt杂交棉、农业示范基地建设等方面开展技术交流与合作
	巴基斯坦代表团访问中国农科院	促进农业合作,加强棉花、水稻、蔬菜、植保、节水技术、设施园艺等领域科技合作,特别是加强农业科技人才培养
	中巴农业合作论坛	正式成立"中巴农业合作交流中心"(PCACEC),促进中巴农业合作良好推进
	中巴农业联合工作组第二次会议	在农业能力建设、科技创新、水产养殖、口蹄疫无疫区建设、投资贸易等方面加强合作,共同落实《关于加强植物病虫害防治合作的谅解备忘录》,积极推进在巴植物病虫害可持续治理中心建设
	巴基斯坦中巴经济走廊事务局主席接受中国媒体联合采访	中巴经济走廊建设步入第二阶段,重点发展工业和农业。
	中国、国际农发基金(IFAD)、巴基斯坦农业三方合作项目(以下简称"中巴项目")线上研讨	利用国际金融组织资源,向"一带一路"沿线重点国家传播中国农业发展经验,提供"中国方案",促进发展中国家农业全产业链发展
	中国—巴基斯坦纺织产业合作交流会	充分利用中巴自贸区第二阶段协议,在纺织品贸易与纺织产业合作方面加强合作
	中巴经贸科技联委会第15次会议	制订未来5年双边经贸合作框架,扩大贸易与投资合作,加强在农业、工业和信息技术等领域合作

表4-2 各走廊合作项目概览

走廊	项目列举	所涉单位
中蒙俄经济走廊	中蒙兽用天然药物资源挖掘与新药创制合作研究项目	中国内蒙古农牧业科学院兽医研究所、蒙古国立农业大学
	中国吉林省农业科学院与俄罗斯远东地区大豆、苜蓿品种示范推广及乳品加工技术合作项目	中国吉林省农科院、金达海外农业开发投资有限公司、远东滨海农业研究所
	俄罗斯果蔬大棚种植技术推广和果蔬保鲜库建设项目	中国辽宁省沈阳市威云果品有限公司
	俄罗斯农业生产基地建设项目	中国黑龙江省绥芬河市宝国经贸有限责任公司
	中蒙蛋鸡饲料和麸皮贸易合作项目	中国内蒙古自治区包头市北辰饲料科技有限责任公司、蒙古国乌兰巴托市AJIGANA有限责任公司、蒙古国乌兰巴托市Tumen shuvuut有限公司
	中蒙抗旱水稻、大豆种植试验示范推广项目	中国内蒙古兴安盟科右中旗特牧牧业开发有限公司、蒙古国Bornuur Eco foods公司、蒙古国沃土有限责任公司
	中蒙洗净山羊绒收购合作	中国内蒙古自治区维信羊绒集团、蒙古国宏聚有限责任公司
	中蒙饲料贸易项目	中国辽宁禾丰牧业股份有限公司
	中俄"农业快车"项目	俄罗斯铁路物流公司
	中俄大豆合作项目	中粮集团
	中俄远东农业合作项目	泰源农牧科技开发有限公司、金达海外农业开发投资公司、黑河北丰公司、吉林省海外农牧业投资有限责任公司、吉林省宇尧实业公司
	中蒙牛肉贸易	蒙古国西部5省、内蒙古中蒙华通进出口贸易有限公司
	四川"境外农业合作示范区"中俄项目	四川铁投现代农业发展股份有限公司
孟中印缅经济走廊	广西农业对外合作厅项目	中国(广西)—东盟农作物优良品种试验站、境外农业合作示范区、百色农业开放合作试验区
	缅甸参与澜湄农业合作	中国水利水电科学研究院、澜湄水资源合作中心、中水北方勘测设计研究有限责任公司

续表

走廊	项 目 列 举	所 涉 单 位
	澜湄合作专项基金中方农业项目	中国农业农村部、云南省政府、中国热带农业科学院
	香蕉生产全产业链项目	中国热带农业科学院海口实验站、海南顶益绿洲生态农业有限公司、云南金鑫大农业有限公司
中巴经济走廊	"苏木段"高速公路项目	中国建筑股份有限公司
	国际农业发展基金(IFAD)项目	农业农村部对外经济合作中心、IFAD
	北京杂交小麦推广项目	北京杂交小麦工程技术研究中心
	中国与联合国粮农组织设立首个南南合作沙漠蝗虫防控项目	中国农业农村部、联合国粮农组织
	中巴跨境光缆项目	华为技术有限公司
	喀喇昆仑公路升级改造项目	中国路桥工程有限责任公司

4.1.4 新亚欧大陆桥经济走廊农业合作进展

新亚欧大陆桥又名"第二亚欧大陆桥",是从江苏省连云港市到荷兰鹿特丹港的国际化铁路交通干线,国内由陇海铁路和兰新铁路组成。大陆桥途经江苏、安徽、河南、陕西、甘肃、青海、新疆7个省区,到中哈边界的阿拉山口出国境。出国境后可经3条线路抵达荷兰的鹿特丹港。中线与俄罗斯铁路友谊站接轨,进入俄罗斯铁路网,途经斯摩棱斯克、布列斯特、华沙、柏林到荷兰的鹿特丹港,全长10900公里,辐射世界30多个国家和地区。

以亚欧大陆桥为纽带,它将中国与俄罗斯、伊朗、罗马尼亚、保加利亚、匈牙利、捷克、斯洛伐克、波兰、德国、奥地利、比利时、法国、瑞士、意大利、英国等国紧密相连。

1. 政策安排

在合作政策协议方面,1992年中国同有关国家政府共同签署了建设亚欧光缆协议,成立了亚欧光缆管理委员会。这条亚欧光缆东起中国的上海,西至德国的法兰克福,途经中国、哈萨克斯坦、吉尔吉斯斯坦、乌兹别克斯坦、伊朗、土耳其、乌克兰、波兰、德国等国,加上分支,全长26万公里。1994年10月26日至28日在李鹏总理倡议下,中、俄与中亚五国铁道(运输)部长在北京召开会议,批准了"开发利用经友谊关—阿拉山口边境通道的国际铁路干线计划"。1995年9月11日,中国政府和哈萨克斯坦政府签署了《关于利用连云港装卸和运输哈萨克斯坦过境货物的协定》。在2016年G20杭州峰会期间,中哈两国元首见证签署了《"丝绸之路经济带"建设与"光明之路"新经济政策对接合作规划》,这是"一带一路"框架下签订的首个双边合作规划。2015年5月,中俄签署了丝绸之路经济带和欧亚经济联盟对接文件,同时双方在能源、交通、经贸等领域的合作项目进展顺利。截至2018年7月,中国已经与新亚欧大陆桥经济走廊沿线21个国家签订了"一带一路"合作备忘录。中国和中东欧"16+1"合作水平逐年提升。2017年4月,包括中国在内的7国签署了深化中欧班列合作协议,该协议被纳入首届"一带一路"国际合作高峰论坛成果清单。中国、白俄罗斯、俄罗斯等七个部门成立了中欧班列运输联合工作组,立陶宛、拉脱维亚和奥地利铁路部门还成为了观察员,这标志着中欧班列机制化建设取得显著进展。在国内,《中欧班列建设发展规划(2016—2020)》于2016年印发,完成了中欧班列首个顶层设计框架,并于2017年5月成立了中欧班列运输协调委员会。[①]截至2018年7月,中国已经与新亚欧大陆桥经济走廊沿线21个国家签订了"一带一路"合作备忘录,包括哈萨克斯坦、俄罗斯、白俄罗斯、波兰、阿尔巴尼亚、波黑、保加利亚、克罗地亚、捷克、爱沙尼亚、匈牙利、拉脱维亚、立陶宛、黑山、摩尔多瓦、罗马尼亚、斯洛伐克、斯洛文尼亚、马其顿、乌克兰和塞尔维亚。

2. 合作进展

(1) 贸易投资

在贸易合作方面,据联合国贸易数据库统计,2007—2018年,中国与新亚欧大陆桥沿线农产品贸易总额处于持续波动上升的状态,年均增长率7.98%,从2007年的155.23亿美元增加至2018年的354.56亿美元,2018年为此时间段内的最大值,占该年中国农产品世界贸易总额的21.6%。

在新亚欧大陆桥沿线国家中,乌克兰在中国与新亚欧大陆桥沿线国家的农产品贸易中占据十分重要的地位。2019年,中国与乌克兰的农产品贸易额达到186.12亿元,较2018年的107.66亿元增长72.88%,其中进口171.55亿元,增长80.64%,出口14.57亿元,增长14.81%。从进口商品品类看,中国从乌克兰第一大进口商品品类为谷物,进口金额达10.8亿美元;第二大进口产品为动、植物油、精制食用油脂及蜡等,进口金额8.1亿美元;食品工业的残渣和废物及配制的饲料产品进口金额达4.0亿美元。从出口商品品类看,中国对乌克兰第一大出口农产品为肉类、鱼类等,金额达0.68亿美元;第二大出口农产品为蔬菜水果等,出口金额达0.25亿美元;第三大出口农产品为肉类、鱼类等,出口金额达0.21亿美元。

---

① 中国一带一路网. 六大经济走廊建设面面观[EB/OL]. (2019-04-26). https://www.yidaiyilu.gov.cn/p/87693.html.

但受疫情影响,2019年,中国与中东欧17国的农产品贸易总额约14.58亿美元,仅占我国农产品进出口贸易总额的0.63%,主要贸易产品包括畜产品、水产品、果蔬等。①

在投资合作方面,2018年我国对欧盟的投资额有所减少,为88.66亿美元,投向农业领域的资金降幅更为明显,直接流向农林牧渔业的仅为0.17亿美元,投资存量为6.93亿美元。在农业投资合作项目方面,我国与乌克兰农业投资合作项目较多,例如:"建设面积为33公顷的温室,用于种植蔬菜产品种植"(由三个面积为11公顷的温室大棚组成);"利用生态可再生植物原料巨芒草生产纤维素";在扎波罗热地区的别尔江斯克区建设一个现代化的乳制品厂,用于生产优质的环保乳制品;生产Sich STSM-80发动机离心奶油分离器;建设沼气发电厂;建设新的动物疫苗和兽医产品生产厂、肥育公牛基地;在利沃夫地区建设现代运作模式的加工厂;乌克兰和中国合作研发和种植杂交玉米;杂交高油酸向日葵的研发和种植及其在优质食品生产中的应用;在哈尔科夫地区建立"土壤质量分析中心"科学园。②

(2) 教育科技

2017年3月26日至30日,中国农业科学院副院长吴孔明率团对芬兰、比利时及欧盟总部进行了访问,与芬兰自然资源研究院、比利时国家科研基金会、欧盟科研总司、欧盟委员会农业总司等相关科研机构、管理部门进行了深入交流,签署了3项合作协议,为务实推进中芬、中比以及中欧农业科技合作打下了扎实的基础。访问芬兰期间,中芬双方签署了《中国农业科学院与芬兰自然资源研究院合作谅解备忘录》,大力推进了中国农科院与LUKE的深度合作。访问比利时期间,双方正式签署了《中国-欧盟食品、农业和生物技术工作组工作准则(修订)》和《第六届中欧食品、农业和生物技术工作组会议纪要》,并在2018—2020年度中欧食品、农业和生物技术优先合作领域达成初步共识。访问比利时期间,吴孔明率团参加了首届中比科技创新对话并作了题为"中国农业发展与中比农业科技合作"的大会报告,向与会者介绍了中国农业发展面临的最新机遇与挑战,阐述了中国农科院在全国农业科技创新中的重要作用和重大举措,回顾了中国农科院与比利时根特大学、列日大学等比方主要合作伙伴的科技合

---

① 农业对外合作部际联席会议办公室.新冠肺炎疫情对中东欧国家农业及中国:中东欧农业投资贸易合作的影响分析[EB/OL].(2020-05-15).http://www.gjs.moa.gov.cn/ydyl-hzhhnyzcq/202005/t20200515_6344102.htm.

② 农业农村部欧洲合作处.中乌农业经贸与投资合作项目清单公布启示[EB/OL].(2018-08-02). http://www.fecc.agri.cn/ggxxfu/ggxxfw_tzdt/201808/t20180802_326254.html.

作,展望了未来中比农业科技合作,将依托中国农科院海外农业研究中心、农业科技创新工程等平台,积极推进中国农业科学院—比利时根特大学全球变化与粮食安全联合实验室建设、加强双方科学家互访和人才培养、共同关注的科研课题开展联合攻关等提出了相关建议。①

2017年7月4日至13日,中国农业科学院副院长王汉中率团出访保加利亚、捷克、德国等农业科教单位,就推进联合实验室(中心)建设、加强合作研究与种质资源交换、搭建共享农业数据平台、科技成果推广、人才交流与联合培养等方面进行了深入交流。在保加利亚期间,代表团出席了首届中国-保加利亚农业科技合作研讨会,王汉中在会上提出了在"丝绸之路经济带"中国与中东欧国家"16+1"等战略框架下与保加利亚加强农业科技合作的构想。会议期间,中国农科院与保加利亚普罗夫迪夫农业大学签署了合作谅解备忘录,双方将在农业可持续发展、土壤科学、作物科学、品种改良、兽医科学、联合实验室建设等方面加强合作,就适时建立果树联合实验室,开展果树育种栽培合作研究达成了共识,并同意在"Erasmus+"计划框架下加强人才交流与培养。在捷克期间,代表团与捷克科学家就应对气候变化实现农业可持续发展、农业生态环境、农业水资源保护利用、土壤保护利用等进行了讨论。中国农科院与捷克作物科学研究所签署建立农业研发联合中心的协议,确立了联合中心的管理运行机制,双方将在植物遗传育种、作物逆境抗性、土壤与植物营养、作物病虫害防治等方面加强合作研究。在德国期间,代表团访问了德国联邦农村、林业与渔业研究所,并就农业数据分析及数据库平台建设与数据共享与德方进行了磋商,就"Agri Benchmark"项目实施及在中国召开"2018、2019Agri Benchmark"年度专业会议情况进行了协商。双方签署了合作谅解备忘录,将在农业生产经济、有机农业、农业市场分析、农村发展、食物减损、生物多样性等方面开展科研合作、制度建设和能力建设活动。在访问德国哥廷根大学时,代表团就研究生联合培养、生物技术、线虫防治技术、真菌毒素研究合作进行了探讨与有关专家进行了座谈,并续签了合作谅解备忘录。②

2019年3月24日至31日,中国农业科学院梅旭荣副院长率团出访比利时和瑞士,为促进对欧农业科技合作开展对话交流活动。在比利时期间,代表团参加了在布鲁塞尔举办的"第八次中国-欧盟食品、农业和生物技术工作组会议

---

① 中国农业科学院国际合作局.中国农科院推进与欧洲国家农业科技合作[EB/OL].(2017-04-07). https://gh.caas.cn/hzdt/45792.htm.

② 中国农业科学院国际合作局.中国农科院加强与中东欧国家农业科技合作[EB/OL].(2017-09-26). https://ifi.caas.cn/xwzx/ymbd/117702.htm.

暨专家研讨会",在会上,双方就2020后重点合作方向、现有项目合作进展、欧盟新一轮科技创新计划"地平线欧洲"、中欧科研创新共同资助机制等议题深入交换意见,初步确定了"可持续农业、生态系统服务和环境""农业废弃物再利用""健康和可持续食品生产""种质资源开发与利用""可持续林业发展"共5大领域重点合作方向,为中欧双方2020年以后食品、农业和生物技术科研合作奠定了基础。在瑞士期间,代表团参加了在德莱蒙举办的"第十一届农业农村部-CABI生物安全联合实验室联合指导委员会会议",会议审议了联合实验室2018年重点工作总结、2019年工作计划及预算,并就联合实验室发展战略、欧洲实验室的落地实施、合作项目开发与拓展等开展了深入讨论,双方在推动欧洲实验室建设相关的经费和人员事宜上初步达成一致意见。会议期间举行了"中国农业农村部-CABI欧洲实验室"揭牌仪式,宣告该实验室正式运行。[①]

(3) 项目建设

a. 中欧班列陆续开通。

中欧班列是指按照固定的车次、线路、班期和全程运行时刻开行,往来于中国与欧洲以及"一带一路"沿线各国的集装箱国际线路联运班列。中欧班列具有安全快捷、绿色环保、受自然环境影响小等综合优势,已成为国际物流中陆路运输的骨干方式,为服务中国对外经贸发展,贯通中欧陆路贸易通道,实现中欧间的道路联通、物流畅通,推进国家"一带一路"建设提供了运力保障。

从2011年3月19日重庆首趟"渝新欧"班列开行以来,南昌、成都、郑州、武汉、苏州等16个城市立足本地区域优势、铁路运输条件和产业基础,相继开通了前往德国杜伊斯堡、汉堡,西班牙马德里等12个欧洲城市的集装箱班列。中欧班列的开行有利于推动"一带一路"倡议,加快物流网络现代化建设,全面提升对外开放水平;对节约物流成本,提高国际市场竞争力,促进中国经济社会发展具有积极意义。

2016年6月8日,中国铁路决定正式启用中欧班列统一品牌。统一品牌中欧班列当日分别从重庆、成都、郑州、武汉、长沙、苏州、东莞、义乌等八地始发。之后,中国开往欧洲的所有中欧班列全部采用这一品牌。2016年6月20日,习近平主席访问波兰期间举行了统一品牌中欧班列首达欧洲(波兰)仪式。

中欧自2011年重庆首趟"渝新欧"班列开行,到2019年累计开行了14691列,联通了中国62个城市和欧洲15个国家的51个城市,铺行的路线达到68条。开行的质量大幅度提升。基本实现双向运输平衡,而且重箱率已经达到88%,

---

[①] 中国农业科学院国际合作局. 深化对欧农业科技合作 共商未来发展蓝图[EB/OL]. (2019-04-03). https://gh.caas.cn/hzdt/180096.htm.

货物品种不断丰富。①

b. 中哈(连云港)物流合作基地。

2013年9月7日,国家主席习近平在哈萨克斯坦纳扎尔巴耶夫大学发表重要演讲,提出用创新的合作模式、共同建设"丝绸之路经济带"的战略构想。会后,在中哈两国元首的共同见证下,连云港市政府与哈萨克斯坦国有铁路股份有限公司签署了中哈国际物流合作项目协议,此项目成为丝绸之路经济带和海上丝绸之路"一带一路"建设的首个实体平台。项目总投资超过30亿元,其中一期工程规划建设集装箱堆场22万平方米,拆装箱库2.3万平方米;堆场铁路专用线3.8公里,日均装卸能力10.2列,年最大装卸能力41万标箱,主要经营国际多式联运、拆装箱托运、仓储等国际货物运输业务。

2014年5月19日,中哈(连云港)物流合作基地项目一期工程在连云港港庙岭作业区正式启用投产。截至2016年12月,二期项目正在稳步推进中,将扩建粮食泊位和筒仓,为哈国小麦等农产品出口提供港口装卸、仓储等配套服务。②

2017年2月,哈萨克斯坦小麦过境连云港业务正式启动,标志着哈萨克斯坦有了通向太平洋的出海口。2019年3月,104吨泰国大米首次从连云港过境前往中亚地区,与哈国小麦东行过境运输形成双向对流模式。

2019年,该基地已经实现了深水大港、远洋干线、中欧中亚班列、物流场站的无缝对接。以连云港为起点的新亚欧大陆桥变得更加畅通快捷,陆海跨境联运更加高效便利,不仅惠及中哈两国,而且为"一带一路"沿线的其他国家也创造了更多的运输便利和合作机遇。③

c. 中-保果树生物学联合实验室共建项目。

2017年11月3日,中国农业科学院郑州果树研究所与保加利亚普罗夫迪夫农业大学签署了中-保果树生物学联合实验室合作谅解备忘录。根据协议,中-保果树生物学联合实验室将成为中国和保加利亚两国果树科研机构长效、稳定的合作平台。双方将充分发挥各自科技优势,通过联合项目和人才培养等形式在果树种质资源、育种技术、栽培技术、植物保护和果品加工等领域开展务实、高效的合作与交流,提升双方在果树科技领域的国际地位和影响,为两国果业

---

① 中国一带一路网.高峰论坛:六大经济走廊建设面面观[EB/OL].(2019-04-26). https://baijiahao.baidu.com/s? id=1631808491509082877&wfr=spider&for=pc.

② 中国经济网."一带一路"上的经济走廊:新亚欧大陆桥经济走廊[EB/OL].(2017-04-19).http://intl.ce.cn/specials/zbjj/201704/19/t20170419_22127976.shtml.

③ 荔枝新闻.70年·中国声:中哈物流合作基地:走出跨境物流运输"新丝路"[EB/OL].(2019-10-15). https://baijiahao.baidu.com/s? id=1646534671696934069&wfr=spider&for=pc.

的效益提升和可持续发展作出贡献。此次签约旨在落实中国农科院与保加利亚普罗夫迪夫农业大学此前签署的合作谅解备忘录,也是落实国家"一带一路"发展倡议和中国与中东欧国家"16+1"战略的重要举措。联合实验室的建立将极大地推动中保两国果树科技合作和交流。①

d. 中捷菌根应用科技合作项目。

中国农科院蔬菜所与捷克科学院植物研究所在菌根领域的合作始于2012年科技部中捷政府间合作项目。2013年5月捷克菌根专家来访,双方签署了建立中捷菌根研究联合实验室合作协议,2014年蔬菜所"设施蔬菜资源高效利用国际科技合作基地"被科技部认定为国家国际科技合作基地,并在江苏淮安建立了中捷菌根与环境生物技术研究中心,主要进行菌剂扩繁与菌根育苗基质生产。

2015年9月2日至6日,中国农业科学院蔬菜花卉研究所所长孙日飞等一行4人,应邀赴捷克科学院植物研究所进行访问交流。此次出访是执行科技合作项目"根区接种丛枝菌根真菌菌剂的持效性及其土壤分布研究"。访问期间,双方就合作项目研究进展情况进行了沟通,并就各自在菌根应用技术科研领域取得的进展开展了交流。访问团参观了捷克科学院植物研究所菌根研究温室设施和实验室科研平台,还前往捷克东部兰什克龙的思慕波斯菌剂生产企业进行了考察,就菌剂应用技术和相关设备情况进行了交流。②

e. 中德农业中心合作平台。

中德农业中心既是德国农业部在海外与伙伴国联合设立的全球唯一的双边农业中心,也是中国农业部与伙伴国在华共建的唯一的双边农业中心。2014年3月,习近平主席访德期间,两国农业部签署了框架协议,共同在华建立"中德农业中心",旨在整合资源、共同打造中德农业合作的统一平台。2015年3月,中德农业中心正式运行,总部设在北京,由两国农业部分别委托中国农业部对外经济合作中心和德国技术合作公司共同运行。2017年1月,两国农业部长又共同发表了关于中德农业中心延期到2020年10月的联合声明。③

f. 中德作物生产与农业技术示范园("中德农业示范园")。

---

① 中国农科院郑州果树研究所. 中-保果树生物学联合实验室签约[EB/OL]. (2017-11-13). https://www.zzgss.cn/xwzx/snxw/113873.htm.

② 中国农业科学院蔬菜花卉研究所. 中-捷克菌根应用合作进一步深化[EB/OL]. (2015-09-25). https://ivf.caas.cn/xwdt/yw/89714.htm.

③ 中华人民共和国常驻联合国粮农机构代表处. 德国农业及中德农业合作简况[EB/OL]. (2018-01-22). http://www.cnafun.moa.gov.cn/zx/zyzc/201801/t20180122_6135496.html.

2014年,李克强总理访问德国,与德国总理默克尔共同发表《中德合作行动纲要:共塑创新》。其中,为进一步深化两国农业互利合作,双方决定实施"中德农业现代化种植示范农场"项目。2015年,在中德两国农业部门的支持和指导下,中德作物生产与农业技术示范园(以下简称"中德农业示范园")成功落户江苏农垦黄海农场。

作为中国与欧洲发达国家之间最大的农业合作项目,德国政府为项目注资700万欧元,委派两名德国专家常驻园区负责项目运作,9家德国跨国农业农机企业无偿为项目提供1000多万元农机设备、农业投入品及技术支持,黄海农场则为项目提供166公顷耕地和相关生产资料及人员,配套设施累计投资约8000万元。经过6年的高效运作,中德农业示范园在促进技术融合创新、完善农业培训体系、搭建产业合作平台等方面作出诸多有益探索,阶段性成果显著,为农业国际合作提供了新经验、新样本。[①]

4.1.5 中国—中亚—西亚经济走廊农业合作进展

中国—中亚—西亚经济走廊东起中国,向西经中亚至阿拉伯半岛,是丝绸之路经济带的重要组成部分。该条经济走廊由新疆出发,抵达波斯湾、地中海沿岸和阿拉伯半岛,主要涉及中亚五国(哈萨克斯坦、吉尔吉斯斯坦、塔吉克斯坦、乌兹别克斯坦、土库曼斯坦)、伊朗、土耳其等国。目前,中国同塔吉克斯坦、哈萨克斯坦、吉尔吉斯斯坦先后签署共建丝绸之路经济带双边合作协议。随着合作的深入,一批物流合作基地、农产品快速通关通道、边境口岸相继启动或开通,双方海关物流更加通畅,中国—中亚—西亚经济走廊将不断延伸到伊朗、伊拉克、沙特、土耳其等西亚北非地区众多国家,成为另一条打通欧亚非三大洲的经济走廊。

1. 政策安排

在合作政策协议方面,1993年中国和以色列签署农业合作备忘录;2002年中国和土耳其签订了农村事务部农业合作谅解备忘录;2014年5月中国和伊朗正式签订了中伊农业合作备忘录,将加强在蔬菜、水果、其他农产品、农业机械化和种植新技术等领域的合作。2014年6月,中国在中国—阿拉伯国家合作论坛第六届部长级会上提出构架以能源合作为主轴,以基础设施建设、贸易和投资便利化为两翼,以核能、航天卫星、新能源三大高新领域为突破口的中阿"1+2+3"合作格

---

① 彭瑶,陈兵,吕珂昕. 中德农业示范园:融合创新花儿红[N]. 农民日报,2021-04-27(004).

局。2016年G20杭州峰会期间,中哈两国签署了政策对接合作文件。①

截至目前,《中亚区域运输与贸易便利化战略(2020)》运输走廊建设中期规划有序实施;《上海合作组织成员国政府间国际道路运输便利化协定》的制定、谈判、签署和生效工作已完成;开展了与中亚有关国家国际道路运输协议谈判,签订《中哈俄国际道路临时过境货物运输协议》并组织开展了试运行活动。

2. 合作进展

(1) 贸易投资

在贸易合作方面,中国与中亚农产品贸易规模较小,以边境小额贸易为主,棉麻丝和畜产品是中国从中亚五国进口最多的产品,占到九成左右,主要来自乌兹别克斯坦和吉尔吉斯斯坦;中国出口到中亚主要产品有药材、水果、畜产品、粮食制品、糖料及糖、棉麻丝、饼粕、坚果、蔬菜等,主要出口国是哈萨克斯坦和吉尔吉斯斯坦。②根据世界贸易组织的统计数据,2022年,中国与中亚五国双边贸易额达到702亿美元,同比增长约40%,创历史新高,直接投资继续保持平稳。中国从中亚国家进口农产品、能源产品、矿产品同比增长均超过50%,对中亚国家出口机电产品同比增长42%,结构更加优化。截至2022年底,中国对中亚五国直接投资存量近150亿美元。③近年来,中哈农业贸易规模持续提升。2022年,中哈农产品贸易额达9.3亿美元,同比增长61.3%。其中,中国出口3.5亿美元,同比增长9%;进口5.7亿美元,同比增长128.6%。中方对哈方出口农产品主要是水果、蔬菜和菌类等,进口农产品主要是植物油、小麦、棉花等。今年前两个月,中哈农产品贸易额同比增长36.6%,达2亿美元。④

在投资合作方面,截至2023年,中国对中亚五国的直接投资存量超过150亿美元,累计完成工程承包营业额639亿美元,合作项目覆盖油气采矿、互联互通、加工制造、数字经济等领域,有效提升了区域产业链和供应链的韧性,有力促进了中亚地区的经济发展。⑤2016年,中国向伊朗渔业领域投资30亿美元,

---

① 梁丹辉,吴圣,李婷婷. 中国和西亚农业合作现状及未来展望[J]. 农业展望,2017,13(6):75-79.

② 姜晔."一带一路"背景下的中国与中亚农业合作前景[N]. 农民日报,2015-05-23(003).

③ 中国政府网. 中国与中亚五国经贸合作发展势头强劲[EB/OL].(2023-04-19). https://www.gov.cn/yaowen/2023/04/19/content_5752129.htm.

④ 中国驻哈萨克斯坦大使张霄. 中哈农业合作不断走深走实[EB/OL].(2023-04-25). https://baijiahao.baidu.com/s?id=17640997533356971458&wfr=spider&for=pc.

⑤ 张光. 升级我国与中亚国家投资协定[EB/OL].(2023-12-29).https://www.cssn.cn/skgz/bwyc/202312/t20231219_5718373.shtml.

包括在格什姆岛和该国南部的阿巴斯港。近年来,以色列对中国的投资发展迅速,累计对华投资超过4亿美元。其中比较有影响力的项目包括:在北京和新疆等地建立的示范农场、天津海水淡化厂、苏州工业园风险投资、中以加速器项目、华亿创投等。中以创投基金规模已超过3亿美元,主要投向中国现代农业、电子信息等高新技术企业。①中以两国在科技、农业、医疗卫生等多个领域双向投资活跃。一些中国企业参与以色列基础设施建设,许多以色列创新企业到中国落户发展,双方合作打造了海法新港、特拉维夫红线轻轨、中以常州创新园、上海创新园等标志性项目,创新合作成为两国关系亮点和助推器。②2013年,福建省农业科学院和以色列方面正式签约建设智能大棚,首次从以色列引进成套现代农业技术。2014年,中国农业部和以色列农业部签署合作纪要,两国将进一步加强农业科技合作,交流发展经验,扩展合作领域,鼓励人员往来,扩大项目合作。2015年6月28日,以色列利夫纳特、瑞沃勒斯等农业巨头与中国金正大集团签署战略合作协议,将以色列高端农业产品、技术和商业模式引入中国,是迄今为止两国在农业领域最深入的一次合作。其中水溶性肥料项目水溶性肥料在山东省临沭县正式投产,该项目总投资22.6亿元,可生产水溶性肥料30万吨。此外,在农业领域,一些凭借滴灌技术享有盛名的以色列农业科技类公司已与许多中国种植企业开展了全方位合作,并成功实施了大量"交钥匙"工程项目。例如,2016年5月9日,以色列耐特菲姆公司在中国宁夏开设了银川国际工厂,与当地蔬菜、枸杞、玉米、牧草等诸多种植企业达成了多项精准灌溉合作项目,为当地带去了先进的滴灌技术和设备,还提供了全面定制的灌溉解决方案。③2021年,云南和以色列在智慧农业助力乡村振兴领域进行跨国交流合作,很多以色列现代农业技术,包括滴灌、鲜花栽培、水果培育等技术都已经引进到了云南,而且,在"中以创新全面伙伴关系"框架下,双方将在智慧农业和油橄榄产业发展领域加强经验交流,分享以色列农业科技及智慧农场解决方案。④

---

① 赵青松,王文倩.中国与以色列经贸合作和自贸区建设[J].国际研究参考,2020(2):39-46.

② 中国政府网.专访:创新合作成为中以关系的亮点和助推器:访中国驻以色列大使蔡润[EB/OL].(2022-01-23).https://www.gov.cn/xinwen/2022-01-23/content_5670071.htm.

③ 中国政府网.农业科技结出中以"一带一路"合作新硕果[EB/OL].(2018-06-16).https://www.gov.cn/xinwen/2018-06/16/content_5299087.htm.

④ 和晓华.中国(云南丽江)—以色列智慧农业助力乡村振兴研讨会提出通过优势互补实现互利共赢[EB/OL].(2021-09-28).http://www.moa.gov.cn/xw/qg/202109/t20210928_6378417.htm.

(2) 教育科技

目前,我国与中亚五国已在农业领域展开了诸多合作。其中,与哈萨克斯坦、吉尔吉斯斯坦和土库曼斯坦的合作较多,主要集中在农业投资、技术示范和农产品贸易方面;与乌兹别克斯坦和吉尔吉斯斯坦的农业合作还处于起步阶段。具体看,我国与哈萨克斯坦在农业方面的合作主要集中在农业科技、农业示范种植、病虫害虫防治、农产品贸易和投资及区域合作,开展了建立联合实验室、共同进行高产作物品种选育、建立病虫害绿色防控技术试验示范区、更大规模的农产品边境贸易、加强粮食安全信息和农产品贸易等农业交流活动。我国与塔吉克斯坦在农业领域的合作主要集中在投资合作、淡水养殖和人员培训方面。两国签署协议,我国在塔吉克斯坦增加投资,建设中塔农业科技示范中心;利用中方技术和塔吉克斯坦丰富的淡水资源,进行淡水鱼苗种繁育及配套关键技术示范等;中方为塔方举办研修班,进行研讨和实地参观等,促进双方农业技术人员的交流。我国与土库曼斯坦的合作主要集中在马业合作、农产品贸易和人员培训方面。我国马业协会多次参加在土举办的世界汗血马协会代表大会,并与土库曼斯坦马业联合会签署马业战略合作框架协议;近年来两国贸易总额的年均增长率一直保持在15%左右;中国农业部为土方举办农业管理与技术研修班,提供现代旱作农业和设施农业等方面培训。我国与乌兹别克斯坦和吉尔吉斯斯坦的农业合作刚刚起步,商定在农业科技、种植业、畜牧、农机和人员培训等领域加强合作,这为开展农业合作打下坚实基础。[①]

中国与西亚的农业科技合作主要有:2022年,由中国商务部和宁夏共同投资援建的毛里塔尼亚畜牧业技术示范中心在非洲撒哈拉沙漠边缘成功种出近千亩饲草,在不毛之地上打造出一片绿洲。该中心还将土壤改良、节水灌溉等技术分享给毛里塔尼亚、阿联酋、苏丹等国的农业技术人员,带动这些国家种植饲草上万亩,成为中国和阿拉伯国家农业合作的一张亮眼名片。来自阿拉伯国家的椰枣、橙子等特色农产品正越来越多地出现在中国人的餐桌上,而中国茶叶也深受阿拉伯民众青睐。[②]2014年5月,中国和伊朗签订双边农业合作备忘录,双方将加强在蔬菜、水果等农产品以及农业机械化和种植新技术等领域的合作。以色列和中国的农业合作主要涉及农业培训项目、示范农场项目和农业研究项目等方面。以色列通过在中国各地举办农业培训班,建立示范农场和示

[①] 闫琰,王秀东."一带一路"背景下我国与中亚五国农业区域合作的重点领域[J].经济纵横,2016(12):67-72.

[②] 郑一晗,靳赫,艾福梅.中阿农业合作让沙漠变绿洲[EB/OL].(2023-09-25).http://www.moa.gov.cn/ztzl/ymksn/xhsbd/202309/t20230925_6437154.htm.

范牧场,在中国各地对种子、灌溉、温室等进行推广。

1993年10月成立的中国—以色列国际农业培训中心是由中国农业部和以色列外交部联合创办的国际合作机构,是中国从以色列引进先进农业技术的窗口和桥梁,也是两国农业科学家进行科技领域交流与合作的基地。在国内农业技术与管理人才培养方面,先后举办了近100期现代农业新技术高级培训与研讨班、36期由中国政府资助的国际培训班,内容涉及现代节水灌溉技术、果蔬采后加工技术、污水处理再利用技术、温室工程技术、水产养殖技术、畜禽养殖技术、花卉栽培技术、植保技术、现代农村与农场管理、农业与农村经济发展、农业环境保护、食品质量与安全等10多个领域;在科研合作与交流方面,通过中以中心这一合作平台,中国农业大学等有关国内科研机构与以色列希伯莱大学、海法大学、农业研究组织Volcani中心、理工大学、本古里安大学等开展了7项科研合作项目,先后举办了中以双边学术研讨会18场(次)。①

(3) 项目建设

a. 中哈"金骆驼集团图尔克斯坦州奶粉厂"建设项目。

2016年8月与哈萨克斯坦投资署签订投资协议;2017年1月15日"日处理100吨骆驼奶乳粉"生产项目开工奠基仪式;2018年4月与内蒙古苏尼特右旗签订骆驼产品深加工合同;2018年9月,中哈产能合作重点项目"金骆驼集团图尔克斯坦州奶粉厂"建成投产,成为哈最大的骆驼奶加工企业。2020年4月,该企业生产的全脂骆驼奶粉正式进入中国市场,成为世界首批拿到进入中国市场钥匙的驼乳制品企业,加速"一带一路"经济合作,为中哈市场合作拓宽贸易通道,也标志着哈萨克斯坦对华乳制品出口实现零的突破,填补了中国自中亚地区进口乳制品的空白。2021年上半年,金骆驼集团图尔克斯坦州奶粉厂首次实现半年产量突破300吨,同比增长超过50%。②

b. 中哈现代农业产业创新示范园项目。

中哈现代农业产业创新示范园位于哈南部的阿拉木图州,由陕西省杨凌农业高新技术产业示范区与哈萨克斯坦国际一体化基金会共同建设。双方在示范园内种植小麦、玉米、油料、蔬菜、苗木等农作物品种,推广设施大棚、节水灌溉等技术。

近年来,杨凌示范区主动布局,先正达、美国嘉吉、加拿大麦肯等全球顶尖农业企业落户杨凌,招引德国萨诺、荷兰林德森等85家涉农外企扎根聚集,俄

---

① 中国以色列国际农业研究培训中心官网.中以中心简介[EB/OL].(2017-12-21). http://ciicta.cau.edu.cn/inzhongyizhongxin.html.

② 潘爽."金骆驼"稳居中国进口驼乳品牌第一位[N].大庆日报,2021-07-28(02).

罗斯、哈萨克斯坦3国投资贸易服务中心落地运行，国际产能配置与合作空间得到极大延伸，示范区进出口总额"十三五"期间达到36.7亿元，出口额年均增长50%。

中哈现代农业产业创新示范园将小麦、玉米、蔬菜、油料作物、苗木等6大类别48个中国品种进行海外引种示范，种植面积417亩，研发的冬小麦5号具备抗锈、抗旱、高产等突出优点，亩产较当地品种增产82.3%。①

c. 中泰塔吉克斯坦农业纺织产业园项目。

塔吉克斯坦的丹加拉地区光照条件良好，是世界著名的优质长绒棉产地之一。受基础设施落后所限，该地区的棉花种植业和下游的纺织工业未能得到大发展。2014年，中泰塔吉克斯坦农业纺织产业园正式落户丹加拉。截至目前，产业园一、二期项目已建成投产，预计全部工程将于2021年竣工，届时该园区将成为中亚地区规模最大的纺织产业园。产业园采用先进的数字智能化农业机械和纺织设备，不仅提高了棉花加工能力，还使塔吉克斯坦的纱织产品一举跻身全球高端市场行列。截至2019年底，已完成投资14.2亿元，建成了15万亩棉花种植基地、2座轧花厂、6万锭环锭纺、9万锭气流纺产能规模，累计实现收入7.8亿元，直接带动就业1600人，临时用工30万人次。②中泰新丝路塔吉克斯坦农业纺织产业园集棉花种植、皮面加工、纺纱、织布、印染、成衣全产业链于一身，已成为中亚地区最大、产业部门最全的示范性园区和世界农业纺织产业最完整的园区之一，可为当地民众提供上千个就业岗位。该项目填补了塔吉克斯坦国内多项产业空白，对塔农产品加工行业发展和贸易出口具有重大意义。③

d. 中塔农业大棚合作项目。

随着"一带一路"倡议的影响不断扩大，中塔农业技术推广与应用的合作也在不断发展和深化，中塔两国共建的中国农业科技示范园开始"提档升级"。2014年上合组织元首会议期间，中塔两国签署《关于共建中塔农业科技示范中心的谅解备忘录》，其中，由经研银海种业有限公司承建的中塔农业科技示范中心在塔吉克斯坦哈德隆州亚湾区安了家。

在距离塔吉克斯坦首都杜尚别70公里的哈德隆州亚湾区，一片白花花的塑料大棚横卧在广袤的高山草原之上，这里就是中塔两国首个农业大棚合作项

---

① 李艳,李宛嵘.在"一带一路"播撒合作共赢"良种"[N].陕西日报,2021-10-22(007).

② 中国县域经济报.入选第二届"一带一路"国际合作高峰论坛成果清单的新疆两项目取得新进展[EB/OL].(2020-07-19).https://baijiahao.baidu.com/s？id=1672627121509869066&wfr=spider&for=pc.

③ 吉树民.中塔农业合作行进在希望的田野上[EB/OL].(2023-04-21).https://www.yidaiyilu.gov.cn/p/0S40NI7M.html.

目——河南省经研银海塔吉克冬季蔬菜种植基地。基地目前占地50公顷,拥有大棚200多个,这里生产的冬季番茄占到了塔吉克斯坦40%的市场份额。该基地是"一带一路"中塔首批农业合作项目之一。[①]

如今,示范园已覆盖了集种子加工、耕种、粮食深加工为一体的产业链,每年为当地培训农业技术人才超5000多人次,培养农机手超3000多人次,培养蔬菜种植技术人员超3000多人次,这里出产的蔬菜在塔吉克斯坦所占市场份额也越来越多。

4.1.6　中国—中南半岛经济走廊农业合作进展

中国—中南半岛经济走廊东起珠三角经济区,沿南广高速公路、南广高铁,经南宁、凭祥、河内至新加坡,将以沿线中心城市为依托,以铁路、公路为载体和纽带,以人流、物流、资金流、信息流为基础,加快形成优势互补、区域分工、联动开发、共同发展的区域经济体,开拓新的战略通道和战略空间。中国-中南半岛经济走廊是中国连接中南半岛的大陆桥,也是中国与东盟合作的跨国经济走廊。中国—中南半岛经济走廊主要包括的国家有印尼、越南、老挝、柬埔寨、泰国、马来西亚、新加坡等。

1. 政策安排

在合作政策协议方面,《大湄公河次区域交通发展战略规划(2006—2015)》的实施工作已经完成,初步形成了该次区域9大交通走廊;2016年5月,《中国—中南半岛经济走廊倡议书》在第九届泛北部湾经济合作论坛上发布;《大湄公河次区域便利货物及人员跨境运输协定》已在2017年3月启动实施。

中国出台了多项政策支持中国农业企业在中南半岛沿线各国开展投资和农业合作。2000年,中国政府将橡胶产业发展列为中老关键合作项目之一。2004年3月,中国与老挝政府签署了《中国和老挝政府经济技术合作协定》等11个协议文件。2009年,云南省与老挝北部工作组制定了《老挝北部发展计划》,计划橡胶种植面积在2015年达到10万公顷,在2020年达到15万公顷。2000年,中国与柬埔寨签署《中柬农业合作谅解备忘录》;2002年,农业被确定为两国重点合作的三大领域之一;2010年两国签署加强中柬农业合作的协议;2016年10月,两国签署了《中国-柬埔寨农业合作会议纪要》。中越两国自2013年"一带一路"倡议提出后,先后签署了《中国农业部与东盟各国农业部关于食品与农业合作的谅解备忘录》《中越农业合作谅解备忘录》《动植物检验检疫合作协议》

---

① 中国政府网. 探访中塔农业大棚合作项目[EB/OL].(2019-04-23).https://www.gov.cn/xinwen/2019-04/23/content_5385544.htm#1.

《北部湾渔业资源增殖放流与养护合作谅解备忘录》《中国广西壮族自治区与越南广宁、谅山、高平市农业合作备忘录》等合作文件。

2. 合作进展

(1) 贸易投资

在贸易合作方面,泰国、越南、印度尼西亚、马来西亚、新加坡是与中国农产品贸易规模较大的"一带一路"合作伙伴。2023年前11个月,中国进口越南农产品446.2亿元,同比增长20.3%。其中,2022年新增准入的鲜榴梿、鲜甘薯、燕窝合计进口146.5亿元,占同期自越南农产品进口的32.8%。同时,中国的蔬菜、温带水果受到越南市场欢迎。前11个月,中国对越南出口农产品343.1亿元,同比增长3.1%。其中,蔬菜、柑橘、鲜葡萄分别出口65.8亿元、23.9亿元和13亿元,同比分别增长12.7%、29.1%和1.7%[①];2013—2022年,中国与印度尼西亚农产品贸易额由51.8亿美元增至132.1亿美元,年均增长11%。其中,中国对印尼农产品出口额由17.3亿美元增至28.4亿美元,年均增长5.6%[②]。

2010—2020年,中泰两国农产品贸易额从36.8亿美元增至143.1亿美元,增加了2.9倍,年均增长14.6%;其中,中国对泰出口额从11.9亿美元增至42.8亿美元,增加了2.6倍;自泰进口额从24.9亿美元增至100.3亿美元,增加了3倍。中国居逆差地位,且逆差呈扩大态势。即使在2020年疫情暴发形势下,中泰农产品贸易仍逆势增长,进出口额分别较同期增长了15%和42.9%。目前,中国已是泰国最大的农产品出口市场,也是其最大的进口来源地;泰国是我第三大农产品进口来源国,第五大农产品出口国。在贸易结构上,中泰农产品贸易以水果蔬菜和粮食类为主,近年来水产品和畜产品贸易也迅速升温。[③]

根据国务院关税税则委员会数据,2021年中马农产品贸易总额77.7亿美元,比上年增长15.5%。其中,中国对马来西亚农产品出口42.5亿美元,增长21.2%,主要包括柑橘、大蒜、香菇和马铃薯等;中国自马来西亚农产品进口35.2亿美元,增长9.4%,主要包括棕榈油、咖啡、燕窝和水产品等。中国对马来西亚农产品贸易顺差7.3亿美元,扩大154.5%。[④]近年来,柬埔寨的水稻种植面积和总产量不断实现新突破。2022年1月柬埔寨向34个国家和地区出口大米5.3万

---

① 张翼.中越双边贸易保持良好发展势头[N].光明日报,2023-12-14.
② 农业农村部农业贸易促进中心.农业贸易百问|走进RCEP成员国:中国-印度尼西亚农产品贸易前景如何[EB/OL].(2023-03-10).http://www.mczx.agri.cn/mybw/202303/t20230310_7948403.htm.
③ 徐偲旦.走进RCEP成员国:中泰农产品贸易前景如何?[N].农民日报,2021-11-02.
④ 农业农村部农业贸易促进中心.马来西亚批准RCEP协定 将于3月18日生效实施[EB/OL].(2022-03-07).http://www.mczx.agri.cn/mytp/202203/t20220307_7822277.htm.

吨,同比增长54.7%,出口额达3572万美元。报告指出,中国依旧是柬埔寨最大的出口市场。1月份,柬埔寨向中国出口大米3.1万吨,占出口总量的59%。据柬埔寨稻米联盟统计,2021年柬埔寨大米总出口61万7069吨,出口额达4.18亿美元。稻谷总出口352万7418吨,出口额8.45亿美元。①据柬埔寨媒体《金边邮报》(The Phnom Penh Post)报道,该国2021年新鲜香蕉出口量达到42.3169万吨,相比2020年实现27.02%的增幅。中国大陆是柬埔寨香蕉的绝对最大出口市场,2021年全年进口量超37.69万吨。②

在投资合作方面,泰国、新加坡等国均对华进行了一定投资,主要涉及种子、水产、畜牧、技术示范、果菜种植等领域。尤其是泰国的正大集团,1979年进入中国后在大部分省市投资设厂,成为家喻户晓的涉农外企。此外,泰国政府在RCEP项下对此前严格限制外国人进入的种稻、果园、旱地种植、畜牧业等领域扩大了开放,这为我国企业赴泰投资提供了机遇。

中国对马投资在"一带一路"合作伙伴中居于前列,但农业投资合作仍处于起步阶段。相比房地产业、制造业等领域,中马农业投资合作项目仍较少,投资额、营收水平、投资规模比重均比较低。根据商务部对外投资项目信息库统计,2012年至2019年间,仅有4个对马来西亚农业投资项目,项目计划投资额合计24384万美元。

(2) 教育科技

在教育培训方面,自2000年起,广西农业科学院与越南农业大学合作实施了中国—越南农业科学技术推广服务,根据越方需求并结合我国农业发展优势,开展各类学术考察、交流访问及研讨班、培训班,截至2018年底,共派出专家近200人次、学术考察交流人员超150人次、接待越南访华人员近400人次,并对3000多人次进行了技术培训,建立了良好的合作基础。③目前,广西农业科学院在越南建有农业示范基地7个、示范点50多个、示范推广品种400多个,在老挝、柬埔寨和缅甸均建有农业示范点和示范基地。

2018年3月18到24日,中国农业科学院原副院长万建民应邀率团出访孟加拉国和泰国,就加强科技合作和能力建设,促进当地农业发展进行了磋商。在泰国期间,代表团访问了泰国农业大学,双方签署了科技合作备忘录以及建

---

① 新浪网. 柬埔寨大米出口大幅增长 中国为最大市场[EB/OL].(2022-02-08).http://k.sina.com.cn/article_3164957712_bca56c1002001ufhd.html.

② 惠州市农业农村局. 中国进口37万吨柬埔寨香蕉需求强劲[EB/OL].(2022-01-26). http://nycj.huizhou.gov.cn/zwzc/xwzx/gjyw/content/post_4534536.html.

③ 温国泉,韦幂,陈格等."一带一路"背景下中越农业科技合作探析[J].南方农业学报,2019,50(01):208-214.

立食用豆类作物联合研究中心的协议,旨在加强农业技术合作互利、促进中泰两国农业发展、改善农业科技的创新能力等方面开展合作。

在科技合作方面,2015年中泰政府间开展了一项科技合作项目——"中泰杂交水稻试验示范性种植及合作利用研究",2015年10月26到30日,中国水稻研究所党委副书记方向一行赴泰国农业与合作部水稻司进行考察和技术交流,双方就杂交水稻育种、技术研发、种子生产和互派科技人员等方面进行了深入探讨和广泛交流,并就下一步合作达成了共识。①

2015年2月8到10日,马来西亚博特拉大学(UPM)热带森林产品研究所(INTROP)所长佩日塔(Paridah)教授一行5人访问了中国农业科学院麻类研究所,双方就共建红麻育种实验站和开展交流合作等事宜互换进行协商,并草签了共建红麻育种实验站的协议。②

2017年12月,农业部党组成员、中国农业科学院原院长唐华俊率团赴印度尼西亚农业科研教学机构和国际农业研究机构进行了访问,代表团与国际林业研究中心(CIFOR)所长罗博特·纳西(Robert Nasi)举行了会谈,双方就进一步加强气候变化、林下经济、农用林业以及能力建设等领域合作充分交换了意见,并签署了合作谅解备忘录;与印尼农业研究发展署(IAARD)执行署长木查·西亚克基(Mocha Syakirji)及其所属的7个研究所所长举行了会谈,并签署了科技合作备忘录,就加强兽医生物技术、动物分子育种、种质资源交换、农业遥感、土壤管理、能力建设等领域交换了意见。③

(3) 项目建设

a. 江西(马来西亚)现代农业科技产业园项目。

该项目位于马来西亚砂捞越古晋,主要建设内容是农业种植和加工生产,占地3000公顷,产业园主要分6大功能区,具体为:产业园管理办公区;产品研发、生产加工区:根据农产品、水果种植,畜禽、水产养殖原材料供应来源及规模,有针对性吸引中国有实力生产企业入驻产业园,带入技术、设备、资金、管理经验,组织培训当地员工,开展各种相应食品加工;批发、储存、冷链物流综合集散区:常温优质农产品交易区、储存水产和畜禽产品冷冻区(-5℃以下)、准低温特色水果蔬菜原料保鲜储存和贸易中转区;商业服务配套区;热带水果有机种

---

① 中国水稻研究所. 水稻所组团赴泰国开展交流访问[EB/OL].(2015-11-09).https://cnrri.caas.cn/bsdt/116442.htm.

② 中国农业科学院麻类研究所. 创新工程简报:2015年第一期[EB/OL].(2015-10-08). http://www.chinaibfc.com/cxgc/kjcxgcjb/122011.htm.

③ 陈天金. 中国农科院全面推进与新西兰、澳大利亚、印度尼西亚农业科技合作[EB/OL].(2017-12-10). https://caas.cn/xwzx/hzdznew/1bdfed1c69844643a1dfddc9ae32dd2a.htm.

植示范区:分片种植榴梿、芒果、山竹、黄梨、向天果、菠萝蜜、红毛丹、那木子、木瓜等,同时立体生态放养鸡、羊等;水产养殖、休闲观光旅游区:分"忘不了"鱼特种养殖、"富贵"鱼精养、田园餐饮、花卉品鉴、农产品超市等。截至2020年8月,产业园中的33KV配变电站、日供水20万吨设施已经建设完毕,已经平整好第一期66.7公顷建设用地,相关道路等基础设施已经建好。①

b. 老挝云橡产业园项目。

2015年5月,云南农垦集团与老挝国家农林部签署《关于老挝天然橡胶产业发展及农产品检验检疫合作项目谅解备忘录》;同年11月,云南农垦集团在万象成立老挝云橡有限责任公司,负责云南农垦在老挝的产业推进。在老挝政府的大力支持下,2017年6月,云南农垦集团老挝橡胶产业研究院项目正式启动。该项目位于万象市主城区,项目占地20040平方米,计划总投资1000万美元,建设内容包括:橡胶、农作物检验检疫中心;橡胶、农作物技术标准中心;橡胶、农作物技术示范培训中心以及罂粟替代种植展览馆。老挝橡胶产业研究院项目建设工期为两年,于2017年年底动工,2020年竣工并正式投入使用。

截至目前,云橡公司拥有4个全资控股分公司、3个制胶厂,橡胶加工能力达6万吨年;4个分公司共有21个橡胶示范种植基地,总面积10.16万亩,建立优良种苗基地1063亩,辐射带动发展天然橡胶50万亩,累计投资逾15亿元,境外资产达14.6亿元,公司驻老挝橡胶企业已成为老挝天然橡胶企业的标杆和旗帜。其中,南塔制胶厂年产量由建成初期的630吨增长为现在的16000吨,成为老挝橡胶市场的一支主力军。②

c. 磨憨—磨丁跨境经济合作区。

2013年10月15日,在中国云南—老挝北部合作特别会议暨工作组第六次会议上,云南省人民政府正式与老挝中央特区管理委员会签署《中国磨憨—老挝磨丁跨境经济合作区框架协议》。2014年6月6日第二届南博会期间,中老两国签署《关于建设磨憨—磨丁经济合作区的谅解备忘录》(鉴于老方对跨境两字有顾虑,双方文本未使用),标志着磨憨—磨丁经济合作区正式纳入中老两国国家层面项目开启推动。

2016年7月,连接中国磨憨口岸与老挝磨丁口岸的货运专用通道正式开工建设,标志着中老跨境经济合作区建设又跨出了实质性的一步。货运通道分为

---

① 中国产业云招商网. 江西(马来西亚)现代农业科技产业园[EB/OL].(2017-07-12). http://www.chytv.cn/pd.jsp? id=196.

② 廖兴阳,陈玲. 中老首个国家级综合示范项目建设启动[N]. 昆明日报,2021-10-20(004).

国内段和老挝段,国内段长800米,老挝段长1654.461米,总投资近5000万元。其中老挝段先启动建设489.52米的一段,概算总投资为1300万元,由中国云南省政府援建。2016年11月28日至12月1日老挝政府总理通伦·西苏访华期间,中老两国签署了《中国老挝磨憨—磨丁经济合作区共同发展总体规划(纲要)》。[①] 2019年4月22日,省编委下发《关于设立中国老挝磨憨—磨丁经济合作区管理机构的通知》(云编〔2019〕1号)文件,明确合作区为省委、省政府派出机构,全面负责中国老挝磨憨—磨丁经济合作区区域开发、产业发展、投资促进、企业服务等工作。

目前,磨憨口岸已获批为国家进境粮食指定口岸、全国进境植物种苗指定口岸、进口罗汉松特定口岸、进境冰鲜水产品检验口岸和全国第一家国际陆路快件监管中心所在口岸,口岸综合功能有效提升,口岸基础设施建设逐步完善。[②]

d. 柬埔寨—中国热带生态农业合作示范区。

柬埔寨—中国热带生态农业合作示范区是由海南省农业厅组织多家单位建设,其中以绿洲农业为龙头企业,分阶段在桔井省建设"中柬香蕉产业园""中柬胡椒产业园""中柬热带水果产业园"等6个产业园。园区内使用现代化农业机械,灌溉设施完备,实现现代化、规模化生产。

示范区按照"一区多园N基地"的思路,拟投资142亿元,计划用10年时间(2017—2026),分三期建设。第一期为产业示范园建设期(2017—2020),拟投资约18亿元人民币,主要包括:环境保护与修复示范工程、香蕉产业示范园、胡椒产业示范园、罗非鱼养殖示范园、热带果业示范园、畜禽养殖产业示范园、援外农业技术示范中心(包括农业科技外向型人才实训基地建设、东南亚热带优良品种资源中心及试验示范推广应用基地建设)、农产品"一站式"物流服务中心。第二期为产业园(全产业链)建设期(2021—2024),拟投资约114亿元人民币,主要包括:1万公顷柬中香蕉产业园、1万公顷柬中胡椒产业园、1万公顷柬中罗非鱼产业园、1万公顷柬中芒果产业园、1万公顷柬中红心火龙果产业园,30万吨冷链加工物流中心,全部投产实现年产值超过150亿元人民币。第三期为示范区全域农业观光旅游建设期(2025—2026),拟投资10亿元人民币,主要建设农业观光体验、共享农庄、生态旅游等农业旅游项目。

---

① 中国经济网. "一带一路"上的经济走廊:中国—中南半岛经济走廊[EB/OL].(2017-04-19).http://intl.ce.cn/specials/zbjj/201704/19/t20170419_22131327.shtml.

② 云南省人民政府. 西双版纳向开放要活力 以开放促发展[EB/OL].(2019-08-11). https://www.yn.gov.cn/ynxwfbt/html/2019/zuixinbaodao_0811/1884.html.

截至目前已有多家企业、机构及个人入园开展农业项目合作,涉及一二三产业,总投资约2.4亿元,其中:环保、科技服务等上游企业及机构4家,种养业、加工业等中游企业6家,物流、金融等下游企业2家,已入园启动的企业及机构6家。其中,宏泰有限责任公司于2017年加盟园区,已建设柬埔寨最大的冷链物流园,拟规划建设全柬埔寨冷链物流网络。

中柬两国农业部于2015年6月18日在北京签订的《中柬农业合作联合工作组第三次会议纪要》明确重点共同推动"柬中香蕉产业园区"建设。从2016年开始,绿洲农业与中国海南农业厅合作在柬埔寨进行香蕉示范种植,承担起柬中香蕉产业园建设的推动工作。2017年,"柬埔寨—中国热带生态农业合作示范区"入选农业农村部首批境外农业合作示范区建设试点。几年来,在海南顶益绿洲生态有限公司等的不懈努力下,香蕉种植实现了现代化、规模化生产,并连获丰收。[①]到2020年,绿洲农业已种植并投产香蕉园400公顷,实现香蕉出口中国24800多吨,出口额1400多万美元。[②]

e. 中国·印尼聚龙农业产业合作区。

中国·印尼聚龙农业产业合作区是由天津聚龙集团实施的产业园项目。从2006年开始,天津聚龙从单纯的棕榈种植园开发、运营,到2013年按照"一区多园、合作开发、全产业链构建"模式,开发建设以农业开发、精深加工、收购、仓储物流为主导的农业产业型园区,初步形成了以油棕为主产业及相关产业链配套的集群式发展和产业聚集的重要平台,在推进国家"一带一路"、农业对外投资合作中发挥了重要作用,与东道国实现了互利共赢。[③]

合作区总体规划期限8年(2015—2022),其中一期规划期限4年(2015—2018),二期规划期限4年(2019—2022)。合作区按照"一区多园、合作开发、全产业链构建"模式开展建设,总体规划面积4.21平方公里,其中加里曼丹园区占地1.68平方公里,南加里曼丹园区占地0.67平方公里,西加里曼丹园区占地1.26平方公里,北加里曼丹园区占地0.31平方公里,楠榜港园区占地0.29平方

---

① 农业农村部国际合作司. 柬埔寨香蕉成功输华 境外农业合作示范区建设成效显现[EB/OL]. (2019-05-14). http://www.gjs.moa.gn/ydylhzhhnyzcq/201905/t20190516_6306265.htm.

② 中国国际贸易促进委员会. 绿洲柬中热带生态农业合作示范区 绿洲农场举行CBA农业200公顷香蕉园奠基典礼[EB/OL]. (2021-05-20). https://oip.ccpit.org/ent/parkNew/2346.

③ 新浪财经. 2018"一带一路"境外农业产业园区建设创新案例:中国·印尼聚龙农业产业合作区[EB/OL]. (2018-12-24). http://finance.sina.com.cn/roll/2018-12-24/docihqhqcir9629377.shtml.

公里(共计五大园区)。合作区主导产业定位为油棕种植开发、棕榈油初加工、精炼与分提、品牌油包装生产、油脂化工(脂肪酸、甘油及衍生品生产)及生物柴油提炼等,同时配套发展仓储、物流等产业。合作区将建设成为以油棕种植开发、精深加工、收购、仓储物流为主导的农业产业型园区,打造海外棕榈全产业链,实现从原材料供给到销售的纵向一体化经营,构建庞大的交通运输能力和完善的物流网络,为大宗商品交易奠定坚实的物流基础。目前,合作区内已完成道路、供水、供电、排水、通信以及平整土地等基本配套建设,让企业入驻更方便。在享受当地普惠政策的同时,合作区还为企业提供各类公共服务,例如,参观考察、帮助企业完成当地市场调研等前期准备,为企业入驻的可持续发展提供保障。截至2021年12月底,已有20家企业入驻该区。[①]

表4-3 各走廊合作机制概览

走廊	机制安排	合作要点
新亚欧大陆桥经济走廊	中国同有关国家政府共同签署建设亚欧光缆协议	成立了亚欧光缆管理委员会。亚欧光缆经中国穿越俄罗斯陆境到达欧洲,通过中国电信与亚洲和欧洲多家运营商的双边合作,可覆盖亚欧两地的主要经济城市,是连接亚洲和欧洲之间距离最短的SDH传输系统
	中、俄与中亚五国批准"开发利用经友谊关—阿拉山口边境通道的国际铁路干线计划"	便于开展海陆联运,缩短运输里程;有利于新亚欧大陆桥的建设,即以横跨亚欧大陆的铁路运输系统为中间桥梁,把大陆两端的海洋连接起来,实现海陆联合运输
	中国政府和哈萨克斯坦政府签署《关于利用连云港装卸和运输哈萨克斯坦过境货物的协定》	提升哈萨克斯坦利用中国连云港港口开展过境运输潜力和加强两国企业间联系
	中哈两国元首见证签署《"丝绸之路经济带"建设与"光明之路"新经济政策对接合作规划》	提高两国基础设施互联互通水平,推动投资贸易发展,加强交通运输、工业、农业、能源、新兴产业、金融、知识产权等领域深度合作,充分发挥双方优势和潜力,不断拓展互利共赢的发展空间,促进共同繁荣,提升在国际市场上的联合竞争力

---

① 张凡,哈孜乃.中国·印尼聚龙农业产业合作区:积极打造服务海外农业投资平台[N].中国贸易报,2022-02-24.

续表

走廊	机制安排	合作要点
	中国、俄罗斯等7国签署深化中欧班列合作协议	提高亚欧间铁路货运市场份额、带动沿线国家经济发展和经贸合作为目标,合力打造中欧班列国际物流品牌,努力为中欧班列深化发展提供机制保障
	中国与新亚欧大陆桥经济走廊沿线21个国家签订了"一带一路"合作备忘录	与沿线国家加强交通、能源、通信等基础设施对接,共同推进国际骨干通道建设;提升投资贸易便利化水平,形成高标准自由贸易区网络;深化金融合作,推进亚洲货币稳定体系、投融资体系和信用体系建设;深入推进政治互信、人文交流合作
	中芬双方签署了《中国农业科学院与芬兰自然资源研究院合作谅解备忘录》	推进中国农科院与LUKE的深度合作
	中欧签署《中国—欧盟食品、农业和生物技术工作组工作准则(修订)》等	在中欧科研创新共同资助机制下,先期选择食品、交通、航空、农业与生物技术、可持续城镇化等双方共同感兴趣的领域,启动"2018—2020年科技创新旗舰合作项目",为中国与欧盟开展多国别、多机构广泛参与的、深入融合的创新合作构建政府间支撑平台
	中国农科院与保加利亚普罗夫迪夫农业大学签署了合作谅解备忘录	在农业可持续发展、土壤科学、作物科学、品种改良、兽医科学、联合实验室建设等方面加强合作;并就适时建立果树联合实验室,开展果树育种栽培合作研究达成了共识,并同意在"Erasmus+"计划框架下加强人才交流与培养
	中国农科院与捷克作物科学研究所签署建立农业研发联合中心的协议	确立了联合中心的管理运行机制,在植物遗传育种、作物逆境抗性、土壤与植物营养、作物病虫害防治等方面加强合作研究
	中国与德国联邦农村、林业与渔业研究所签署合作谅解备忘录	在农业生产经济、有机农业、农业市场分析、农村发展、食物减损、生物多样性等方面开展科研合作、制度建设和能力建设活动
中国—中亚—西亚经济走廊	中国和以色列签署农业合作备忘录	两国农业科技交流不断深化,如:中国借鉴以色列技术,在节水灌溉、设施栽培、奶牛养殖方面等,开发了一批适合中国国情的新技术
	中国和土耳其签订了农村事务部农业合作谅解备忘录	加强在农业政策沟通、乡村振兴经验互鉴、农业经贸投资和科技交流等各领域的合作

续表

走廊	机制安排	合作要点
	中国和伊朗正式签订了中伊农业合作备忘录	加强在蔬菜、水果、其他农产品、农业机械化和种植新技术等领域的合作
	《中亚区域运输与贸易便利化战略(2020)》	促进中亚区域运输与贸易便利化,确保国际道路运输便利化
	《上海合作组织成员国政府间国际道路运输便利化协定》	2020年前开通包括最远端从中国连云港到俄罗斯圣彼得堡,覆盖中国、俄罗斯、哈萨克斯坦、吉尔吉斯斯坦、塔吉克斯坦和乌兹别克斯坦6个成员国的6条公路运输线路
	《中哈俄国际道路临时过境货物运输协议》	打通由俄罗斯西伯利亚地区过境哈萨克斯坦共和国至新疆的陆路货运路线,通过临时过境哈萨克斯坦经中哈边境口岸进入中国,更有效地节约运输时间,提高国际货物物流效率
	中塔农业科技示范中心	加快农业开放合作,加快推进农业项目合作
	中国和伊朗签订双边农业合作备忘录	加强在蔬菜、水果等农产品以及农业机械化和种植新技术等领域的合作
	成立中国—以色列国际农业培训中心	中以双方将在学术交流与培训、科研合作与技术开发、高校人才联合培养等领域开展合作
中国—中南半岛经济走廊	《大湄公河次区域交通发展战略规划(2006—2015)》	确定了构成次区域交通网的9条公路走廊,它们构成了"经济走廊"建设的基础。经济走廊将特定地域的基础设施建设与贸易、投资和其他经济机会相结合,同时着力解决社会和环境问题,提高区域内的连通性
	《大湄公河次区域便利货物及人员跨境运输协定》	实现GMS六国之间人员和货物的便捷流动,使该次区域公路网发挥最大效益,使GMS各国在交通基础设施投资的"硬件"方面与便利客货运输的"软件"方面协调发展
	云南省与老挝北部工作组制定《老挝北部发展计划》	在农林业种植示范、农林技术培训、农林产品加工贸易、橡胶等农经作物种植以及森林防火、跨境野生动物保护等进一步加强合作
	中国与柬埔寨签署《中柬农业合作谅解备忘录》	将杂交水稻种植、水产养殖等列为长期合作重点

续表

走廊	机制安排	合作要点
	中国与柬埔寨签署《中国-柬埔寨农业合作会议纪要》	双方将大力支持天睿(柬)农业经贸合作特区项目的建设发展,将上述合作区共同建设成集研发、培育、种植,到收购、仓储、加工,再到销售、物流、服务等上中下游产业链一体化的"中柬国家级农业经贸合作区"项目
	中越两国签署了《中国农业部与东盟各国农业部关于食品与农业合作的谅解备忘录》《中越农业合作谅解备忘录》等合作文件	深化农业合作,完善农业双边合作机制,加强农业科技交流与农业领域能力建设,推广包括杂交水稻在内的优质高产农作物品种,促进农产品加工与贸易发展,重点推进跨境动植物疫病防控、进出口食品安全体系建设,提高预警能力和信息共享水平
	中国农业科学院代表团与泰国农业大学签署科技合作备忘录以及建立食用豆类作物联合研究中心的协议	在加强农业技术合作互利、促进中泰两国农业发展、改善农业科技的创新能力等方面开展合作
	中泰政府间开展一项科技合作项目——"中泰杂交水稻试验示范性种植及合作利用研究"	在杂交水稻育种、技术研发、种子生产和互派科技人员等方面进行交流与合作
	中国农业科学院麻类研究所与马来西亚博特拉大学(UPM)热带森林产品研究所草签共建红麻育种实验站的协议	共建红麻育种实验站和开展交流合作等
	中国农业科学院代表团与印度尼西亚国际林业研究中心签署合作谅解备忘录	加强气候变化、林下经济、农用林业以及能力建设等领域合作
	中国农业科学院代表团与印尼农业研究发展署签署科技合作备忘录	加强兽医生物技术、动物分子育种、种质资源交换、农业遥感、土壤管理、能力建设等领域的交流与合作

表4-4 各走廊合作项目概览

走廊	项目列举	所涉企业/单位
新亚欧大陆桥经济走廊	中欧班列陆续开通	中国国家铁路集团有限公司、中国铁路集装箱总公司、郑州陆港公司、重庆渝新欧公司、成都亚欧公司、武汉汉欧公司、苏州综保通运公司、义乌市天盟实业投资有限公司等
	中哈(连云港)物流合作基地	连云港市政府、哈萨克斯坦国有铁路股份有限公司
	中保果树生物学联合实验室共建项目	中国农业科学院郑州果树研究所、保加利亚普罗夫迪夫农业大学
	中国—捷克菌根应用科技合作项目	中国农业科学院蔬菜花卉研究所、中-捷菌根与环境生物技术研究中心、捷克科学院植物研究所
	中德农业中心合作平台	中德作物生产与农业技术示范园、江苏农垦黄海农场
中国—中亚—西亚经济走廊	中哈"金骆驼集团图尔克斯坦州奶粉厂"建设项目	金骆驼集团图尔克斯坦州奶粉厂
	中哈现代农业产业创新示范园项目	陕西省杨凌农业高新技术产业示范区、哈萨克斯坦国际一体化基金会
	中泰塔吉克斯坦农业纺织产业园项目	中泰集团成立的新丝路农业投资有限公司、中国农业银行与塔吉克斯坦"索蒙尊4341"生产合作社
	中塔农业大棚合作项目	河南省经研银海种业有限公司
中国—中南半岛经济走廊	江西(马来西亚)现代农业科技产业园项目	江西省华美食品工业有限公司
	老挝云橡产业园项目	云南农垦集团、云南农垦集团成立的老挝云橡有限责任公司、老挝国家农林部
	磨憨—磨丁跨境经济合作区	中国云南省政府、云南恩财建筑工程有限责任公司、
	柬埔寨-中国热带生态农业合作示范区	绿洲农业发展(柬埔寨)有限公司、中国海南农业厅、海南顶益绿洲生态有限公司
	中国·印尼聚龙农业产业合作区	天津聚龙集团、天津聚龙嘉华投资集团有限公司全资子公司——天津市邦柱贸易有限责任公司、印尼格拉哈公司

4.2 我国企业与"一带一路"沿线区域农业合作中的购销风险典型事例

4.2.1 农产品购销前期典型事例

1. 交易磋商中的误解

我国某外贸公司从国外进口一批农产品并转售某英美法系国家外商。我外贸公司向外商发盘,该外商第二天表示完全接受我方的发盘,并在来电中附加要求让我方提供原产地证书。两周后,外商向我方开来信用证。我方正准备按信用证发货时,获商检机构通知,因该货非本国产品,不能签发原产地证书。我方致电外商要求取消信用证中要求提供原产地证书的条款,遭到拒绝,于是引起争议。我方提出,对提供原产地证书的要求从未表示同意,依法无此义务,而美商坚持认为我方有此义务。

事实上,从《联合国国际货物销售合同公约》的角度来看,其第十九条规定:对发盘表示接受但载有添加或不同条件的答复,如所载的添加或不同条件在实质上并不变更该项发盘的条件,除原发盘人在不过分迟延的期间内以口头或书面通知反对其间的差异外,仍构成接受。所谓的实质性变更是有关货物价格、付款、质量、数量、交货地点和时间、一方当事人对另一方当事人的赔偿责任范围或争端解决等方面的添加或更改。此例中,外商第二天对我方发盘表示接受的同时,仅附加要求我方提供原产地证书,并不构成实质性变更,因而从法律上来看,随着外商第二天的来电,接受已经生效,合同实际上已经成立。而我外贸公司在接下来的时间也并未立即向对方提出这项要求表示异议,因此,接受仍然有效,我方应履行合同义务。[①]

2. 凭样交货的风险

我国A公司与英国B公司签订出口一批水稻合同,共2000公吨,每公吨90英镑CIF利物浦,品质规格为:水分最高15%,杂质不超过3%。成交前我国A公司曾向对方寄送过样品,签约后又电告对方,"所交货物与寄送样品相似"。货物运抵英国后,该外国公司提出货物品质比样品低,并出具了当地检验公司的检验证明,由此向我方提出降价6%的要求。但我方此时才发现留存的复样已经遗失。我方坚持所交货物品质符合合同的规定,并且有装运前的商检证明

---

① 李秀芳,王伟,谢茜萍. 国际贸易实务案例及习题解答[M]. 北京:中国人民大学出版社,2014:3.

为证,所以坚持拒绝降价。①

实际上,这是一宗既凭品质规格交货,又凭卖方样品交货的交易。卖方成交前的寄样行为及订约后的"电告"行为都是合同的组成部分。因此,其后的履约需要同时满足两个条件的要求。一方面,合同中规定"水分最高15%,杂质不超过3%",这就要求所交水稻的水分和杂质要达到合同规定的品质要求。另一方面,A公司曾寄过样品且电告买方"所交货物与寄送样品相似",说明这是凭卖方样品买卖,样品就是标准,所交货物品质须与样品一致,如果实际交货的形状、色泽、其他淀粉和蛋白质含量与样品有差异,也构成违约。此例中,英国公司已托检验公司证明了实际品质比样品低并提出降价要求,而我方在敢于以样品成交的前提下却并未妥善留存复样,或者在寄送样品时就注明"仅供参考"字样,这是导致日后风险和损失的重要原因。

4.2.2 农产品购销中期典型事例

1. 议付条款留下的隐患

某年,我国T市津华进出口公司与西欧某国的哈维贸易公司签订了一份11万张山羊皮的进出口合同,双方商定用信用证方式支付货款。津华公司对哈维公司所在国家的检验机构并不熟悉,提不出检验机构的名称,于是在信用证内议付货款需要提供的单证相关条款中作了这样的规定:必须提供由出口第一流检验机构出具的质量检验证书,希望以此规定来保证进口皮张的质量。

后来,进口货物到达我国T市港口后,津华公司前往提货,并请当地检验机构的技术人员一同前往检验毛皮质量。我方检验后发现毛皮质量很差,稍微用力撕拉皮张就会裂开,有的皮张已经腐坏,质量很差。于是津华公司向哈维公司提出赔偿,国外哈维公司辩称货物符合合同及信用证的规定且是由当地一流的检验机构进行检验并出具了检验证书。后津华公司经过多方了解,查到该批山羊皮的货源地是中东国家,中东国家的山羊皮大都没有经过科学处理,质量很差,哈维公司从中东进口该批皮张后,为了转手赚取利润,没有请当地有名的检验机构,而是草率地找了规模很小、技术人员水平很差的一家检验机构作装船前的检验,以此不合规的手段取得证书来得到货款。这次交易中,哈维公司存在一定程度的欺骗行为,利用信用证内的一些漏洞获得了货款。津华公司为此向哈维公司提出严正交涉,并提出换货或者退款的要求,而哈维公司围绕单证一致进行狡辩。最后在津华公司答应以后从事进口皮张业务时尽量考虑哈

---

① 李秀芳,王伟,谢茜萍.国际贸易实务案例及习题解答[M].北京:中国人民大学出版社,2014:15.

维公司,后者这才同意退还部分货款来补偿津华公司的损失,但这只是全部损失的很小一部分,这笔进口业务对津华公司造成极大的亏损。①

这笔毛皮购销业务所发生的争议,虽然是在双方履约后,但实际却是津华公司前期业务不熟练中期签约和议付不谨慎所造成的。如果能在交易之前做好充分准备,了解清楚毛皮领域比较有资质和权威性的检验机构,并在合同相关条款和信用证议付条款中加以明确,就可防止此类事故的发生,避免不必要的争端和损失。

2. 运输条款带来的争议

中国某食品进出口公司(以下简称A公司)向国外某贸易有限公司(以下简称B公司)出口一批冻鸡肉,2012年2月10日接到通知行转来的对方开出的信用证,其信用证中有关条款规定:

600公吨凉山鸡,雌雄成对,其中包括A级200公吨,每对重量不低于3.2千克;B级200公吨,每对重量不低于2.8千克;C级200公吨,每对重量不低于2千克。木箱包装,装运必须分等量两批分船装,第一批必须于2012年4月30日前装运,第二批必须于2012年5月15日前装运。

A公司根据上述信用证条款规定分等量两批分船装的要求和库存情况,决定安排这样分两批装运:

第一批装300公吨,其中包括:A级110公吨,B级90公吨,C级100公吨。

第二批也装300公吨,其中包括:A级100公吨,B级100公吨,C级100公吨。

A公司于2012年3月26日将第一批300公吨货物装运完毕,3月27日即备齐信用证项下的所有单据并对外寄单,但于4月14日却接到开证行的拒付通知:

"第CYXX号信用证项下单据经审查发现单证不符。我信用证规定必须分等量两批分船装运,但我所收到的单据表明你方未按照每批等量分船装,所以不符合信用证要求。并且联系申请人亦不同意接收单据,单据暂代保管,听候你方处理。4月14日。"

A公司针对开证行的拒付意见,经有关人员研究后决定除与买方B公司方面沟通外,同时于4月30日向开证行答复如下:

"你4月14日关于第CYXX号信用证项下所谓单证不符问题,我们认为,你信用证总货量共600公吨,虽然规定'装运必须分等量两批分船装',但我第一批于3月26日装运了300公吨,并计划在下月15日前再装300公吨,正好是等

---

① 陈国武.新编进出口业务案例精选[M].北京:清华大学出版社,2009.

量两批分船装,因此我第一批装300公吨的单据完全符合你信用证的要求,你行应该接受单据。4月30日。"

5月2日A公司又接到开证行电:

"你4月30日电悉。关于第CYXX号信用证项下单证不符问题,我行认为虽然你方第一批按300公吨装运,但我信用证规定货物分等量两批装运,而且货物数量分有三项,所以分批装A级100公吨、B级100公吨、C级100公吨,才符合信用证规定。而你方A级装110公吨,B级却只装90公吨,所以不符合信用证要求。经我行再三研究,确定无法接受,请速告单据处理意见。5月2日。"

同日A公司也接到买方B公司来电称:

"关于你4月30日电对第CYXX号合同项下600公吨山鸡A、B两等级数量未按等量装运的情况,我们再三研究实难接受。我们合同虽然未明确规定,但信用证规定等量两批分别装运,而且你方又接受了信用证,我方才与用户订按如此数量交货。由于你方在本批未按该三种等级规格分别等量装运,即对B级少交10公吨,使我无法向用户交货,用户向我索赔XXXX美元。根据上述情况,你方应承担由此而引起的我方损失,否则我们无法接受你方单据。5月2日。"

A公司考虑货已到达目的港,对方又不接受单据,货物如继续拖延、无人提货,将造成更大损失,所以最后只好答应赔偿对方部分损失才结案告终。[①]

此例从客观上看,是我食品进出口公司在对方通过开证行、通知行转来信用证时,对信用证条款审查不严格所致。信用证规定600公吨货物包括三种等级,且三种等级各规定有数量,然后又规定数量分相等两批装运,当然包括三种等级的数量都要按等量分两批装运。如果企业能在出货前,安排一名专业的审证人员对其条款进行逐字逐句审查,并与B公司、银行等进行沟通、商讨和落实,必要时修改信用证后再装运,此次损失就可避免。

4.2.3 农产品购销后期典型事例

1. 标的物不符造成损失

2020年10月,麻栗坡县MY进出口有限公司与越南河江省某贸易服务有限公司签订了购买2000吨越南干辣椒的购货合同,双方约定分批次交货。2021年3月5日,越南某公司通知麻栗坡县MY公司准备发货,麻栗坡县MY公司便委托麻栗坡县TB报关有限公司向天保海关申报进口两票其向某公司购买

[①] 李秀芳,王伟,谢茜萍.国际贸易实务案例及习题解答[M].北京:中国人民大学出版社,2014:3.

的越南干辣椒。当天货物由车牌号为15C-164**、15C-323**的越南货车载运进境，报关单号分别为861520211000000527、861520211000000528，商品编号为0904210000，商品名称为干辣椒，申报价格均为9.7元人民币/千克，申报数量共44640千克，已缴纳税款3.897072万元人民币，并提供了越南原产地证书。货物申报后查验关员根据 CHECKID_20210305111321_V54s5U 和 CHECKID_20210305111435_2yC3IA 布控指令于2021年3月5日、3月6日分别对两票货物实施查验，发现两票货物的外包装均为印有"naturasia ingredients"字样标识的白色编织袋，经翻译该字样为印度供应商名称。经查明，麻栗坡县MY进出口有限公司未对货物的真实情况进行合理审查，就委托麻栗坡县TB报关有限公司向天保海关申报进口，而麻栗坡县TB报关有限公司未对所申报进口的两票干辣椒进行合理审查，就以越南原产地证申报进口两票实际原产地为印度的干辣椒，构成原产地申报不实，影响国家税款征收。经天保海关关税部门计核，该批进口两票干辣椒漏缴税款9.4396万元人民币。

当事人麻栗坡县MY进出口有限公司进口干辣椒未如实申报原产地的行为构成了《中华人民共和国海关法》第八十六条第（三）项、《中华人民共和国海关行政处罚实施条例》第十二条规定的违规行为。

当事人麻栗坡县TB报关有限公司的行为构成了《中华人民共和国海关法》第八十六条第（三）项、《中华人民共和国海关行政处罚实施条例》第十二条规定的违规行为。天保海关依据《中华人民共和国海关行政处罚实施条例》第十五条第（四）项、第十六条、第十七条的规定，决定对麻栗坡县MY进出口有限公司处以9.4396万元人民币的罚款，并责令办结海关手续和补缴税款9.4396万元整。同时，依据《中华人民共和国海关行政处罚实施条例》第十五条第（四）项、第十六条、第十七条的规定，对麻栗坡县TB报关有限公司处以1.5万元人民币的罚款。①

此案从行政法律关系来看，虽是作为海关行政管理相对人的企业（包括进出口公司和报关公司）在通关过程中原产地申报不实所导致的违规，但从购销合同法律关系来看，则是卖方所提供的标的物不符所致。合同约定是2000吨越南干辣椒，卖方提交的却是印度干辣椒。如若买方全然不知情，还可进一步就合同法律关系向卖方主张自己的权利。

2. 向海关低报价格带来损失

某年2月，内地A公司与中国香港B公司签订了一份合同，双方约定A公司向B公司购买原产于赤道几内亚的原木1.6万立方米，FOB成交价格365万美

---

① 海关总署官方网站:海关行政处罚案件信息公示（天保关（缉）违字〔2021〕0003号）.

元。在合同履行过程中，B公司租用中国香港船务公司的货轮从亚巴塔港运抵国内港口，支付运保费共计52万美元，并委托报关行向海关申报进口。但由于A公司提交给报关行的报关材料中没有运保费的发票，报关行在填写报关单时没有加上运保费，直接填写总价365万美元，少缴纳税款约人民币58万元。

《中华人民共和国海关审定进出口货物完税价格办法》（海关总署213号令）第二章和第四章明确规定：进口货物的完税价格应该包括进口货物的运保费。但企业确实没有发生运输费或者保险费的，或运保费在申报状态下不明确，且因此没有申报此项费用或者申报错误的，则不构成违规，仅由海关根据相关规定予以价格调整即可。本案中，A公司从报关行提供的报关材料中明确成交方式是FOB，没有隐瞒成交方式，报关行未尽合理审查义务，直接根据原木价格发票作为总价填报，且将FOB价格填报为CIF价格，可排除双方的主观故意，不构成走私行为。但双方均有申报违章责任，A公司未提交运保费发票，主要责任由A公司承担，报关行承担未合理审查责任。最终海关对A公司罚款46万元，对报关公司罚款人民币3万元。①

4.3 新冠疫情下我国与"一带一路"沿线区域农业购销风险

4.3.1 新冠疫情下农产品进口供应链风险

1. 沿线国家复工复产不确定

自2020年4月中旬以来，"一带一路"沿线的多个国家，如泰国、波兰、希腊、荷兰、俄罗斯、罗马尼亚等，陆续开启复工，推动经济重启。泰国曼谷市长于4月28日透露将考虑放宽部分场所的营业政策；波兰于4月20日公布复工计划，分批开放购物中心、文化场所、餐馆等；希腊将复工日期定于5月4日，分3阶段进行复工；荷兰于5月11日起陆续开放小学、理发店等行业；俄罗斯总统普京下令俄罗斯主要行业于5月12日起复工复产，逐步恢复经济；罗马尼亚从5月15日起进入复工状态，居民在本地出行不再需要填写出行声明，但离开本市需要填写。②

然而，尽管各国纷纷复工复产，但由于各国在疫情防控方面所采取的措施

---

① 查贵勇. 进出口贸易合规案例集[M]. 上海：复旦大学出版社，2018.
② 赵伟. 海外复工、复产情况[EB/OL].（2020-05-26）. https://weyt.p5w.net/article/2405625.

存在差异,因此有些国家面临疫情快速反弹等挑战。美国、巴西和印度的确诊人数居世界前列,"一带一路"沿线的部分国家如俄罗斯、越南、土耳其等的情况也不容乐观,加之新冠病毒的变异、民众的反抗情绪等,使得正常的生产工作也难以恢复到疫情前的模样。但也有些国家,由于独特的地理位置(如新西兰、澳大利亚)、有力的防控措施(如新加坡)等,有效控制了病毒的传播,从而有秩序地恢复了出入境交流。

2. 主要供应国供应链稳定性受挫

在新冠疫情暴发初期下,世界上有超过20个国家陆续对农产品的出口采取限制和管理措施,其中有一部分国家是"一带一路"合作伙伴,例如,俄罗斯、印度、泰国、越南、哈萨克斯坦、乌克兰等,且其中的几个国家(如泰国、印度等)还是我国的"一带一路"沿线农产品贸易额排名前列的国家,这些国家对农产品出口的管控措施一方面影响了农产品供应链的稳定性,另一方面也在一定程度影响到我国的农产品进口贸易甚至是全球的粮食贸易。

对农产品出口国家而言,由于新冠疫情造成的农产品供不应求的情况,各国一般都会优先满足国内居民的需求,减少甚至限制农产品出口,从而导致农产品市场的供给下降。此外,疫情的蔓延导致国际物流受阻,再加上干旱、蝗灾、猪瘟等灾害,使得全球农业受到影响,不仅导致全球粮食减产,也对全球农业生产和粮食安全产生一定影响。

但随着各国疫情防控措施的落地、疫情蔓延速度的减缓、各国之间的通力合作等,"一带一路"合作伙伴与我国的农产品贸易逐渐恢复,这对稳定全球供应链具有重要作用。例如,我国通过中欧班列运送紧急医疗物资帮助各国抗击疫情、在2020年11月签署了《区域全面经济伙伴关系协定》(RCEP)以推动区域经济一体化进程、与"一带一路"合作伙伴和地区积极开展"丝路电商"建设等,这些对保障沿线各国供应链的稳定具有积极意义。

3. 主要农产品价格上涨

各国的农业资源禀赋不一,能够做到农产品完全自给自足的国家少之又少,大部分国家都对农产品国际贸易有着较高的依赖性。在新冠肺炎疫情影响下,全球多种农产品价格持续上涨。从农产品价格变化趋势看,新冠肺炎疫情对各国农业生产带来了不利影响,尤其是在美国、加拿大、印度、巴西、阿根廷等全球重要的农产品贸易国,新冠疫情导致这些国家的农业生产出现问题,如员工短缺、运输不畅等,这些问题同时也引起了全球农产品价格的波动。此外,由于农业生产也受到时间影响,一旦因为疫情错过了农作物的正常生长季节,就会导致这些农产品的市场供给量不足,从而影响农产品的价格。在农产品国际贸易中,由于新冠疫情的蔓延导致各国疫情防控措施的缩紧,如限制货物进出境等将会导致农产品国际贸易难以开展,从而引起农产品市场供需的不平衡,进而影响农产品价格。

与2019年相比,国际主要农产品价格均有所上涨。从大类农产品看(见表4-5),联合国粮农组织(FAO)发布的FAO大类农产品价格指数,自新冠疫情发生以来,2021年的食品价格指数、肉类价格指数、奶制品价格指数、谷物价格指数、植物油价格指数、食糖价格指数比2019年分别增加了29.8、7.1、15.4、33.7、80.4、30.1个百分点。

表4-5 粮农组织食品价格指数

年份	食品价格指数	肉类	奶类	谷物	植物油	食糖
2018	95.9	94.9	107.3	100.8	87.8	77.4
2019	95.1	100.0	102.8	96.6	83.2	78.6
2020	98.1	95.5	101.8	103.1	99.4	79.5
2021	124.9	107.1	118.2	130.3	163.6	108.7

数据来源:联合国粮农组织(FAO)

4. 汇率呈双向波动

新冠疫情暴发以来,人民币汇率受美元指数、资本流入流出、国内经济恢复情况等的影响而出现波动,人民币对美元汇率中间价走势整体呈现升值趋势,但期间升值与贬值交替,呈现出双向波动的特征。从2019年年底至今,人民币对美元汇率中间价的走势大致可以划分为三个阶段:第一阶段是2020年1月到2020年5月30日,这一阶段人民币整体呈贬值趋势,汇率从6.9172逐渐上升到7.0986;第二阶段是2020年6月到2021年2月,在这一期间,人民币出现明显的升值趋势,汇率从7.0867逐渐下降到6.4602;第三阶段是2021年2月以来,在这期间,人民币升值和贬值交替发生,2021年2月到4月人民币有所贬值,5月到6月有所升值,7月到8月又有所贬值,8月之后,人民币又开始出现升值趋势,汇率由6.4772下降到6.3700(如图4-1)。

虽然目前人民币兑美元汇率在合理区间内波动,但由于国内经济下行压力、国外需求变化、国外货币政策变动等因素可能带来的影响,在未来仍应注意人民币汇率的变动情况,尤其是汇率对进出口企业、金融业等的影响。

5. 内需先抑后扬

新冠疫情对农产品内需的影响在短期出现了剧烈波动,但随着时间推移,中国经济运行恢复稳定,农产品进口额也逐渐变得稳定。首先是疫情初期,尤其是在2020年1月到2月,正是中国疫情的严重时期,国外部分国家对中国采取农产品贸易限制措施,加上我国国内各项政策措施的实行,居家消费成为主要生活方式,国内的农产品消费需求也受到抑制,在这一期间我国农产品进口额下降了约27亿美元,但随着疫情防控措施的落地、国内经济的恢复等,我国农产品进口额逐渐回升。在2021年,中国自"一带一路"合作伙伴进口农产品3265.5亿元,增长约26%。

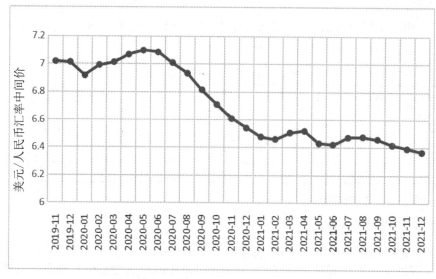

图4-1 人民币对美元汇率中间价走势

数据来源:中国货币网

此外,在农产品进口额中占比排名前列的农产品有:畜产品、食用油籽、水产品、水果、谷物等,其中畜产品和食用油籽的占比超过一半。"一带一路"合作伙伴是中国大米、小麦以及大豆等农产品的重要进口来源地,在"一带一路"合作伙伴中,我国农产品主要进口国有泰国、越南、印度尼西亚、马来西亚、俄罗斯等,目前这些国家的疫情还较为稳定,我国的农产品进口额也呈现出增长的态势。

6. 入境疫情防控与通关便利化举措交织

全球爆发新冠肺炎疫情,各国为了防止疫情传入,加大了对进出口产品的检疫力度,而进出境检验检疫的日趋严格也影响了国际贸易的开展和相关企业的运营。2021年1月17日,国务院应对新型冠状病毒肺炎疫情联防联控机制综合组制定了《进口物品生产经营单位新冠病毒防控技术指南》[①],主要针对进口

[①] 中国疾病预防控制中心.关于印发进口物品生产经营单位新冠病毒防控技术指南的通知[EB/OL].(2021-01-17).https://m.chinacdc.cn/jkzt/crb/yl/hrb_11806/zstd_11816/202101/t20210126_223933.html.

物品生产经营单位和生产经营重点环节,防止新冠病毒通过物流渠道由境外向境内传播。该指南对进口物品的管控要求主要从以下几个方面进行:一是对进口物品的源头进行管控,要求供应商提供许可证、货物入境检疫证明、新冠病毒核酸检测报告等,并建立进口物品全程追溯制度,一旦发现存在风险时能够及时对进口全链条进行追溯;二是对进口货物的装卸储运过程进行管控,严格实行"五查"并记录货物出入库信息;三是对进口物品的生产加工过程进行管控,例如对货物、包装等进行消毒和检疫;四是对进口货物的销售经营过程进行管控,加强对货物的核酸检测和预防性消毒,防止将新冠病毒带入市场中;五是定期对进口物品的单位进行新冠病毒核酸检测,制定应急处理方案,尽量控制疫情传播风险。

此外,农产品食品进口是保障居民生活必需品提供的重要途径,因此海关总署制定的《关于统筹做好口岸疫情防控和通关便利化工作措施清单》中对支持农产品食品进口方面提出了多项措施,其中有关检疫的措施主要有:加快农产品准入进程,即加快与相关国家之间的农产品检疫准入磋商;加快农产品、食品检疫审批,进一步授权各直属海关办理进境动植物检疫审批,加快对符合要求的进口食品的检疫审批,对相关的检疫审批事项做到随报随批,进而缩短办理时间。在重点口岸开辟农产品、食品进口绿色通道,实行24小时预约通关,优先检查和检测。①

4.3.2 新冠疫情下农产品出口供应链风险

1. 国内复工复产仍存阻力

2020年2月3日,中央提出"要在做好防控工作的前提下,全力支持和组织推动各类生产企业复工复产"。2020年3月4日,中央强调"根据疫情分区分级推进复工复产"。2020年4月8日,中央首次提出"全面推进复工复产"。2020年4月17日,中央政治局召开会议,指出"全国复工复产正在逐步接近或达到正常水平"。

在农业企业复工复产方面,农业农村部办公厅于2020年3月发布了关于进一步优化审批服务推动农业企业加快复工复产的通知,主要从简化审批手续、提高审批效率、推进网上办事和加强审批管理等方面为农业企业的复工复产提供便利。②此外,针对农业产业的龙头企业复工复产的难点问题,政府也推出相

---

① 中国政府网.统筹做好口岸疫情防控和通关便利化 海关总署制定"50条"任务清单狠抓落实[EB/OL].(2020-03-20).https://www.gov.cn/xinwen/2020-03-20/content_5493445.htm.

② 农业农村部.农业农村部办公厅关于进一步优化审批推动农业企业加快复工复产的通知[EB/OL].(2020-06-08).http://www.moa.gov.cn/nybgb/2020/202005/202006/t20200608_6346095.htm.

关措施来推动复工复产,例如:针对农民工返岗问题,政府通过"点对点"对接等方式引导农民工有序返岗;针对企业资金不足的问题,国家加大对这些企业的信贷支持以缓解企业的资金压力;针对产品物流运输问题,地方政府对急需的物资予以优先安排,加快畅通生活和生产物资的运输渠道。至2020年4月底,全国各类农业产业龙头企业9万家已经全面复工复产。①

尽管如此,国内不少地区农业经营主体仍面临不少现实问题。例如,农业用工尤其是家庭农场、果蔬专业合作社阶段性用工依旧紧张,虽然企业和政府都积极动员组织本地闲散劳动力作为应急补充进企业帮助生产,但依然存在招工难现象,一些从事田间劳作的经营主体,几乎招不到中青年劳动力,只有高龄老年人,这无疑给农企带来不小的用工风险。此外,国内外供销环节信息对接不畅,其他配套企业并未完全复工,部分密切合作企业在疫情中转型或退出,都为复工农企产品的加工、销售、配送等带来较大的不确定性。

2. 出境保鲜防疫要求升级

2020年初,新冠疫情的暴发使得生鲜农产品的供应和运输都受到巨大影响。一方面是生鲜农产品的生产端,由于交通管制和防疫措施使得农产品无法快速运输到销售端,加之各国的防疫措施使得国际物流也受到影响,生鲜农产品的保鲜也成为一大问题;另一方面是居民的生鲜农产品消费方式也发生了或多或少的变化,从线下的超市、菜市场转移到在线上平台进行生鲜农产品的消费。由于受到物流运输限制、防疫管制措施等的影响,生鲜类农产品在运输过程中的损耗率较高,因此对生鲜农产品出口过程中的运输和保鲜有着更高的要求。

在防疫这一方面,"一带一路"部分共建国家针对新冠疫情的扩散情况、禽流感的影响等出台了各项政策。例如:俄罗斯联邦兽医及植物卫生监督局于2020年1月29日宣布自2020年1月30日起,对进口到俄罗斯联邦及在联邦领土过境的各种外来及观赏性动物实施为期1个月的临时进口限令,其中包括的动物类别有:昆虫、节肢动物、两栖动物、爬行动物及其他类动物,以及来自中国的活鱼和水生生物。②在2022年2月14日,泰国畜牧发展司发布《泰国延迟从中华人民共和国进口或转运家禽或家禽肉类》的通知,规定延迟从中国进口家禽或家禽肉,除畜牧部认证的生产场所并经过世界动物卫生组织推荐的消除禽

---

① 农业农村部.农业产业化龙头企业加快复产打通产业链"堵点"稳产保供[EB/OL].(2020-03-14).http://www.moa.gov.cn/xw/bmdt/202003/t20200314_6338945.htm.

② 东方财富网.预警!重点国家出口限制,进口物资、船舶核查提醒[EB/OL].(2020-02-17).https://caifuhao.eastmoney.com/news/20200217062439249722440.

流感病原体过程的家禽皮毛,这一法规于2022年2月15日正式生效实施,有效期90天。①

3. 国外需求谨慎回升

在我国出口的农产品中,出口额占据前列的主要是水产品、蔬菜、水果和畜产品等。根据中国农业农村部的统计,中国对"一带一路"合作伙伴出口的农产品主要为蔬菜、水果、水产品等,在2021年,中国与共建国家的进出口贸易额达11.6万亿元,增长约23.6%,其中农产品贸易约占25%。

根据海关总署的统计信息,在我国的"一带一路"农产品贸易中,主要的贸易区域是东盟,在2021年中国与东盟国家的进出口额达5.67万亿元,占中国与"一带一路"合作伙伴进出口额的一半左右。此外,东盟国家在我国与"一带一路"合作伙伴的农产品贸易中所占比重也越来越大。

根据相关数据和资料显示,从我国向"一带一路"合作伙伴出口的农产品品类来看,中国对泰国出口量最多的农产品是蔬菜,其次是水果及坚果,第三是水产品;中国对越南出口最多的农产品是蔬菜,其次是水果及坚果;中国对印尼出口最多的农产品为食用水果及坚果,其次是蔬菜,第三是烟草及制品。

新冠病毒疫情暴发后,由于会对农产品出口相关的生产加工、物流运输等各环节产生影响,进而也可能影响到市场的需求。如在生产加工环节,由于疫情防控措施使得市场人员流动受到限制,农产品生产加工企业产能下降,从而对出口农产品的生产造成一定影响。在物流运输环节,为控制疫情的传播而采取的交通管控措施、检验检疫措施等在一定程度上导致农产品的物流运输受到限制。此外,在农产品出口的目标市场中,新冠疫情可能导致一些国家对农产品的进口采取限制措施,例如,在疫情暴发初期印尼限制从我国进口活体动物、蔬菜、水果等,或者由于国外消费者对存在疫情的农产品出口国存在一定的抵触心理,从而导致对进口农产品的需求下降。但随着新冠疫情的平稳,"一带一路"合作伙伴与我国的农产品贸易陆续恢复,甚至出现了逆势增长的态势。例如,在2020年,中国对泰国的农产品贸易出口额达42.8亿美元,同比增长约42%。

4. 沿线海运港口拥堵严重

海运在农产品国际贸易具有十分重要的地位,我国与"一带一路"合作伙伴的贸易中,海运这一运输方式占比较高,原因是海运成本低、容量大、覆盖面广等。但是受到全球新冠疫情的影响,国际航运受到很大的冲击,如航线减少、运

---

① 搜狐网.泰国继续延迟从我国进口或转运家禽或家禽肉类[EB/OL].(2022-02-16). https://www.sohu.com/a/523268937_121124407.

力降低、运价飙升、港口拥堵等。例如,在疫情初期,新加坡、澳大利亚等国先后出台了收紧靠港船只的规定,这些限制措施对于依赖海运的农产品国际贸易影响巨大,尤其是农产品的保质期较普通产品更短,港口拥堵会对农产品的保鲜质量产生一定影响。

在2021年,全球航运港口的拥堵仍然十分严重。从新冠疫情暴发导致相关的港口中断,到2021年3月份苏伊士运河的严重堵塞,港口拥堵情况目前仍未缓解。3月,苏伊士运河由于一艘超大型集装箱船被卡住而导致其遭遇了史无前例的大拥堵,这一拥堵的情况持续了近一周,但拥堵的影响却产生了连锁反应,拥堵传导到鹿特丹港等目的港口。港口拥堵的范围扩散到全球并持续恶化,这些港口的拥堵同时也导致海运的运价飙升、船舶运力降低、运输效率下降等连锁反应。港口拥堵是各大港口习以为常的现象,但是全球新冠疫情的暴发无疑加剧了港口的拥堵程度,如果疫情无法被有效控制,港口长期超负荷运转,这将进一步加剧港口的拥堵,从而导致船舶延误、货物无法按期到达,进而对国际贸易产生重大影响。

5. 船舶检疫程序更加严格

在我国的新冠疫情暴发初期,50多个国家对中国船舶或曾经挂靠中国港口的船舶采取了严格的防控措施,这造成船舶的停靠时间以及货物的装卸时间延长,也导致出口农产品运输与通关时间延长,加之农产品保质期与保鲜期较短,也有可能导致我国出口企业承担合同违约风险和额外经济损失;更严重的甚至可能导致船舶及船上相关人员被隔离或船舶被迫绕航,也将影响船舶租约和贸易合同的履行。

例如:新加坡海事和港口管理局(MPA)于2020年2月1日发布公告称,新加坡港对所有14天内停靠过中国大陆的船舶增加严格检疫程序,要求抵港船只必须在到达新加坡港口前24小时将海事健康声明提交给国家环境局(港口卫生处)。马来西亚卫生部则是在入境处采取了多项防范措施,要求所有来自中国的船舶都需要在指定的检疫区进行隔离,直到马来西亚卫生部官员对船舶进行检查为止。如果检查发现所有乘客和船员都健康,并且船舶卫生文件仍然有效,则允许船员和乘客下船和进行卸货活动。2020年2月3日,菲律宾卫生部发布公告,将在所有港口对来自中国和受疫情影响病毒高发国家的船舶采取严格管控措施,取消所有经停受疫情影响国家港口的船舶直接进入码头泊位的权利。印度尼西亚的中加里曼丹省、南加里曼丹省两省份设置隔离区对所有入港船舶,特别是从中国抵达的船只进行医疗检查(检查时间为6~10小时)。指定的隔离区位于离岸2海里处,船员在接受健康检查后,方可上岸。越南则规定从2020年2月4日起,所有在过去14天内从中国来港的船舶将被要求隔离在锚地并接受医疗检查等。①

4.3.3 疫情与海关监管合力作用下农产品进出境合规风险

疫情暴发初期,有一些国家实行关闭边境、停发签证或者出入境限制等政策,试图阻断新冠病毒从境外传入境内。例如,俄罗斯总理米舒斯京2020年1月30日宣布关闭远东地区边界,即俄罗斯与中国边界上的16个通关口岸从1月31日起被关闭,包括汽车和火车通关口岸。这些边境口岸有后贝加尔斯克(铁路)—满洲里(铁路)、后贝加尔斯克(公路)—满洲里(公路)、布拉戈维申斯克—黑河、波格拉尼奇内(铁路)—绥芬河(铁路)、波格拉尼奇内(公路)—绥芬河(公路)等;吉尔吉斯斯坦宣布自2020年2月1日起,临时关闭吉中边境口岸,暂停所有吉中两国间航班运营,并暂停向中国公民发放赴吉签证;2021年6月,由于马来西亚疫情的快速蔓延,马来西亚政府宣布自6月1日至6月14日起在全国范围内实施首阶段"全面封锁";2021年年末,由于越南没有控制好边境口岸地区的疫情,我国不得不加强对相关地区的疫情防控管理,并宣布自2021年12月21日零时起暂缓东兴口岸(含边民互市贸易区)人员、货物通关。只有少量货车能够通过友谊关口岸入境中国,但仍有许多的货物由于通关时间长、手续办理时间长等原因积压在友谊、新清、峙马口岸,这些货物大多是菠萝蜜、火龙果、西瓜、芒果、青香蕉、木薯淀粉、夹板、电子零件等。

上述国家对于出入境通道的封锁对农产品进出口而言,一方面影响了进出口贸易和物流运输,另一方面货物的积压和无法按时清关提货也影响了货物质量,由此产生的滞留费用还导致企业成本的增加。还有一个很重要的方面是,口岸的封锁,防控的趋严,价格的抬升,也使得有些农业购销主体难免产生投机或侥幸心理,转而利用其他非正规渠道进出,从而产生合规风险。

1. 水陆空通道的转换

疫情之下由于进出境陆路通道减少,加之受市场供给减少价格上涨的影响,有些商家通过"海(水)路"通道,将未办理正常报关和检验检疫手续的农产品偷运入境,企图获取暴利。2021年5月11日,广东湛江海警局在湛江市安铺港附近海域发现一艘可疑铁质货船,海警执法员随即登临检查。经询问,查获的84.9吨农产品价值约80.5万元,装运地点为境外某海域,货舱内载有百香果、

---

① 搜狐网. 世界各地港口对船舶入港检疫及管制措施最新信息汇总[EB/OL]. (2020-02-13). https://www.sohu.com/a/372808213_692404.

柠檬、地瓜等农产品,随船未携带任何报关手续和检验检疫合格证明。[①]另外,包括冻牛肉、猪肚、猪脚、鸡爪等在内的冻品也常常未经正常报关检疫手续,从水上渠道走私入境,对民众食品安全构成严重隐患的同时,也为农业购销主体带来合规风险。2020年,仅青岛海关立案侦办的农产品走私犯罪案件就达33起,案值达9.54亿元[②],而从全国范围来看,该数额还远不止如此。据海关总署通报,2020年全国海关加大打击冻品、食糖、烟草等农产品走私力度,全年立案侦办农产品走私犯罪案件1129起,案值达451.2亿元[③],其背后所折射出来的,是无数农业购销主体的违法违规操作。

2. 不同贸易方式的转换

线下商品交易受疫情影响较大,许多外贸企业通过线上渠道开拓国际市场以谋取生存的空间。政府也敏锐地察觉到了这一点,2020年1月13日,商务部电子商务和信息化司与22个伙伴国共同召开了"丝路电商"总结交流会,开启了"丝路电商"合作之旅。2020年6月18日,在"一带一路"国际合作高级别视频会议上,参加会议的各国代表确认在疫情冲击的背景下,各国需要加强在数字经济等领域的合作,并在电子商务领域培育新的经济增长点。因此,疫情使跨境电商迎来了新的发展机遇。据中国海关统计,2020年,仅跨境电商B2B简化申报商品规模就达6.58亿美元。[④]2021年1到5月份,全国跨境电商进出口超过7000亿元,增长36.9%,跨境电商5年间增长了10倍。从贸易伙伴看,2020年中国跨境电商零售进口来源地排名前十的分别为:中国香港、日本、韩国、美国、澳大利亚、荷兰、新西兰、德国、西班牙、英国。中国跨境电商零售出口目的地排名前十的分别为:马来西亚、美国、新加坡、英国、菲律宾、荷兰、法国、韩国、中国香港、沙特阿拉伯。[⑤]

在此背景下,许多商家开始利用跨境电商零售进口政策的漏洞,将原本为一般贸易成交的货物,改报为跨境电商入境,从而产生合规风险。农产品方面主要是干果、坚果、木耳、香菇、茶叶、米面、食品、冷冻水海产品等。我国海关对

---

① 张丹羊.百香果、柠檬、地瓜!广东海警查获一起涉嫌海上走私农产品案[N].广州日报,2021-05-20.

② 吕游.农产品走私为何"打而难绝"[N].吉林日报,2021-05-26.

③ 澎湃媒体.海关总署:去年共侦办农产品走私犯罪案件1129起[EB/OL].(2021-01-27).https://m.thepaper.cn/baijiahao_10972020.

④ 中国一带一路网.观察:2020年中国对外贸易分析[EB/OL].(2021-02-03).https://baijiahao.baidu.com/s?id=16906701806571653548&wfr=spider&for=pc.

⑤ 商务部电子商务和信息化司.中国电子商务报告(2020)[M].北京:中国商务出版社,2021:48-49.

跨境电商零售进口的监管在2016年之前基本都是按行李邮递物品验放和处理,税收按行邮税征收。2016年"四八新政"之后,跨境电商的监管相对规范化,传统披着"行邮"外衣的代购和海淘(C2C模式)逐渐被相对规范的运行模式(主要是B2B或B2C)所取代①,跨境电商行邮税改为跨境电商综合税,之后进口环境增值税、消费税多次下调,但总的要求是,跨境电商零售进口B2C模式下境内购买者必须是最终消费者,单次交易在人民币5000元以内,并在个人年度交易限值人民币26000元以内的,关税税率为0,进口环节增值税、消费税按法定应纳税额的70%征收。例如,一件增值税为13%的普通消费品,以跨境电商方式进口按七折后的综合税率大多为9.1%左右,而以一般贸易方式进口,其"关税+增值税+消费税"的综合税率至少在20%。这种情形下,许多农产品购销商家,本来与外商是以一般贸易方式成交的,由于疫情之下许多口岸货物通关监管政策趋严,将本属于B2B的商品,以跨境电商零售进口的名义和方式申报进口(海关监管方式代码"1210"或"9610"),享受本不能享受的优惠税率,甚至还能逃避有关商品首次进口许可批件、注册或备案要求。根据《关于完善跨境电子商务零售进口监管有关工作的通知》(《六部委486号通知》)《中华人民共和国海关法》《中华人民共和国食品安全法》等,这些逃避海关监管、偷逃应纳税款的行为都属于走私行为,将为购销主体带来行政合规风险,例如,(2021)渝民终66号判决书中的案件,情节严重、偷逃应缴税额特别巨大的甚至构成刑事合规风险,例如,(2020)粤刑终25号、(2020)粤刑终550号、(2020)粤刑终892号裁定书中的案件等②。

3. 不同进出境渠道的转换

经济贸易活动中,进出境的实体主要涉及货物、物品及运输工具等海关监管范畴。根据《中华人民共和国海关法》第二条,海关是进出境监督管理机关,依法对进出境的运输工具、货物、物品(行李物品、邮递物品和其他物品)进行监督管理。其中,"货物"的进出境主要通过装载货物的运载工具如船舶、车辆、航空器来实现,"物品"由于其"非贸易、非盈利"和"自用、合理数量"性质③,其进出境流动则主要通过人员、驮畜或边境小型运载工具来完成。而事实上,完成"物品"进出境的主体,在不同的行政属地或逗留的不同时长条件下均可享受不同程度的优惠政策,1996年4月1日生效的《边民互市贸易管理办法》(海关总署令

---

① 戴明辉."非贸"性质行李邮递物品进出境的海关监管[J].深圳大学学报(人文社会科学版),2018(2):65-72.

② 参见中国裁判文书网。

③ 参见《中华人民共和国海关行政处罚实施条例》附则第六十四条。

第56号)至今仍然有效,其第5条规定,边境地区居民每人每日从边境口岸或从边民互市贸易区(点)内带进的物品,价值在人民币1000元以下的,免征进口关税和进口环节税。除此以外,我国沿边省份黑龙江、内蒙古、新疆、广西、吉林、云南等均曾出台过有关于边民互市贸易的优惠政策。例如,根据广西壮族自治区东兴市人民政府2009年5月26日印发至今仍有效的《东兴边民互市贸易区管理规定(试行)》第11条,边民每人每日8000元人民币(含8000元)以下的互市商品免缴关税和进口环节税。世界经济格局本就被突如其来的新冠疫情击打得混乱不堪,在各国边境口岸防控政策不确定性加大、兴边富民政策有力推进的大背景下,许多购销商家认为是否合规和采用何种方式保证商品进出境已经不太重要,重要的是,购销或盈利目标必须实现才能保证企业的生存。因而,有的农业经营主体将原本应以一般贸易征税进口的货物改换和伪报成边民互市贸易,利用边民依法享有的税收优惠政策,将农产品偷运入境。2021年2月,天津海关缉私部门查获和摧毁一个粮食走私犯罪团伙,该团伙自埃塞俄比亚、苏丹、印度等地采购花生,绿豆、亚麻籽等农产品转运至越南,然后改换包装和伪报原产地,利用边民每人每日8000元的免税限额,将这些农产品以"蚂蚁搬家"的方式走私至广西境内,再销往全国各地。该次查证的走私农产品8万余吨,案例约3.5亿元人民币。①还有的,甚至利用居民旅客进出境所享有的个人自用物品限额(5000元人民币以内)②,在境外将大批货物"化整为零",以居民旅客的身份分批携带入境,然后"化零为整"集中销售牟利。2021年5月,拱北海关连续查获67名旅客违规携带麒麟果进境,合计近680公斤,其背后牵涉众多个人、企业等农业购销主体的违规操作。

---

① 海南省人民检察院. 案例约3.5亿元!天津海关查获近年来最大一起粮食走私案[EB/OL]. (2021-02-26). https://www.hi.jcy.gov.cn/webSite/module/M101/view/678243/00500008.

② 参见中华人民共和国海关总署公告2010年第54号。

第5章 我国与"一带一路"沿线区域农业购销风险的质性研究

5.1 质性研究方法

5.1.1 质性研究方法概述

质性研究作为一种与量化研究相对应的研究方法,在社会科学研究领域开始被越来越多的人所关注。所谓"质",就是指一件事物是什么(what)、怎么样(how)、何时(when)和何地(where)等[1],也隐含着"过程"和"意义"等意涵。质性研究的英文表述"qualitative research",也被译为"质的研究""质化研究""定性研究",在我国人类学界通常被称为"文化人类学方法",在社会学界通常被称为"定性研究",但它与一般意义只用思辨方法所进行的定性研究不同,有深入实地、收集一手资料、开展经验研究的要求。[2]从定义来看,中国质性研究代表人物陈向明认为,质的研究是以研究者本人作为研究工具,在自然情境下采用多种资料收集方法对社会现象进行整体性探究,使用归纳法分析资料和形成理论,通过与研究对象互动,对其行为和意义构建获得解释性理解的一种活动。通常情况下,质性研究是以解释现象为导向的,其焦点是要构建和维持复杂的和有意义的微小差别过程,目的是引出经历和行为的脉络化的本质,并试图对其进行深度分析。[3]质性研究的具体实施需要依赖现象学、心理学、符号互动论等理论,以及专家座谈、焦点访谈、叙事分析、民族志等技术方法。质性研究虽然并不适用于所有的研究场景,但

---

[1] Berg, B L. Qualitative Research Methods for the Social Sciences[M]. Boston: Allyn&Bacon, 1998.

[2] 陈向明. 质性研究的新发展及其社会科学研究的意义[J]. 教育研究与实验, 2008(2): 14-18.

[3] 普拉尼·利亚姆帕特唐, 道格拉斯·艾子. 质性研究方法:健康及相关专业研究指南[M]. 郑显兰, 等, 译. 重庆: 重庆大学出版社, 2009: 2.

McDonald 和 Daly[①]断言,质性资料分析是必须的,尤其是当研究者对所要探索的领域了解不多时。而且,质性研究所记录的世界来自于被研究人群的观点,而不是研究者的观点,因此,其资料也是值得信赖的。[②]当前,《建设"一带一路"农业合作愿景与行动》发布仅几年时间,广大农业对外合作主体在购销环节均面临各种不确定性,而且经验积累几乎是一片空白。因此,采用质性研究方法对该领域相关问题展开分析值得尝试。

5.1.2 质性研究的主要步骤

由于不同的认识论、本体论和方法论,质性研究与量化研究有许多不同之处,包括研究步骤、研究过程、理论依据、检验方法等。此处仅简要介绍哈贝马斯(Habermas,1968)三种研究设计模式之一的循环式建构主义研究模式(图5-1)。以此模式从事研究的研究者主要探究人们的符号、解释和意义的建构,故必须进入他们的演出。他们认为没有所谓"绝对真理",所有的知识都是与情境脉络联结的,扎根在情境中。因此,这个模式的研究步骤,是不断地循环在"经验、规则"→"发明、设计"→"发现、资料收集"→"诠释、分析"→形成理论解释(解释、理论)→回到经验(经验、规则)的循环体系之中[③]。

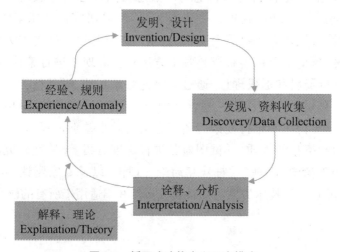

图5-1 循环式建构主义研究模式

---

① McDonald I, Daly J. Researching Health Care: Designs, Dilemma, Disciplines[M]. London: Routledge,1992:213.

② Hammersley M. Deconstructing the Qualitative-Quantitative Divide[C]//Mixing Methods: Qualitative and Quantitative Research. Aldershot: Avebury,1992:45.

③ 范明林,吴军,马丹丹.质性研究方法[M].上海:格致出版社,2020:25.

5.2 扎根理论方法及程序

5.2.1 扎根理论方法与适用

扎根理论最早可追溯到巴尼·格拉泽(Glaser)和安塞尔姆·施特劳斯(Strauss)两位志趣相投但背景各异的美国学者。他们一起研究了医院中的死亡过程,并出版了象征着社会学研究方法转向的"扎根四部曲"——《觉知死亡》(Glaser, Strauss, 1965),《发现扎根理论》(Glaser, Strauss, 1965),《死亡时间》(Glaser, Strauss, 1968),《地位传递》(Glaser, Strauss, 1971)。在1967年合作出版的《发现扎根理论:质性研究的策略》一书中,他们旗帜鲜明地挑战了当时量化研究作为主导地位的方法论共识,提出了质性研究的系统策略——扎根理论,该理论融合了社会学中两个互相矛盾且彼此竞争的学术传统。格拉泽在哥伦比亚大学接受的是严格的量化训练,遵循的是实证主义哲学逻辑,施特劳斯在芝加哥大学攻读博士学位时所奉行的是实用主义哲学传统,他们俩把冷静的经验主义和行动的构建结合起来,主导了整个20世纪后半期的"质性革命"。[①] 扎根理论在演变过程中虽经历经典扎根理论、程序化扎根理论和构建主义扎根理论等不同发展阶段,在是否应摆脱"实证主义"束缚,以及是否应受到已有学术训练的干扰等问题上存在一些分歧,但它们的共同倾向之一是反对社会科学研究中的"演绎—验证"逻辑,主张以逐级归纳的方法从经验材料中创造出理论,而不是从已有知识体系中演绎推导出理论命题,其中,访谈记录是其所处理的主要材料。[②]

虽然扎根理论并不完全仅仅是指研究方法本身,有时也指一种程序或态度,但我们在以扎根理论作为研究方法进行问题探索时,一般应遵循如下原则[③]:

首先,如果某一领域存在问题,但缺乏解释或解决的方法,则扎根理论是一种较为理想的方法;

其次,如果某一领域未经太多研究和理论化,也就是该领域为新的洞见和视角生成提供了施展空间,则扎根理论同样是较为理想的方法;

再次,研究者如果有充足的时间可以使用扎根理论,且不满足于对现象快

[①] 凯西卡麦兹. 建构扎根理论:质性研究实践指南[M]. 边国英,译. 重庆:重庆大学出版,2017:11-13.

[②] 吴肃然,李名荟. 扎根理论的历史与逻辑[J]. 社会学研究,2020(2):85.

[③] 伍威弗里克. 扎根理论[M]. 项继发,译. 上海:格致出版社,2021:15.

速省事的分析,则应该做扎根理论分析;

最后,如果研究者对经验探究有充足的准备,而对既定的详细规则有较少的期望,也可以使用扎根理论。

5.2.2 扎根理论的操作程序

Pandit(1996)在其《The Creation of Theory: A Recent Application of the Grounded Theory Method》一文中,结合他本人所研究的问题,提出了五个阶段共九个步骤的操作流程,具体如表5-1。当然,不同的理论构建在步骤上并不完全相同,例如,横向理论构建就比纵向理论构建要少一个步骤,即无须对事件进行先后顺序排列[1]。如果仅就数据分析和理论构建而言,核心操作程序实际上也可考虑以下五个方面[2]:

(1) 从资料中产生概念并对资料进行逐级登录;

(2) 对资料和概念不断进行比较,系统地询问与概念有关的生成性理论问题;

(3) 发展理论性概念,建立概念与概念间的联系;

(4) 理论性抽样,系统地对资料进行编码;

(5) 构建理论,力求获得理论概念的密度、变异度和高度的整合性。

其中,对资料进行逐级编码是扎根理论中最重要的一环,具体包括开放性编码(Open Coding)、主轴编码(Axial Coding)、选择性编码(Selective Coding)三个级别的编码过程。

表5-1 构建扎根理论的流程

阶 段 / 步 骤		活 动	基 本 原 理
研究设计阶段			
第一步	文献回顾	定义研究问题	集中精力
		先验构念的界定	约束不相关的变量提高外部效度
第二步	选择案例	理论而非随机抽样	专注于理论上有用的案例(例如那些验证或扩展理论的案例)

---

[1] 王璐,高鹏.扎根理论及其在管理学研究中的应用问题探讨[J].外国经济与管理,2010,32(12):10-18.

[2] 陈向明.扎根理论的思路和方法[J].教育研究与实验,1999(4):58-63.

续表

阶段／步骤		活动	基本原理
数据收集阶段			
第三步	设计严格的数据收集计划	创新案例研究数据库	提高信度提高结构效度
		使用多种数据收集方法	通过三角验证增强理论基础,提高内部效度
		质性和量化数据	协同作用的证据观
第四步	进入田野	重叠数据收集与分析	加速分析并挖掘有助于数据收集的调整方案
		灵活变通的数据收集方法	允许观察者利用紧急主题和独特的案例特征
数据整理排序阶段			
第五步	数据整理和排序	按时间顺序排列事件	简化数据分析,允许对流程进行检查
数据分析阶段			
第六步	分析第一个案例的数据	使用开放性编码	发展概念、范畴和属性
		使用轴心编码	发展范畴与副范畴之间的联系
		使用选择性编码	整合范畴构建理论框架 所有形式的编码都助于提高内部效度
第七步	理论抽样	不同案例之间文字和理论的复制(回到第二步直到理论饱和)	确认、扩展和强化理论框架
第八步	完成项目	可能的情况下实现理论饱和	当边际改进变小时结束流程
文献比较阶段			
第九步	新构理论与已有理论的比较	比较冲突的框架	改进概念定义从而提高内部效度
		比较相似的框架	通过构建研究发现所能够被推广的领域,提高外部效度

表 5-2　数据来源与用途

数据集编号	数据源	采集区域	单次最长	用途
a	YF 食用菌科技有限公司访谈录音	试验区	2 小时 59 分 28 秒	建模
b	YD 有限公司访谈录音	试验区	1 小时 23 分 49 秒	建模
c	STY 有限公司访谈录音	试验区	1 小时 35 分 11 秒	建模
d	BL 国际贸易有限公司访谈录音	试验区	1 小时 38 分 35 秒	建模
e	政府、学界及其他企业和个人零星访谈录音和笔记	试验区、其他沿海沿边区域及内陆省区	3 小时 49 分 39 秒	建模
f	HW 现代农业发展有限公司访谈录音	试验区	2 小时 44 分 49 秒	检验
g	DY 食品有限公司访谈录音	试验区	49 分 56 秒	检验

5.3　案例选取与资料收集

5.3.1　案例区域选取

当前,我国参与"一带一路"农业国际合作大的背景和顶层设计主要表现为:2017 年 5 月,原农业部、国家发改委、商务部、外交部等四部委联合发布《共同推进"一带一路"建设农业合作的愿景与行动》,从机制上对"一带一路"农业合作进行了部署和安排,明确了"合作重点"和"对接重点区域",规划实施了"七大重点工程"。[1]原农业部还在沿海、沿江、沿边等条件成熟地区认定建设了首批 10 个农业对外开放合作试验区和 10 个境外农业合作示范区(简称"两区")[2],以促进农业对外合作,加快推进"一带一路"建设。

为尽可能涵盖"一带一路""农业国际合作""购销风险"等主题元素,本书在样本区域的选择上兼顾了两个方面:一是原则上优先从以上"两区"中选择访谈对象,由于"两区"建设的宗旨就是为了贯彻党中央国务院关于促进农业对外合

---

[1] 农业农村部.共同推进"一带一路"建设农业合作的愿景与行动[EB/OL].(2017-05-12).http://www.moa.gov.cn/xw/zwdt/201705/t20170512_5604724.htm.

[2] 农业农村部.农业部关于印发《农业对外合作"两区"建设方案》的通知[EB/OL].(2017-11-25). http://www. moa. gov. cn/nybgb/2016/shierqi/201711/t20171125_5919532.htm;农业农村部.农业部关于认定首批境外农业合作示范区和农业对外开放合作试验区的通知[EB/OL].(2017-08-04). http://www. moa. gov. cn/gk/tzgg_1/tz/201708/t20170804_5769832.htm.

作总体精神、加快推进"一带一路"建设和农业走出去①,因而其"血统"上"天然"具备典型性;二是在"两区"以外的其他地区,同样有大量涉农企业与"一带一路"沿线存在着广泛的合作往来,条件允许的情况下也选取部分对象作为数据的补充来源,以提升样本的多样性②。综合考虑国内外环境③,以及资源的可获得性,我们最终选取了山东潍坊、江苏连云港、黑龙江东宁等首批国家农业对外开放合作试验区,以及内蒙古、海南、云南、新疆等沿海沿边省区,和江西、安徽等内陆省区为样本区域,对区域内与共建国家有涉农合作项目购销往来的生产型企业、流通型企业及其产业链供应链上的部分企业负责人进行实地访谈。最后将访谈数据汇总编号,从中随机抽取两组数据作为理论饱和度检验,其他部分用于模型构建(表5-2)。访谈样本量方面,虽然理论上样本越多越趋于饱和,但实际操作中,许多研究的访谈量大多在20~30之间④,最多的超过100达114人⑤。本书结合研究范围、现象敏感度和个人能力,最终的访谈样本人数为80人(表5-3)。

表5-3 访谈样本基本信息

特征	属性	人数	百分比(%)
性别	男	64	80
	女	10	12.5
职业	公务员	16	20
	央企及行业协会	7	8.75
	农业企业高层管理者	10	12.5
	农业企业部门负责人	3	3.75
	非农但涉农业务企业管理者	9	11.25

---

① 参见《农业部关于认定首批境外农业合作示范区和农业对外开放合作试验区的通知》(2017-08-04)。"两区"中的境外部分涉及塔吉克斯坦、莫桑比克、坦桑尼亚、乌干达、吉尔吉斯斯坦、苏丹、老挝、柬埔寨、斐济、赞比亚等十国;境内部分涉及海南琼海、中国热带农科院、江苏连云港、吉林食品区、新疆吉木乃、广东饶平、山东潍坊、黑龙江东宁、山东荣成、天津滨海等十个沿海、沿江、沿边省区。

② 例如,笔者在潍坊调研期间发现,以潍坊农业对外开放合作试验区为平台所承办的投资贸易洽谈会上,其他试验区政府不仅会组织区内企业过去洽谈和寻求机会,政府本身也会派代表团过去支持和接棒,让此类活动首尾相连,遥相呼应。

③ 数据收集中后期正是全球新冠疫情形势最为严峻的时期。

④ Fassinger R E. Paradigms, praxis, problems, and promise: Grounded theory in counseling psychology research[J]. Journal of Counseling Psychology, 2005, 52(2):156-166.

⑤ Thomson S B. Grounded Theory-Sample Size[J]. Journal of Administration and Governance, 2010, 5(1):45-52.

续表

特征	属性	人数	百分比(%)
	农业流通、贸易、批零负责人	18	22.5
	专家学者	14	17.5
	司机	3	3.75
总计		80	100

5.3.2 资料收集

为使访谈资料更有信度和效度,本文采用理论抽样和目的抽样进行。首先,课题组按照研究计划,在政府部门的协调安排下先后预约访谈了样本区域内与沿线地区有投资购销往来的部分涉农生产企业与商贸流通企业,对他们的单次访谈录音最长近4个小时,对某些企业持续跟踪采访近三年时间。其次,从2017年开始,本书课题组便以国家课题为依托,聚焦"'一带一路'农业"主题,通过研修班、学术会议、农业博览会、农业投资促进会等平台,广泛接触与农业国际合作相关的职能部门、学界和企业界,听取他们对于农业国际合作风险的不同见解。例如,在商务部研究院第三期深化与共建国家经贸合作专题研修班(2018,满洲里)、"一带一路"经贸合作与跨境贸易高质量发展专题研修班(2021,乌鲁木齐)、农业对外投资合作暨"一带一路"国家双向投资促进会(2019,潍坊)、首届"一带一路"基建供应链绿色发展论坛(2019,北京)、"一带一路"农业文明学术研讨会(2018,昆明)、第四、五届海外农业研究大会(2020、2021,北京)、国际绿博会(2017,南昌)等平台,课题组现场接触和采访了商务部研究院、中国社会科学院、中国俄罗斯东欧中亚学会、中国联合国采购促进会等机构的专家和学者,中国路桥集团、国合、中土、中铁、中交建、中煤、中外运、雅鹰船务等"一带一路"涉农贸易运输项目的主要负责人,商务部(厅、局)、农业农村部、海关总署、自贸试验区、农业综试区、农业对外开放合作试验区、保税港区等部门的官员,以及农博会绿博会中"一带一路"展区众多一线外贸业务人员,对其中的部分人员进行了专门访谈和录音,最终形成约10万字的录音和笔记,为课题研究积累了大量的一手资料。以上访谈对象都来自与农业高度相关的研究机构、政界、学界和产业界,还有一线物流司机、外贸业务员、粮农、菜农、林农、果农、豆农、耳农等,他们都是农业国际购销产业链价值链和供应链的有机组成部分,反映了不同层次、不同行业、不同环节、不同视角的声音,具有较为广泛的代表性。

访谈之前一般先准备提纲,并视即将访谈的对象和场景决定不同的访谈策略。如对于农业对外开放合作试验区、综试区、商务局、经济开发局等负责人,生产型企业、流通型企业负责人,一般提前电话预约或通过中间人预约[①],告知其访谈意图、主题和研究背景,以便其有所准备。对于一线农民或从事农产品物流配送的一线司机等,则采用开放式访谈,以随机轻松的方式与其展开对话。虽然扎根理论中的部分学派主张研究者不应该用任何先入为主的概念和假设来引导数据的收集[②],但作为扎根理论的初学者,而且也是接受过其他方法论训练的学术人员而言,在研究某一问题之前不可避免地要先去查阅有关问题,脑海中难免会带有学习和思考的痕迹[③],正如Goulding所指出的,没有一个人会从一张完全空白的白纸开始进行研究[④]。本书课题组基于对贸易实务领域先验知识的理解,即国际购销实操活动大体均可分为前期准备、磋商与合同订立、合同履行三个阶段[⑤],在访谈时主要涉及以下方面:① 引导政府受访者陈述其在为走出去、引进来的农业企业搭建平台时出现过什么问题,或者企业受访者陈述其在国内和海外经营中是通过什么渠道选择合作伙伴并与之达成购销合作关系的。例如,某企业老总表示,几年前随商务厅一位处长考察埃及时与当地有影响力的华商建立了联系,然后再通过华商与非洲本地客户建立了往来关系,但由于海外商会或境外协会组织机构不完善,没能很好地处理该公司与埃及合作伙伴及社区的关系,导致几笔销售业务夭折了,在场的政府工作人员也承认了这一事件。② 引导企业受访者陈述其在与客户达成交易前期或达成交易订立合同时遇到过哪些不确定性事件(谈判、签约、招投标等)。例如,一家牛羊肉进口企业表示,调查工作做得不够到位,曾与资信并不可靠的客户达成过交易,一笔预付货款打过去,结果财货两空;还有一家花卉出口企业与客户谈判时,对方派出的不是主要人员,真正的负责人在与另一家企业交涉,结果把己方的商业信息套走用来抗辩另一家企业。③ 引导企业受访者陈述其执行合同过程中在海内外遇到过哪些有关备货、仓储、运输、通关、保险、结算等方面的问题。例如,一家紫菜出口企业负责人表示,自己的产品出口韩国

---

① 如对农业农村部国际合作司顾卫兵处长、潍坊国家农业开放发展综合试验区管委会常务副主任于冬菊等的访谈。

② Shah S K, Corley K G. Building Better Theory by Bridging The Quantitative-Qualitative Divide[J].Journal of Management Studies,2006,43(8):1825-1835.

③ 费小冬.扎根理论研究方法论:要素、研究程序和评判标准[J].公共行政评论,2008(3):23-43.

④ Goulding C. Grounded Theory: a Magic Formula or a Potential Nightmare[J]. The Marketing Review,2001(2):21-34.

⑤ 吴百福,徐小薇,聂清.进出口贸易实务教程(第八版)[M].上海:格致出版社/上海人民出版社,2020:8.

时,属地海关关员不熟悉业务,并坚持认为产品税则号有误,严重影响了自己货物的通关时间,他准备起诉当地海关和涉事关员;一位食品流通企业负责人表示,季节和运输条件会影响供货,她冬季向俄罗斯供应商下订单后,对方有时会等半年以后才发货,天气太冷了,而且在装车时,运输方一般也要等到装满一卡玛斯的量才会发货,这就有时会耽误她这边的零售时机。④ 引导企业负责人陈述其海外机构在当地采购和销售时都遇到过什么风险。例如,一名在东欧国家生产销售食用菌的国内企业负责人表示,从国内罐袋运过去在那边出菇销售,但当地政府要求办理销售许可证,而如果按该国常规效率,许可证办下来可能需要3年时间。

由于访谈对象来自政府、生产企业、流通企业、货运司机、农民等不同群体,访谈场景具有多维性、多元化等特点,有的以正式的会议形式展开,有的在政府工作人员的办公室,有的在机器轰隆的货柜场或生产车间、有的在人声鼎沸的货摊店铺或展馆,或是公路旁的田地、苗圃里,因此,每访谈完一次,回到住处一定要整理思路,完善笔记。在计划展开调研的初期,先请几位专家和农业对外合作中心负责人对整体方向进行把脉,通过两个场次的焦点会议,对我国开展农业国际合作中各个阶段和各个层次的购销风险进行了深入分析,对有关概念进行了补充。调研结束后,又请该领域有影响力的专家和业界人士对理论模型的饱和度进行了讨论。焦点会议以半结构化形式进行,先由本人对相关背景和情况作简要交代,随后由与会人员对所提问题作自由陈述和发言,直到形成基本一致的意见。

资料的收集自始至终是动态的和不断补充完善的。在对所获"数据"进行反复比较、分析和提炼过程中,对于表述不清或意思表达不够充分的情况,采用三角测量法,通过回访、重新梳理资料、网页搜索或文献挖掘来加以补充和核实,以确保数据的可靠性,提高所提炼概念和范畴的质量。此外,在具体收集数据和访谈过程中,为减小访谈对象因疑虑心理给资料带来的偏差,一般先说明来意,由中间人告知此行非行政调研而是学术调研,这样的氛围之下企业才会畅所欲言,从而保证资料的信度。

5.4 范畴挖掘与提炼

编码过程中,为检验调研访谈的内容是否按照预先计划的主题展开,即从访谈对象的谈话录音中所得到的信息是否与研究对象相匹配,借助NVIVO11软件对所获取的录音文本展开词频搜索,将无效词纳入停用词后得到的词语云图如图5-2[①]。

图5-2 访谈材料文本词语云

从云图来看,收集的数据中出现频率最高的词分别是"企业""政府""东道国""产品""市场""行业""政策""客户""采购""海关""运输"等,说明所获数据与主题是高度吻合的。编码是扎根理论的核心环节,而且随着调研的展开一直持续,程序性环节如下。

5.4.1 开放性编码

实地访谈时,由于部分访谈对象的表述习惯、意识流和难以避免的乡音,直接将录音材料转译过来的原始语句中,有许多是无法理解甚至语无伦次的陈述句。为尽量遵循扎根研究中的原生编码(In Vivio)原则,保留原有语义风格,调研小组先对录音进行充分讨论交流,研判访谈对象陈述过程中的真实想法,然后对原始语序作适当调整和精减,截取其中的核心词句而不作概括性提炼,以避免研究人员自己的主观意见对编码造成影响,由此得到现象摘要;对现象摘要中相同或意思表达相近的内容进行反复斟酌、整理、提炼和挖掘,得到1444个初始概念(表5-4);结合研究目的,对初始概念中归因相近、属性类别趋同、指向一致性较高的概念进一步比对、打碎、合并、提取、汇总,剔除与主题相关性不强甚至相互矛盾的概念,得到19个范畴,分别是:企业家特质、人力资源、企业文化、财务能力、执法司法、服务体系、宏观条件、中观产业、建设运营、沟通协作、交易标的、机制条款、展会筹备、采购生产、客户管理、流通便利、营销对接、运输保险、通关交付(表5-5)。

[①] 实际上,对访谈材料的词频搜索是在完成数据采集和编码之后,但为了保持扎根程序的完整性,此处提前展示。

表 5-4 开放编码过程例举

原始语句	现象摘要	初始概念	范畴
那我们是86年,86年我从福建到无锡,当时呢主要还是从我们家乡那边拿一些干的农产品,比如说笋干啊,还有香菇啊,木耳啊,木耳啊,都是把那些拿到无锡来进行一些批发、售卖	我于1986年从福建转战无锡;从家乡带农产品,如笋干、香菇、木耳到无锡批发、售卖	a5创业初期的艰辛;a6销售渠道和途径	A1企业家特质;A16营销对接
我们当时呢(在白俄罗斯)是请了一个州里面的,相当于商务局的局长,他介绍了一个会计律师给我们,过来招商的,他介绍了一个会计律师给我们,过来招商合作有一些招商或其他关系嘛,过来这个人又当我们的律师,又当我们的会计师,那结果呢所有的钱我都可以调动的了,公司我还调动不了	我借助东道国官方关系聘请当地人员担任公司法务人员要职;地当官员推荐亲属;他在我们海外公司既担任律师,也担任会计;公司的财权几乎失控	a357海外公司法务人员聘用;a358地当官员推荐亲属;a359一人身兼不同要职;a360权力几乎失控	A2人力资源
那现在是一个什么问题呢,你现在呢存货这一块你摆在那里,现在那边相当于还是天天下雨啊,现在呢是雨季,雨季呢就雨很多,那雨很多你没办法晒,以前冬季的时候外面还有阳光可以晒,那烘干的香菇和烘干的香菇天差地别的,对吧,因为你一天晒不干的话你要晒一周,晒十天才能晒干,那晒得都变黑了	白俄罗斯的雨季会影响菌菇存货的品质;雨季不便晾晒菌菇的利弊;冬季有阳光可以烘干,但雨季雨季可以烘干菌菇;反复晾晒会使菌菇的品相发黑;晒干和烘干的菌菇差异很大	a334季节影响农产品存货品质;a335雨季节存货品质;a336雨季可以烘干的利弊;a337不同干燥工序的菌菇品相差异;a338同一干燥工序叠加对品相的影响	A11交易标的

152

续表

原始语句	现象摘要	初始概念	范畴
我们在白俄罗斯的蘑菇厂，按照他们的要求设计下来要200万美金，按了算相当于1400万，这还只是一个厂房，那要再去建这个厂房，估计没有1个亿是拿不下来的。还有，我们不是金华，快要烂的菌包，那些不太好的，坏了的，把它堆在一个角落，他们说这是不允许的，要及时找环卫部门清理掉，多少钱呢？一车就要500卢布，相当于人民币1750,那我说项目没法弄了	我们在白俄罗斯投资的蘑菇厂按他们的要求光设计费就需1400万；连建设安装检测等费用在内至少1个亿；坏了的、快烂的菌包也不能随意堆放，环卫部门清理一车的费用就得1750元左右；项目不得不暂时搁置	a203海外项目生产废弃物处置要求；a204易腐农产品废弃物的堆存处理；a205及时清理垃圾；a206海外垃圾堆放清理费；a207项目的海外设计费；a208海外检测建安费；a209项目超额投资	A9建设运营
对，我们当时我记得很清楚。我第一车厢是我跟着车子，我家就在马路边上，然后货装好了就在那里拦过路车。在那里，然后就拦，拦了一周左右，然后一辆车子就同意帮我们把货拉去金华，然后金华后面还要跑到无锡。然后呢就这样的，情况下，我们就拦了一辆车子，但那时候货车跑多运猪，运的猪、生猪运到福建去，把他车子洗得干干净净然后再把香菇装上去	货源地靠近马路边；装好后挂牌拦过路车；因信息闭塞机接车一周后才有回程车，生猪货车运送特征	a97货源地距主干道距离；a98搭载标志提醒；a99载货响应周期；a100运载运输工具上一程货物特征	A18运输
风险方面首先和首要的是配额问题，双方技术标准对接等问题，像白俄罗斯刚来北京让我们开放配额，其他各国最关心的也是配额，很敏感。	海外农业购销风险中首当其冲的是配额问题；双方技术标准的对接问题；人员的签证问题；白俄罗斯不久前就向我国政府要求放开农产品配额	e52农产品配额的开放；e53人员的签证；e54技术标准的对接	A15流通便利

续表

原始语句	现象摘要	初始概念	范畴
但是我们买了两个旧箱子就花了5500欧,这个还不算大哈,然后回来时到了海关的时候清关不了,它们海关呢要按照这个新的集装箱来交税,那要交多少钱呢,那要交12万欧,12万欧的关税跟增值税,因为这个集装箱人价是20多倍,做的也值不了几万欧吧,然后我说它们这个不合理,它们说你这个没办法,那就搁在那里	海外公司高价从欧洲购入旧的冷藏集装箱;人境白俄罗斯海关要求按新箱缴税清关;仅进口税费是购入价的20多倍;质疑白俄罗斯海关审价的合理性;不按规定缴税装箱滞留海关	a285 海外公司从第三国进口;a286 旧货以新货标准报关进口;a287 东道国高额进口税费;a288 东道国不合理的海关审价制度;a289 货物设备在海关的滞留	A14 采购生产;A19 通关交付
比如说,我向他们订购10个柜的集装箱,他们是没有现货的,他们也要去牧场收购,屠宰,分割,加工,包装,检验检疫等。但是,南美那些国家,包括中亚那些国家,它们有一个共同的特点,就是它们都穷,缺钱,连收牛的钱都没有。所以一旦签了合同后,就要我们打40%的订金给它们	向客户下发批量订单,沿线很多国家的客户资金并不充裕;它们向上游供应商收购货源的资金缺乏;供应商前端涉及收购屠宰加工包装检验等环节;合同一旦我们订立就需预付40%订金	d7 订单规模及客户的资金水平;d8 客户所处国别供应特征;d9 产品或客户的物供应链长度;d10 交货期的长短;d11 合同与订金支付	A12 机制条款;A17 客户管理
价格变化有什么策略,大家很清晰,卖到市场上去了生产经济行为,猪从一个生下来的小猪,到把它养大,卖到市场上去了生产经济行为,4个月不到,鸡40天,牛要3年,羊要1到2年,猪的市场行情很难维持续超过4个月,除非大的疫情,因为再紧张的猪就养大了,4个月之后,新的猪就养大了,就填补了,鸡只需要40天就填补了,但是牛要紧补了,再紧张的供需缺口,羊能填补,这还仅呢,需3年多能填补,羊需一年半到两年才能填补,这还仅仅是从理论上来讲	价格应对方案;生猪从出生到投放市场的周期不到4个月;鸡的周期大概40天;牛的周期需要3年;羊需要1~2年;由此可判断各类畜禽产品的市场行情波动;再紧张的供需缺口也可在相应的周期内得到填补	d63 价格及进出口策略;d64 畜禽水产供需的季节特性;d65 动植物繁殖规律和特征;d66 畜禽水产品的市场行情	A14 采购生产;A16 营销对接

· 154 ·

续表

原 始 语 句	现 象 摘 要	初 始 概 念	范畴
我们在当地报警后他才把账本退还给我们但钱没有退，现在在打官司，打官司后他一个什么呢，我这边又涉及到他也去法院起诉我，我也不知道他去起诉我什么，听说他那边有关系。起诉了之后呢，是去年年底起诉的，然后今年初呢就判决判下来，他败诉，我有什么东西！而我比他起诉得还早，到现在我这边有判决的案件还没有判下来，本来就没有我们早判下来了	警察执法下对方才退还账本但并没退还款项；我方司法力度的软硬；对方和我方分别去诉诸司法途径；对方有关系判决速度快但败诉；我方起诉更早判决反倒还没下来	a371 执法司法力度的软硬；a372 执法司法公正程度；a373 执法司法清廉度；a374 执法司法质效	A5 执法司法
"一带一路"国家所属地段的法律建设还不如中国完备，单纯依靠技术、单纯依靠法律、单纯依靠贸易保险或贸易保款都是补救或安慰，所以我要强调的一点就是一定要慎重选择"一带一路"国家的贸易合作伙伴。这一点儿乎就决定了你的成败	"一带一路"沿线许多国家、地区的法律体系并不完备；贸易过程仅仅求助于合同条款或投保都只是补救或安慰，真正决定成败的往往就是合作伙伴的选择	d29 伙伴国的法律完备程度；d30 选择贸易伙伴的极端重要性；d31 法律技术休合同条款和保险的次要地位	A7 宏观条件
店铺所属地段的垄断太严重，在该区域内经营的其他店主午四五点要关门下班，他(垄断者)可能开到9点才下班，所以，竞争对手都下班了，生意全是他一家的	地段与时间的垄断；同区域内零售商都要压缩自己每日的营业时长；垄断者却凭借势力可独自经营至很晚，延长时间内的生意全归垄断者所有	e31 行业内对经营地段与时间的垄断；e37 竞争对手的打压；e38 行业内耗和恶性竞争程度	A8 中观产业
前两年我们的脱水蔬菜，海关编码是20055920，出口在全省排第五，根据政策，进入前五就有机会获得商务厅(局)奖励，大概5~10万块钱，但这个政策只是某个年份的政策，有时有，有时没有。农委会帮忙向市里申请，但能否获批还要取决于政府领导	企业脱水蔬菜出口业绩位居前列；根据政策企业可获得奖励；奖励政策只是年度政策；能否获得奖励具有很大的不确定性；最终决定权在于政府领导	b129 政府的出口奖励政策；b130 政策服务体系的精准性与延续性；b131 政务服务事项的审批机制	A6 服务体系

续表

原始语句	现象摘要	初始概念	范畴
我们有100多家做这个紫菜的,但他其他人头脑里没有我们这种意识;你进去体验收的时候用一下,菌车间做的东西不能有,大家可随便进出。我们觉得,只要做食品这一块休闲食品,给孩子吃的,哪家父母都舍得花钱,但一定要做高品质的安全营养食品	很多同行企业都没有我们这种意识;他们的无菌车间做的东西不能有,他们的工厂做的东西不能有,从此就没有了,大家可应付检查而已;我们企业遵循食品安全和健康营养,尤其对待孩子吃的食品一定要讲良心	c28 企业对产品质量的执着和追求;c29 企业对质量过程控制的漠视;c30 企业对质量的社会责任感和良知;c31 食品安全和质量至上的原则	A3 企业文化
有一次主任告诉我,这个奶制品方面的洽谈会,他说出去不一定只待一个国家,看韩国方面有没有邀请函。我说韩国这边要多少有多少,这边我们书记邀请函都是我安排的。可以搞高兴的,都可以。他们这次是走新加坡到日本郡,木浦市,还有光阳市,到韩国三个国家,这是书记发给我飞领导出去议程哪家接哪个	政府职能部门向我透露明年的出国洽谈计划;询问企业能否协助向国外获取邀请函;看我那边关系很熟,于是欣然答应;我主要领导出访议程我们很清楚;市委与海外的相关企业都对接计划和任务	c38 政府向企业透露海外洽谈计划;c39 企业协助政府出访获取外方函件;c40 企业与国外的协作网络;c41 政府出访期间海外企业对接安排	A10 沟通协作

表 5-5 主轴编码形成的主范畴

主范畴	对应范畴	范畴内涵
企业 (AA1)	A1 企业家特质	企业家的成长环境、创业历程、教育程度、人格魅力、关系网络等
	A2 人力资源	海内外员工的选择、招聘、培训、考核、晋升、薪酬、福利、岗位、战略眼光、劳资关系等
	A3 企业文化	企业的政治立场、契约精神、战略倾向与风险偏好、社会责任感和良知、对诚信经营的坚守、食品安全和质量至上的追求、家族化程度等
	A4 财务能力	融资与筹资、支付与偿债、资金周转与营运、财务发展、税收筹划、海外资金管理等能力

续表

主范畴	对应范畴	范畴	内涵
政府(AA2)	A5执法司法	母国或东道国政府的权力结构,执法司法程序是否规范,方式是否合法得当,依据是否科学明确,力度的软硬程度,队伍的素质高低,法律法规与行业惯例的匹配程度,执法司法的一致性、口径的衔接程度,裁审程序和口径存在的响应作机制的健全程度,执法司法质效,公正程度,清廉程度等	母国或东道国政府的权力结构,执法司法程序是否规范,方式是否合法得当,依据是否科学明确,力度的软硬程度,队伍的素质高低,法律法规与行业惯例的匹配程度,执法司法的一致性、口径的衔接程度,裁审程序和口径存在的一致性程度,跨境执法协作机制的健全程度,执法司法质效,公正程度,清廉程度等
政府(AA2)	A6服务体系	政府行政服务程序的繁简,财政金融税务法律等信息服务的提供,对企业合作项目支持的多元化,对企业成长各阶段的扶持,对国际市场考察法律的组织和引领,对海外利益保护协调机制的完善,对跨境运输的补贴,对企业诉求的响应程度,政策服务的时效性与精准性、延续性,政策服务体系的扶持程度等	政府行政服务程序的繁简,财政金融税务法律等信息服务的提供,对企业合作项目支持的多元化,对企业成长各阶段的扶持,对国际市场考察法律的组织和引领,对海外利益保护协调机制的完善,对跨境运输的补贴,对企业诉求的响应程度,政策服务的时效性与精准性、延续性,政策服务体系的扶持程度等
环境(AA3)	A7宏观条件	母国与东道国资源禀赋,生态环境,地形地貌,气候特征,法律体系,外交关系,宗教信仰,政党制度,国民素质,人口结构,政策导向,腐败程度,政商关系,经济发展,汇率水平,政局稳定性,风俗习惯,战略位置,联运发展等	母国与东道国资源禀赋,生态环境,地形地貌,气候特征,法律体系,外交关系,宗教信仰,政党制度,国民素质,人口结构,政策导向,腐败程度,政商关系,经济发展,汇率水平,政局稳定性,风俗习惯,战略位置,联运发展等
环境(AA3)	A8中观产业	行业特征,竞争程度,配套水平,产业集群化程度,行业协会健全程度,行业自律水平,转移和外迁程度,产业共生,行业进入壁垒,循环利用模式,行业出口水平,国际市场地位,行业协会健全程度,行业自律水平,行业发展速度,行业非法操作的普遍性,特色行业的培育与发展,行业发展的周期性和阶段性,龙头企业对行业发展的引领作用等	行业特征,竞争程度,配套水平,产业集群化程度,行业协会健全程度,行业自律水平,转移和外迁程度,产业共生,行业进入壁垒,循环利用模式,行业出口水平,国际市场地位,行业协会健全程度,行业自律水平,行业发展速度,行业非法操作的普遍性,特色行业的培育与发展,行业发展的周期性和阶段性,龙头企业对行业发展的引领作用等
投资(AA4)	A9建设运营	双方合作愿景、形式与分工,投资动机和目的,投资行业类别和细分领域,投资区位选址和时机,各期工程选址与距离,投产规模与经营形式;厂房与办公空间,配套设计建设安装检测及时长和成本负担;海外标准与农业协同,海外运营危机事件的处理,属地化运作时长和困惑,工人的情操和自律水平,劳工的家庭约束,跨国派遣的不确定性,项目属地化运行程度,高管的经验,商业机密窃取等	双方合作愿景、形式与分工,投资动机和目的,投资行业类别和细分领域,投资区位选址和时机,各期工程选址与距离,投产规模与经营形式;厂房与办公空间,配套设计建设安装检测及时长和成本负担;海外标准与农业协同,海外运营危机事件的处理,属地化运作时长和困惑,工人的情操和自律水平,劳工的家庭约束,跨国派遣的不确定性,项目属地化运行程度,高管的经验,商业机密窃取等
投资(AA4)	A10沟通协作	企业主动争取政府的关注和支持,响应海外困难、与海外国政府的接触频率和表现,向主管部门反映代理人之间的沟通与协调,海外企业交换意见共享,说服或撬动配套企业的出海,与我国境内外高管之间沟通的交流,政府向东道国沟通的媒介和强度,向我国境内外考察团的出访频率和强度,企业透露海外洽谈计划,企业助其出访获取外方函件及出访期间的对接安排等	企业主动争取政府的关注和支持,响应海外困难、向主管部门或反映代理人之间的沟通与协调,海外企业交换意见共享,说服或撬动配套企业的出海,与我国境内外高管之间沟通的交流,政府向东道国沟通的媒介和强度,向我国境内外考察团的出访频率和强度,企业透露海外洽谈计划,企业助其出访获取外方函件及出访期间的对接安排等

续表

主范畴	对应范畴	范畴	内涵
合同节点(AA5)	A11交易标的	合同标的物的积温,光照,降雨,温湿度规定;标的物种养过程中的疫苗兽药残留与卫生要求规定,标的物的动植物属性;标的物在国际贸易中的禁限产品属性;标的物种类、订购数量和金额大小;标的物的品种养,分拣、清洗、杀菌等初级产品加工工艺及原产地价值成分规定;订购频次;标的物的易腐特性;LOGO和侵权属性等	合同标的物的卫生要求规定与植物属性、标的物有关初级产品的包装方式;标的物的认证机构,认证费用和频次;标的物的易腐特性、LOGO和侵权属性等
	A12机制条款	合同的进度安排,订约频次与审批;合同谈判中的价格磋商策略和方式;签约习惯与礼仪;合同的有效期规定,不同结算方式的配合使用与支付比例安排,(预)付款条件和责任的选择,保险条款、金额与风险种的规定,索赔条款与违约防范机制,延期履行的规定,交货期的长短安排,不可抗力事件的明确,争端解决机制的明确,虚假合同的防范,信用证条款,检验、装运条款的规定,上游农产品收购合同保障机制,技术性条款、知识产权条款、退款赔偿责任、适用法律或惯例版本的规定,其他防范性条款的完善等	
	A13展会筹备	参展方案的提前酝酿,展会平台布置和现场互动方案,对其他参展企业的提前搜索与研究,对潜在目标企业群的分析与筛选,展会平台外商洽谈机会的争取,通过展会拓宽业务或转移目标市场的考量,展会现场对接与订单的表取,企业对不利情形的心理预判等	
节点(AA6)	A14采购生产	年产出水平和供货能力,国内外采购生产计划,农业原料采购的季节性要求,供应合作伙伴类型,供应商种养殖物资金能力或经营规模的考量,种植养殖密度的控制,作物及畜水产品的(生产)繁育规律,生长周期,动植物收获后培育材料辅料的处理,废弃物加工的工序分割,对上游农户的农技培训和指导,完成生产的节点,企业产品升级程度,前向纵向一体化程度,生产质量反馈和改进机制,销售收入对于货源保障的补给,生产工序中投入的资金来源,国内外生产工序的分割方式,海外企业通过第三国或从母国采购投入品、原料和耗材材料清单BOM,海内外生产成本、构成与控制;海外项目属地采购的成分比例或进口难易程度;流通前市场适应性加工,委托或外发加工的选择等	

158

第5章 我国与"一带一路"沿线区域农业购销风险的质性研究

续表

主范畴	对应范畴	范畴内涵
	A15 流通便利	基层农产品流通程序繁简，过桥过路区跨境关卡数目，入区人镇市场税费程序多寡，农产品进出口配额与许可，海关特殊监管区进出口农产品配额的创新，海外项目回流国内或第三国的许可，特殊监管区加工流向（出口或内销）许可，禁限产品进出口管制目录的便利化及其修订，高管及劳工签证的数量及有效期，进出口冻结触发临界点，进出口企业备案登记繁简，境外项目农产品进入当地大型超市和批零销售渠道销售的许可等
	A16 营销对接	国内外销售方式、销售渠道、销售平台的选择与切换，本地与东道国线下线上销售渠道的开拓时机，人场机会的把握和人场费用高低，国别消费偏好和档次差异，目标群体的分布或聚焦区域，细分市场与农贸市场的利差，销售产品的多样性，国别消费偏好和档次差异，目标群体的分布或聚焦区域，细分市场与农贸市场的利差，销售产品的多样性，六大合作走廊代理的选择，产销两地及国内国外市场的矛盾，市场中间环节的多寡，其他宗教群体未了厂检验的价格，动植物产品的波动与汇率水平，国别供需矛盾，回扣与用金机制，产品定价策略与主动权，寄售成本高低、海外产品代理销售的匹配与产销的选择，产销两地及国内国外市场的矛盾，市场中间环节的多寡，其他宗教群体未了厂检验的价格，动植物产品的市场周期与价格行情，大宗商品期货价格指数，境外项目返销加工返销盈利空间，境外项目废弃销售东道国出口我国主要农产品的匹配程度等
	A17 客户管理	客户企业类型，层次与信用程度，国别特征，客户企业领导人的品质和经历，客户企业的地位和商业信誉，资产资质规模，资金规模，社会责任与舆评，客户企业的组织架构和治理结构，客户企业资料和证据的保留、制造和创造；员工的职业水准与责任及舆评；对客户的综合评分和预警设定；与客户洽谈供应商的拖欠；对客户高层的人事变动预警；对客户调整供应商来源结构的预案，客户对供应商货款的拖欠；出口信保与资信调查；企业 CRM 与 ERP 系统模块的引进与整合程度；客户对供货的要求；客户等级交易条件的动态关联等

续表

主范畴	对应范畴	内涵
履约(AA7)	A18运输保险	货物承运人类型和特征,铁公水空运输方式与路线的选择,农产品货源地货距主干道距离,农产品运输搭载标志的设立,载货与订舱需求的响应周期,运输工具上一程货种类特征,整箱货(FCL)及拼箱货品(LCL)特征,分批装运货与卸运输时长,途经港口及途中途节点,港口拥堵,不同货品搬运和装卸时间的地货装卸货损,跨境运输换装作业时的风力等级,入境与出境装换速率差异,中转无箱钩损及其他损耗处理,起运地与目的地装卸起讫,保险利益各方势力对比,运输途中可保利益的转移,索赔理赔界定,中欧班列补贴范围和责任东欧项目产品回流,不同线路运输成本差异,托运成本与费用,运输补贴农产品口岸选择,农产品专用仓储设备类型和数量及容量大小,行业投保习惯,与鲜活农产品生物特性匹配的包装与运输温控技术,农产品运输动物福利要求,交易各方在农产品恒温库及跨境采购失利润损失及农产品运联配送联动程度;交易各方在农产品恒温库及跨境采购环境与精神状态,与运输链条中的参股方式及利润分摊;智能库存与物流配送联关约关系特征等司机或船长等群体的职业生存环境与精神状态,与运输保险公司之间的契约关系特征等
	A19通关交付	通关模式,通关申报材料补充,海关审单与补正,海关放行指令形式和时长;法定税率适用及关税计核抵扣,关税征退税和模式,第三国产品人境东道国通关,海关担保放行与担保退还,保证金缴纳方式和数额,物资在海关的滞留,成套组件及其他HS归类总规则的适用规则,报关文本对特定概念的解释,当事人对HS归类总规则的理解,报关行的灰色生存空间,农林水产品经由海关指定监管场所隔离与检验,指定进出境口岸,境外加工产品的通关,木质包装的薰蒸,进出货物流向汇流匹配,AEO认证与通关待遇,口岸生物安全,海关指定监管场地备案,海关通关票数与商品查验单,农产品进口国抽检,T/T,D/P,L/C,L/G等货款结算方式的选择和直通出境目国家海关航次,海关仓储费用,码头费用和船期频次,口岸搭配,部分国家海关清关的ECD要求等

5.4.2 主轴编码

前期开放性编码发掘出来的现象摘要、初始概念和范畴从相互关系或内涵来看仍较为松散和模糊,主轴编码是建立范畴与次范畴、范畴与概念之间的关系从而获得主范畴的发展过程(Pandit,1996)。本书根据"因果条件、现象、脉络、中介条件、行动/互动策略、结果"的译码典范模型,对各个独立的范畴与概念之间的潜在联系进行分析,并重新整理、归类和提炼,得到企业、政府、环境、投资、合同、节点、履约等7个主范畴,各主范畴所包含的次级范畴及内涵如表5-5所示,部分主范畴典型模式证据链如表5-6所示。

5.4.3 选择性编码

从原始材料和初始概念中通过反复不断地打碎、整理、规范化、比较、提炼和聚合,发展出一个包含19个范畴和7主范畴的初始理论框架。但此时的范畴与范畴之间关系仍相对独立,选择性编码的主要任务则是要对已有的初步理论框架进一步整合,选择一个核心范畴,分析核心范畴与其他范畴之间的联系,并将整个行为作为一种典型关系结构来呈现,以发展出一种新的实质性理论模型(Glaser,2016)。在对主范畴和访谈材料进行持续比较分析之后,提炼出本研究的核心范畴是"农业国际合作中的购销风险维度",它由企业、政府、环境、投资、合同、节点、履约等7个主范畴构成。核心范畴与各主范畴之间的典型关系结构(故事线)如表5-7所示。基于主范畴之间的故事线,本文构建"农业国际合作中的购销风险维度结构"模型如图5-3所示。

5.4.4 理论饱和度检验

如果补充新的数据来源对理论框架的边际贡献较小,无法发展出新的范畴或理论时,可以认为达到理论饱和[①],此时理论模型研究可以结束。本书对随机抽取的另一部分用于理论饱和度检验的访谈资料进行编码(表5-8),并与此前的概念范畴详细对比,发现并没有出现实质性的新概念和范畴,因而判断上述发展得到的编码和理论模型已经达到饱和。

---

① Pandit N R. the creation of theory: a recent application of the grounded theory method [J]. Qualitative Report,1996,2(4):1-13

表 5-6 主范畴的典型模式证据链列举

因果条件（概念或原句）	现象（主范畴）	脉络（纬度指标）	中介条件	行动/互动策略（原始语句）	结果
下游企业采购高层人事变动(a19) 下游企业拖欠供应商货款(a20)	企业(AA1)	人力资源(A2)	企业家特质(A1) 财务状况(A4)	退出零售,选择其他销售模式去发展	规避企业风险
政策扭曲效应(b75) 非法骗税手段(b77)	政府(AA2)	执法司法(A5)	服务体系(A6)	宁愿取消退税,大家公平竞争	规避洗钱监管不力、税政执法不严等政府风险
东道国用工法规(a345) 女性劳工保护(a346) 东道国社会性别比例(a350)	环境(AA3)	宏观条件(A7)	中观产业(A8)	企业不敢再雇用女工	规避东道国政策、性别比调等环境风险
东道国政府对厂区的定期审查(a195) 东道国政府对厂区的标准和要求(a198)	投资(AA4)	建设运营(A9)	沟通协作(A10)	增雇专技人员,添置专用设备	规避投资风险
标的物的数量规模及金额大小(d7)； 标的物的供应链长度(d9) 标的物的交货期长短(d10)	合同(AA5)	交易标的(A11)	机制条款(A12)	合同条款非常清晰明确地注明什么情况下预付款,代表怎样的法律责任,如果发生问题,双方该如何和按什么程序来解决	规避合同风险
市场价格波动的不确定性(b113) 与客户之间长期信用关系的维持(b114)	节点(AA6)	客户管理(A17)	采购生产(A14) 营销对接(A16)	当时签的是 2300 美元一吨,后来涨到 7000 美元一吨,但我们还是供货了	规避节点风险

· 162 ·

续表

因果条件（概念或原句）	现象（主范畴）	脉络（纬度指标）	中介条件	行动/互动策略（原始语句）	结果
鲜活产品的冷链运输技术(c142)；不同农林水产品的运输包装要求(c145)；从产地到目的国所需环节和时间(c147)	履约(AA7)	运输保险(A18)	通关交付(A19)	我们装泥鳅时就对着筐子冲一冲水，滴几滴豆油，不需充氧，然后就装集装箱	规避履约风险

表5-7 主范畴的典型关系结构

典型关系	关系结构	内涵
企业→农业国际购销风险	因果/中介关系	企业家的成长成历程、国际化视野、教育背景、言辞风格、社会关系网络，以及企业内部组织结构与制度的合理性、财务能力等都会在一定条件下直接转化为风险事故，导致国际购销风险的发生；企业家特质及企业文化等因素会影响政府在协调企业国际购销困境中的努力，从而间接影响国际购销风险的发生
政府→农业国际购销风险	因果/中介关系	母国与东道国政府的执法司法质效，以及包括政策扶持、咨询、为企业搭建培训平台、对海外企业棘手问题的援助等体系的完善程度，会直接影响企业国际购销风险的发生概率。母国与东道国政府服务的权力结构，执法司法质效，跨境执法能力，为企业服务的精准性和延续性，对企业诉求的响应程度等会直接影响到企业与境外经营主体的贸易投资进程，从而间接影响国际购销风险事件的发生
环境/宏观和产业→农业国际购销风险	果因/中介关系	母国与东道国的自然资源禀赋、战略位置、经济发展水平、联运度、政党制度、外交关系、产业循环配套能力、废弃物处理技术等会通过影响企业的投资和购销决策、节点、履约能力来影响购销风险发生概率

续表

典型关系	关系结构	内涵
投资→农业国际购销风险	互补/互替关系	农业国际投资项目的建设运营过程不可避免地会伴随着鱼塘笼合周栏等基建材料，以及农机、农膜、化肥、农兽药等农资产品的运送，后期投产还会涉及农业原料的采购、加工与配送，而农产品购销为规避贸易壁垒风险也可能带动资本的跨国流动
合同→农业国际购销风险	因果关系	合同标的的物尤其生鲜易腐和具有季节性特征的交易标的物，其种养、收获、质量标准、包装、储藏运输等特殊要求，交货时间、运输结算及争端解决机制是否有明确规定直接关系到购销风险损失
节点→农业国际购销风险	因果关系	国际展会或网上展销、原料采购与生产加工、流通与配送、客户关系管理等任一环节的处理不当，都会带来购销风险损失
履约→农业国际购销风险	因果关系	运输方式、运输路线的选择，装卸过程及港口的安排、保险规划与操作，季节性和易腐性及大宗农产品的运送，通关口岸及农林水产品特殊监管场地的处理，海关的审价要求与查验速率等都会直接带来采购销风险和损失

表5-8 农业国际购销风险结构维度饱和度检验编码表（部分）

原始语句	概念	范畴	主范畴
我们开始做的不是这一行，我们做这个农产品出口的话也有15年了。人生也就短短几十年，做这一行，也是工作，也是生活的需要吧(f-01)	企业家的创业历程；企业家对未来的憧憬	企业家特质	企业风险
我们做的是小宗农产品洋葱，当然国内外市场行情比较好，价格较高的情况下，一年出口值就是一千多万美金，一年出口过万美金，可以做到二千万美金的出口额(f-02)	标的物特征，标的的种类；标的物的订购规模；产品的价格行情	交易标的；营销对接	合同风险；节点风险

第5章 我国与"一带一路"沿线区域农业购销风险的质性研究

续表

原始语句	概念	范畴	主范畴
我们的产品收购基地一是在徐州，离这里200公里，运费大概每吨70块。另外一个最大的基地是甘肃，那里占我们货源每吨70%，运价要折合每吨300块。那里地头价一毛五一斤，从那边走高速过来，包括中间人代办费，装卸费，包装物料费、货柜车费用，再以C&F方式走海运到日本目的港，以简单加工来算的话，运费大概要150美元1吨，差不多1000块钱人民币。我们的出口一般不办保险，买方也不办保险，习惯了，出事的概率很小（f-03）。	贸易术语的选择；标的物原产地；货源地距离；办理货物托运的成本与费用支出；运输方式的选择；投保前的保险规划；整个行业对投保结算的习惯做法	交易标的；采购生产；运输保险	合同风险；节点风险；履约风险
我们现在除了日本以外，也到欧洲做，其他地方都不做。我们也不走信保，信保它要调查你的客户，如果垃圾扔发客户的话，它也不保对我们现在说，客户的信用不是问题，我们之间订约发货，通常一条短信或微信信息就可以。我们现在缺的不是客户，我们的客户很多，现在操作的是能赚钱的点，如何操作来实现盈利（f-04）。	产品出口的地理方向和市场份额；垄断价格和利润；出口信保；客户资信调查；信用等级；签约习惯	营销对接；客户管理；机制措施	节点风险；合同风险
我们的客户不需要找中信保。我们跟客户的纠纷即使有也是质量上的纠纷，质量纠纷也不是中信保中信保的事情。包括洋葱在内的农产品或食品，都有变质风险；因为现在很多农产品生长中普遍用激素，全国性的。咱们中国人喜欢追求产量，喜欢大的。以同一个洋葱品种来说，在中国一亩地可以产13吨，在日本一亩地才产4吨。我们去日本这洋葱如果烂了害处理，烂得厉害就扔掉。付垃圾处理费，不厉害就切掉。日本不会把这你的东西循环利用转变成饲料，发展中国家更不可能，中国的农产品在日本要是查到超标，要么退货，要么烧掉（f-05）。	争端解决机制；标的物国别质量标准；食品质量与卫生标准；植食性产品的培育；出口废弃物处理方式；产量水平；产品养殖过程中的疫苗兽药控制；东道国产业配套水平；产品循环利用水平；国家经济发展水平	机制措施；交易标的；采购生产；中观产业；宏观条件	合同风险；节点风险；环境风险

· 165 ·

续表

原 始 语 句	概 念	范 畴	主范畴
你们现在看到的是那些工人用高压气体把收购回来的蒜瓣外面的皮和杂质吹掉。以前最早的时候是用人工,现在人工越来越贵了,我们工艺也在不断地改进。像这些整头蒜,我们还要用锏刀把它根部那些根须锏掉,但人工锏呢,有时候会锏得那么多一点,也有很多没锏掉留在上面的,质量不可能做得那么整齐,这就会影响到一些客户的选择。像日本欧洲等客户他们对生产要求比较苛刻,要求根部的须比较少,这样才能符合他们的要求(g-04)	产品加工工艺及改进;产品生产的人工成本;不同加工方式的利弊;产品质量的参差不齐;国别质量标准差异;不同客户群体的偏好	采购生产(加工);加工成本;标的物质量;营销对接和匹配	节点风险;合同风险
产品第三方认证的费用比较高,一是人员要来,差旅费,还有测试项目和材料之类的费用。像我们这个出口中东的产品,中东客户要求每批货都要经法国什么官方检验,法国必维国际检验集团在上海有一个实验室,他们中东国家官方指定要求这个机构检验合格才行,检验合格颁发了SIL认证证书,进口商拿着这个指定的证才能去向海关报关和通关,不然的话他们要压很久,就误的时间会很长(g-07)	产品质量第三方认证;标的物认证机构;标的物指定的检测机构;质量认证证书;海关申报单证;国别通关要求	标的物质量检测与标准的规定;的物指定;通关交付	合同风险;履约风险
我们现在出口的腌渍大蒜用塑料桶包装,里面还有塑料袋的需求,有50公斤一桶的,有25公斤一桶的,还有150公斤一桶的。出口的国家客户是装在木箱里,一个木箱装500公斤,里面有编织袋衬塑料袋,内加盐水,对商品起保护作用。至于运费就看客户对供货的要求,有些客户在他们国内能找到便宜的运输公司,就用FOB成交,他们自己付运费(g-08)	标的物包装方式;标的物包装材质;运输包装;客户定制包装;客户对供货的要求;运费负担	运输保险;营销对接;标的物价格与费用负担	节点风险;合同风险

· 166 ·

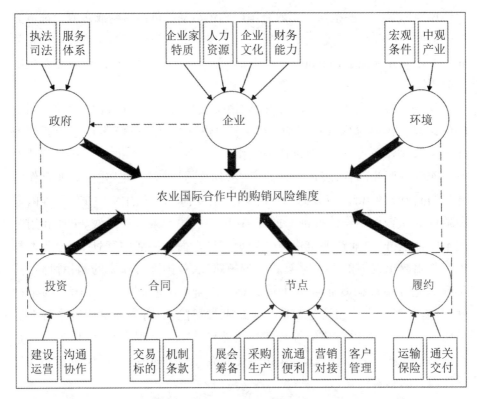

图5-3 农业购销风险维度结构

5.5 模型构建与阐释

通过反复比较访谈素材、开放性编码、主轴编码、选择性编码,并对各模型各范畴之间的联系进一步分析发现,扎根理论模型能够有效解释农业国际合作中的购销风险形成机制,这验证了 Glaser[1]、Charmaz 和 Thornberg[2] 等人的研究结论,扎根理论程序与解释可以被用来解决社会科学研究中的相关问题。农业国际合作中的购销风险结构可以归结为企业、政府、环境、投资、合同、节点、履约等7个主范畴,其中,企业相关范畴都属于内源性风险因素,政府和环境相关范畴属于外源性风险因素,投资、合同、节点和履约相关范畴则属于过

---

[1] Glaser B G. Open coding descriptions[J]. Grounded Theory Review, 2016, 15(2): 108-110.

[2] Charmaz K, Thornberg R. The pursuit of quality in grounded theory[J]. Qualitative Research in Psychology, 2021, 18(3): 305-327.

程性风险因素。这些范畴对于农企国际购销活动的负面影响或多或少都可能与较低的产量和收入、或金融破产、粮食不安全和人类健康等灾难性事件相关联。这也同样验证了Komarek[①]、Jonkman等[②]等对于农业购销风险与相关机制的分析。

"一带一路"农业国际合作中的购销实践是政府、企业、环境三者共同驱动的结果。国际国内环境层面,为寻求构建以"合作共赢"为核心的新型国际关系[③],保障粮食安全,促进国内经济增长,我国政府有推动"一带一路"农业合作的意愿和部署,表现为2017年《共同推进"一带一路"建设农业合作的愿景与行动》的出台,以及近些年中国与俄罗斯、非洲、中亚、中东欧等国家和地区农业合作工作的推进。同样,在国内资源约束日趋严峻、土地和用工成本刚性上升、农业产业链供应链安全与稳定面临挑战的背景下,企业本身也有外出寻求发展的内在愿望。"一带一路"农业国际合作中的购销风险,涉及政府主导下以微观企业为主体的整个农业"引进来"和"走出去"的全过程,既有一般性产业投资过程所伴随的共性风险,也有农业供应链中特有的易腐性、季节性和供应峰值等特征。虽然风险本身客观存在,但作为微观企业视角的农业国际购销风险,还是会受到企业内部以及政府、环境和各种过程性因素的影响。

5.5.1　内部风险因素分析:从乡村到国际的认知鸿沟

从企业风险来源的边界来看,风险有内部风险和外部风险之分。来自企业边界范围之内的企业家特质、企业文化、人力资源、财务能力等范畴共同构成了农业国际购销系统的内部风险因子。企业家特质是企业家个体或企业高层领导者在不同情境下,用一致的行动模式来表达自我的一种人格或倾向[④⑤],它与

---

① Komarek A M, De Pinto A, Smith V H. A review of types of risks in agriculture: What we know and what we need to know[J]. Agricultural System, 2020(178):1-10.

② Jonkman J, Barbosa-Póvoa A P, Bloemhof J M. Integrating Harvesting Decisions in the Design of Agro-Food Supply Chains[J]. European Journal of Operational Research, 2019, 276(1): 247-258.

③ 环球网. 赵可金:经略周边为"一带一路"开路[EB/OL].(2016-01-07).https://finance.huanqiu.com/article/9CaKrnJSXPt.

④ 李巍,许晖. 企业家特质、能力升级与国际新创企业成长[J]. 管理学报,2016(5):715-724.

⑤ Pervin L. A Critical Analysis of Current Trait Theory[J]. Psychological Inquiry, 1994, 5(2):103-113.

企业战略或策略选择、组织创新水平和经营绩效都存在显著的关联性[①]。企业家早年的成长环境和对未来的憧憬、个人精力和社会关系网络、教育背景和对国际化知识的了解、言辞谈吐和性格取向、执念和精神等共同影响着他的行为模式,并由此间接地决定着企业国际购销决策中的不确定性。在农业领域,企业家如果既具有对农业生产经营的深刻认知和体验,扎根农村沃土,深具乡村情怀,同时又具备国际化理论和视野,对于整合企业内外资源、重构产业链价值链供应链并实现企业国际化成长将大有裨益,参与国际购销活动发生风险的概率也会大大降低。但就中国和许多"一带一路"合作伙伴而言,目前可能与此愿景尚存较大鸿沟,因为他们中的大多数早年生活在偏远农村,处于相对较低的社会阶层,在后来政府试图减少教育机会不平等的教育扩张政策和教育减负政策等举措中,并没有像特权阶层一样享受到由此而带来利益[②],甚至在升学率、教育总开支和每周学习时间等指标上均较以前大幅下降[③],因而,这个群体接受高等教育和国际化知识的机会总体较小,即使后来成为农业企业掌舵者或高层管理者,也较难有效引领企业在国际生产分工协作中抵御各种风险。作为社会资本的社会关系网络虽然被许多研究定义为一种社区层面的公共产品[④],但根据科尔曼的观点,它是一种被个人用来推进他们自己个人目标的东西。它可能嵌入在社会中,而不是嵌入在任何一个个人中,但它正是被利用它来促进其个人或集体利益的个人和组织赋予了价值[⑤]。例如,国际购销活动中,采购比例或供应比例较高的一方往往会利用较强的议价能力要求另一方进行关系专用性投资,而另一方也有提高这种专用性投资以维系合作关系的动机。但由于供应链上下游企业之间不完全契约的普遍存在,这种专用性投资实施后的利益并不能受到契约的有效保护,议价能力强的供应商(或采购商)仍然可能单方面宣布产品价格上涨(下跌)、减少订单供应量(需求量)或向原采购商(供应商)的竞买

[①] 吴家喜,吴贵生.高层管理者特质与产品创新的关系:基于民营企业的实证研究[J].科学学与科学技术管理,2008(3):178-182.

[②] Bar-Haim E, Shavit Y. Expansion and inequality of educational opportunity: A comparative study[J]. Research in Social Stratification and Mobility, 2013(31):22-31.

[③] 周子熙,雷晓燕,沈艳.教育减负、家庭教育支出与教育公平[J].经济学季刊,2023(5):841-859.

[④] Helliwell J F, Putnam R D. Economic growth and social capital in Italy[J]. Eastern Economic Journal, 1995, 21(3):295-307.

[⑤] Coleman J S. Social capital in the creation of human capital[J]. American Journal of Sociology, 1998(95)(supplement):S95-S120.

(卖)者供货(购货),而原采购商(供应商)已经付出的专用性代价却无法收回。这里除了采购比例或供应比例所赋予购销一方的议价能力以外,对于社会资本的利用也必然是个人或组织的重要武器。如果企业家或主要负责人的社会关系网络不是足够的强大,这种被交易对手"敲竹杠"[1][2]的现象就很可能发生,从而给企业购销活动的各个侧面带来不利影响。

企业文化是企业中人们共同拥有的特有的价值观和行为准则的聚合,这些价值观和行为准则构成企业中人们相互之间以及与企业外各利益方之间交往的方式。[3]霍夫斯泰德曾基于全球40个国家的11.7万份问卷及后来学者的补充,提出五个文化维度:权力距离、不确定性规避、个人主义或集体主义导向、阳刚或阴柔导向、长期或短期导向;Jun和Rowley[4]曾从决策文化与评估文化两个维度来研究韩国企业文化变化对公司绩效的影响,其中,传统的决策文化就包含儒家道德体系中的家长式做派、忠诚和对老年人的尊重,评估文化着重强调员工的老资历和群体导向而非个体差异等。作为涉农企业或实体,其购销决策或评估过程除这些一般意义的文化维度以外,大多关系到可持续发展观、生态平衡观、社会责任观、食品安全观等价值准则的践行与冲突,包括是否遵循食品安全和质量至上的原则;是否具有企业社会责任感和良知;是否具有诚信经营理念;对待弱者是否具有足够的包容和大度;是否注意企业在海外的形象;是否具有契约精神等。这些理念在实际购销决策中可能具体地表现为:当农产品供货企业面对规模大、价格低、质量劣的订单时,如何在接受订单与保持质量底线之间取舍;接受订单后执行合同的生产管理过程中,面对客户采购人员对于交货期的反复敦促,如何在按时交货与严控原材料质量之间取舍;以及水产养殖企业为按合同要求保质保量供货,如何在兽药用量、农残与活体死亡率之间取舍等。企业文化的贯彻执行关系到战略目标的实现和风险概率大小。如果企业严格恪守"食品安全重于泰山,人民健康高于一切"的信条,在与下游企业谈判时表现出"宁愿拒绝质低量大的订单也不与其订立合

---

[1] 聂辉华. 契约不完全一定导致投资无效率吗? 一个带有不对称信息的敲竹杠模型[J]. 经济研究,2008(2):132-143.

[2] 王雄元,高开娟. 客户关系与企业成本粘性:敲竹杠还是合作[J]. 南开管理评论,2017(1):132-142.

[3] 靳小翠. 企业文化会影响企业社会责任吗:来自中国沪市上市公司的证据[J]. 会计研究,2017(2):56-62.

[4] Jun W, Rowley C. Change and continuity in management systems and corporate performance: Human resource management, corporate culture, risk management and corporate strategy in South Korea[J]. Business History,2014,56(3):485-508.

同"的气概,则该行为既可能导致当期数以千万计订单金额的损失,也可能在业内树立起崇高的典范,并赢取未来更大的订单。当然,企业与上游供应商或合作社、农户之间也存在同样的利益博弈和文化协调。由联合国粮农组织和国际印第安公约理事会所进行的一项文化研究显示,有些土著人民对于自己所依赖的传统食物系统表达出"我们宁愿灭绝,也不愿失去传统的食物来源""我们就是土地,土地就是我们""树是我们的兄弟姐妹,我们属于同一谱系"等口号[1]。可见,受商业利润驱使的国际供应链某一节点上的农产品购销企业,与位于丛林最深处的人类文化生态系统之间,除了某些看似有一定桥梁作用的第三方认证机制外(如FSC认证),还是存在着难以逾越的鸿沟。

人力资源管理,尤其国际人力资源管理是指一系列旨在吸引、开发和保持企业国际化中人力资源特征的独特活动、职能和过程[2],包括企业对于海内外各类人才的评聘提拔和退出机制、对海内外用工在性别、国籍、岗位上的规划和设定、对特殊渠道聘用人才的安全防范、对员工综合素质的考评、对劳资纠纷的处理,以及薪酬体系的设计等。作为战略管理理论中具重要地位的资源基础理论认为,如果内部资源是有价值的(valuable)、稀有的(rare)、不可模仿的(inimitable)、不可替代的(nonsubstitutable)(即VRIN),那么公司控制的内部资源就有可能成为持续竞争优势(SCA)的来源,从而也能更有效地面对风险和挑战。人是公司最宝贵的管理资源,正是他们购买、销售并协调各种活动并为公司目标作出贡献。[3]农业国际购销企业同样需要战略性商业目标,需要具有VRIN特性的人力资源。如果牧业集团高层或其奶牛场的销售经理常常通过广告或农场劳动合同来正式雇用新的团队成员,而不借助于现有员工推荐求职者,那么该管理人员将很难通过降低运营成本或增加收入来为集团创造价值(Value),因为正是在职员工向奶牛场管理者提供了求职者工作道德的稀缺信息,使管理层克服了不良选择,避免了雇用低质量销售人员所带来的问题和风险。同理,对于普通员工而言,如果农场一直致力于以一套迥异于其他

---

[1] Woodley E, Crowley J. de Pryck D, et al. Cultural Indicators of Indigenous Peoples' Food and Agro-Ecological Systems: Draft Summary, International India Treaty Council; FAO: Rome, Italy, 2006: 1-3.

[2] Schuler R, Dowling P, DeCieri H. An Integrative Framework for Strategic International Human Resource Management [J]. International Journal of Human Resource Management, 1993(4): 717-764.

[3] Jun W, Rowley C. Change and continuity in management systems and corporate performance: Human resource management, corporate culture, risk management and corporate strategy in South Korea [J]. Business History, 2014, 56(3): 485-508.

农场的挤奶程序来培训他们,随着不断的实践和经验的积累,员工对于这套程序慢慢形成了路径依赖,所获得的知识和技能将很难被迁移、复制和模仿,这有利于防范供应合同履约阶段出现标的物(牛奶)品质波动风险、或下游企业突然改向其他竞卖者订购相同品质标的(牛奶)的风险。因为,此农场的熟练工跳槽至彼农场已不再是熟练工,况且,特定程序的执行也依赖于有形设备和其他便利环境。①除此以外,包括营运能力、盈利能力、偿债能力、发展能力、境外税收筹划、海外资金管理能力在内的财务能力也是企业内部风险源之一,关系到企业商业模式的优劣,以及能否在商业生态系统中处于竞争优势地位并应对风险和挑战。②

5.5.2　外部风险因素分析:治理逻辑上的政治关联

企业边界范围之外的风险来源都属于外部风险范畴。来源于母国与东道国政府的执法司法质效以及政策服务体系范畴、来自海内外环境的宏观条件与中观产业范畴是农业国际购销风险的外部风险因素。农业国际购销的每一环节都是在一定法治框架下展开的,包括海外参展展品能否顺利过境或复运进境、海外采购的农机农资及农业原料等能否顺利获得入境许可、生产加工的环境和过程是否达到政府的强制性标准和要求、租船订舱及国际运输保险是否符合有关国际惯例或公约规定、产品属地销售或海外销售是否侵犯知识产权或获得准入,购销合同纠纷适用何种仲裁程序或争端解决机制等,这些过程不可避免地要触及母国或东道国法治体系,相关国家执法司法的程序是否规范、方式是否得当、依据是否明确、力度是否有效、裁审程序与口径是否衔接等都关系到执法司法的质量和效率,关系到企业购销风险的发生与否。农业领域参与国际投资与贸易的企业规模相对较小,其国际购销活动更易受到这些因素的影响,其中,政治关联发挥关键作用。有研究认为,政治关联会削弱中小投资者法律保护的执法有效性,且"违规查处及时性"和"高管变更"是政治关联影响执法效率的两种重

---

① Mugera A W. Sustained Competitive Advantage in Agribusiness: Applying the Resource-Based Theory to Human Resources[J]. International Food and Agribusiness Management Review,2012(15):27-48.

② 朱兆珍,毛宪钧,张家婷.商业模式评价指标体系及指数构建[J].东南大学学报(哲学社会科学版),2018(2):70-80.

要途径①。一方面,由于地方政府和地方企业通常有千丝万缕的联系且具地方保护主义倾向②,在其他条件相同的情况下,高管有政治关联的企业也有可能通过政治寻租来干预、阻挠和拖延监管部门的调查,进而影响违规查处的及时性。一旦企业在海外遭遇纠纷诉诸行政或司法程序,监管部门对于政治关联的企业查处时间明显长于无政治关联企业的时间,从而使后者面临更大的不确定性和风险。另一方面,投资者法律保护作为一种公司治理机制本身能够有效识别和解雇不称职的高管③,因为较高的立法水平会赋予中小股东更多的起诉对抗管理层的权利来促使公司解雇无能的高管,强有力的执法水平也会降低管理层和董事互相勾结攫取的控制权私利④,从而增强董事会解雇不称职高管的积极性。但政治关联的公司往往倾向于任命其他政府同僚担任公司董事,这就拉低了董事会的专业化水平,从而减弱了对违规公司高管人员的甄别、监督和惩处作用。⑤因为一旦与政府部门取得紧密联系,国企或民营企业为维持这种关系所带来的财政补贴、税收优惠或银行贷款等利益,都不会轻易解雇不称职的高管人员⑥,这就在一定意义上使得政府执法效率成为一句空谈。

政策服务体系是企业是否愿意参与国际合作、能否顺利进行国际合作、合作运营及购销利益能否得到有效保障的前提。政府能在合适的时机带领企业对国际市场进行考察,及时为企业提供海外信息服务和预警,提供财政、金融、税务、法律等风险咨询,搭建必要的学习和培训平台,对农机农资及农产品跨境运输提供WTO框架范围内的必要补贴,在国际购销环节出现异议和争端时努力为企业排忧解难等,这些服务机制与举措能很大程度上降低交易成本,减小

---

① 许年行,江轩宇,伊志宏,等.政治关联影响投资者法律保护的执法效率吗?[J].经济学季刊,2013(2):343-406.

② Clarke D. Power and Politics in the Chinese Court System: The Enforcement of Civil Judgments[J]. Columbia Journal of Asia Law,1996(10):1-92.

③ DeFond M L, Hung M. Investor Protection and Corporate Governance: Evidence from Worldwide CEO Turnover[J]. Journal of Accounting Research,2004,42(2):269-312.

④ Dyck A, Zingales L. Private Benefits of Control: An International Comparison[J]. Journal of Finance,2004(59):537-600.

⑤ Fan J, WongT J, Zhang T. Politically connected CEOs, corporate governance, and POST-IPO Performance of China's newly partially privatized firms[J]. Journal of Financial Economics,2007,84(2):330-357.

⑥ Yuan Q. Public Governance, Political Connectedness, and CEO Turnover: Evidence from the Transitional Economy of China[J]. The Chinese University of Hong Kong Working paper,2008:No.3362961.

损失或重大事件发生的概率。

海内外环境中的宏观条件包括购销双方所在国家的自然地理、人文历史、政治经济、法律习俗、宗教信仰、教育外交、非法移民、战争动乱、国际化程度等。农业是受气候环境影响最大的国民生产部门，典型的靠天吃饭的行业，"一带一路"地区大多数国家对农业的依赖程度较高，近年发生的战争与重大自然灾害等突发事件不仅带来了巨大的人道主义危机，对各国及全球农林水产品的生产、市场与供需也造成了极大影响。俄乌战争造成数十万将士伤亡的同时也严重破坏了这一区域的农业基础设施与农业生产力并推动了全球粮价的上涨；摩洛哥地震、利比亚洪灾、日本核排污事件、巴以冲突等同样打破了北非与东亚、中东甚至更大范围内农业生产与消费的平衡。人文历史、政治经济、法律习俗和宗教信仰对个人和社会认知具有重要影响[1]，是构成农产品需求和偏好多样化的重要根源之一，畜禽内脏、杂碎等猪副牛副鸡副产品在中国能成为规模庞大、炙手可热的"特色美食"，但在国外却很难享有同等地位，在某种程度上就是这个道理，这也导致了国内许多企业疯狂"走私"被惩处[2]从而产生"渠道合规"风险。产业配套水平与农业行业协会是农业国际购销的中观环境。产业配套水平的提高有利于维护农业产业链供应链韧性和安全稳定，减小农企在购销活动中的搜寻成本和供货时长，降低农业产业链上下游、产供销、大中小企业衔接及协同配合中的结构互斥水平。作为连接政府与农户、企业之间的桥梁和润滑剂，中观层面的农业行业协会不是经济实体，其运作过程不应以盈利为目的，工作原则应统筹而不偏爱，指导而不干预，协调而不强制，监督而不管卡，服务而不争利。[3]健康的农业行业协会应在维护会员企业合法权益、加强行业诚信自律、规范行业竞争秩序、促进农业和食品领域科技交流与进步等方面发挥积极作用。但当前的部分农业行业协会在内部治理结构，以及行业协会与政府的共治生态方面滞后于时代发展的需要，重新审视其职能定位，重构行业协会的多元化治理模式，对于提振农企信心、增强其在农业国际购销活动中的积极性和抗风险能力非常关键。

---

[1] McDaniel S W, Burnett J J. Consumer religiosity and retail store evaluative criteria[J]. Journal of the Academy of Marketing Science, 1990, 18 (2):115-125.

[2] 手机光明网. 涉案金额2500余万！海南警方破获特大走私案，查获走私牛百叶3.18吨[EB/OL].(2022-07-22).https://m.gmw.cn/2022-07/22/content_1303056819.htm.

[3] 黄祖辉，胡剑锋. 国外农业行业协会的发展、组织制度及其启示[J]. 农业经济问题，2002(10):60-63.

5.5.3　过程性风险分析：易腐性、季节性与供应峰值

农业国际合作前期的投资范畴、中后期所需农资农机及农产品购销的合同范畴、围绕购销合同前后的各个链条节点范畴，以及最终履约范畴共同构成了农业国际合作中购销风险的过程性因素。以"政府搭台、企业唱戏"的境外农业合作示范区运作模式为例，其运行逻辑是：第一，由国家按照一定时期的外交战略出面与相关国家签署合作文件，确定合作框架。随后，农业农村部按照中央文件和精神组织申报并遴选出业内具有海外经营实绩的企业，由企业负责实施境外合作示范区的建设运营[①]，建成移交前后广泛动员和组织国内企业、配套产业入驻园区，以此为平台与东道国及周边国家（地区）开展产能合作或经贸往来；第二，入驻企业（集团）结合运营项目、制度环境、竞争环境和自身资源状况，决定所需农资和农业原料的采购供应或种养（采购供应生产配送退货）计划（图5-4虚线部分）；第三，农林牧渔经营主体结合库存、订单和定制需求，采购化肥饲料、农兽药、种子种苗、农机农膜、农业技术等农资、服务，以及农业生产加工所需的粮棉油糖、肉蛋奶、果菜茶、水产品等初级农产品和原料物资；第四，企业家在母国与东道国的制度框架下，对劳动、资本、土地、技术、数据等不同要素进行组合，以农林牧渔场或工厂的形式展开生产、加工或委托加工，形成诸如服装皮革、肉品乳品、动植物油脂、家具之类可供贸易的产品；第五，经营主体结合战略目标、政策和产业环境，以及供应链上下游之间的契约程度，以直销、经销、特许、批发、零售、代销、网销、寄售等不同模式对东道国本土、母国或第三国客户展开销售配送，实现产品的价值补偿；第六，在必要的情况下，客户向上游企业或农户退还有瑕疵的、多余的产品，完成维修或实物替换。上述任何一个阶段都有发生风险的可能，例如，销售配送阶段（履约范畴）的租船订舱、信用证催证、开证、审证、改证，国际汇款信汇、票汇、电汇，托收中付款交单、承兑交单，货物出运时备货、装货、卸货、接驳等，每一个环节都存在风险和致损因素，而且其过程和风险性质因产品类型而异。但总体而言，农业购销区别于其他购销最重要的特征是产品的易腐性、季节性和供应峰值，其他活动都要以此为约束而展开。

[①] 农业部国际合作司.农业部关于组织开展境外农业合作示范区和农业对外开放合作试验区建设试点的通知[EB/OL].(2016-11-15).http://www.gjs.moa.gov.cn/tzgg/201611/t20161115_6295855.htm.

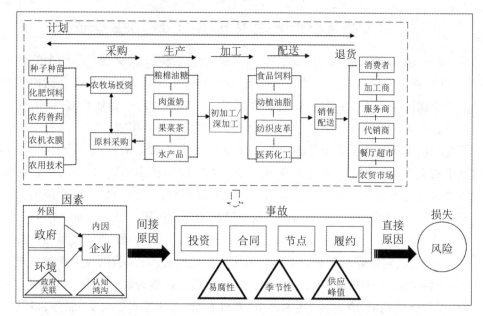

图5-4 农业国际合作中的购销风险形成机理[1]

易腐性(perishability)是由于新鲜产品的价值和质量损失在生产后(收获后)立即达到最高水平,随后的环节该损失率不断下降直到成为最终可供消费的"战利品"。甜瓜和甜玉米由于高温下的呼吸作用会将糖转化为淀粉从而失去甜味和质量(甜度损失遵循指数衰减函数),因而采摘后迅速将其从30~35℃高温的现场转移到一个冷却棚并降温到贴近零度对于维持产品质量和价值至关重要[2],相对而言,豆类或类似产品通常是干燥保存,虽然收获后的天气状况也会导致一些质量损失,但易腐性问题不如新鲜水果那么突出[3],因而,甜瓜或玉米等果蔬国际购销企业通常会在恒温仓储、冷链物流等环节投资参股以分散风险,大豆国际购买方通常在贸易合同中强调标的物水分含量、装载标准等,抵港若有货损也习惯于向海事法院主诉承运人船舶通风不良和货管不当以获得保险理赔。季节性(seasonality)是一年内由于天气、历法和决策时机的变化直接或间接影响经济主体的生产与消费决策所导致的系统性(不一定有规律)变

[1] 虚线框中的部分内容参考长江证券。

[2] Blackburn J, Scudder G. Supply chain strategies for perishable products: The case of fresh produce[J]. Production and Operations Management, 2009(18): 129-137.

[3] Jonkman J, Barbosa-Póvoa A P, Bloemhof J M. Integrating Harvesting Decisions in the Design of Agro-Food Supply Chains[J]. European Journal of Operational Research, 2019, 276(1): 247-258.

化[①]、豆粕、豆油、棕榈油、天然橡胶、生猪、鸡蛋、白糖等农产品都因这些原因而表现出不同的季节性特征。一般来说,作物价格在收获时处于季节性低点,随后是价格的反弹。例如,作为南非重要创汇产业的四个品种橙子、柠檬、葡萄柚和软柑橘收获季节参差不齐,橙子3月中旬到9月收获,柠檬最早在2月至9月中旬收获,葡萄柚在4月至8月收获,软柑橘在3月中旬至7月底收获。3月至7月是4个品种的供应峰值期,2月为早熟品种,9月为晚成熟品种,因而,国际购销一方可结合不同品种的生理特征、产地供应峰值与价格涨跌的关系,以及投放国家市场行情,采取相应的采购与营销对接策略,将风险降至最低。

5.5.4 不同风险因素之间的关系分析

从纯粹风险的本质来看,风险由因素、事故和损失三要素构成。因素即条件,事故即过程。过程是条件致损的媒介,条件只有通过一定的过程才可能致损,仅具备条件而没有过程,损失不可能发生。具体而言,上述内部风险因素和外部风险因素是促使和增加农业国际合作中购销损失发生的频率和严重程度的条件,它们是农业国际购销过程性风险发生的潜在原因,是造成农业国际购销损失的间接原因。农业国际合作中的过程性风险是造成购销损失的直接原因,是促使潜在风险因素致损的可能性转化为现实的媒介(见图5-4)。风险因素与风险过程在某些条件下可相互转化,导致风险损失的间接原因是风险因素,直接原因是风险过程。

本 章 小 结

本章以"合同进程"为主线,以我国参与"一带一路"农业国际合作为背景,运用扎根理论对农业国际购销风险及其结构维度进行了探索性研究,为该领域进一步开展实证评估和预警奠定了基础,也在一定程度上丰富了相关领域的理论内涵。研究的主要结论可概括为:

梳理和界定了农业购销风险的概念内涵,构建了农业国际合作及购销风险维度结构模型。参照扎根理论研究程序,本文共发展出企业、政府、环境、投资、合同、节点、履约共7个主范畴和19个对应范畴。其中,企业风险因素包括企业家特质、企业文化、人力资源、财务能力4个对应范畴;政府风险因素包括执法

[①] Kau J, Mahlangu S, Mazwane S, et al. Price seasonality of citrus commodities in the Joburg Fresh Produce Market[C]. The 56th Annual Conference of the Agriculture Economics Association of South Africa, 2018, https://ageconsearch.umn.edu/record/284777.

司法、服务体系2个对应范畴；环境风险因素包括宏观条件和中观产业2个对应范畴；投资风险因素包括建设运营和沟通协作2个对应范畴；合同风险因素包括交易标的和机制条款2个对应范畴；节点风险因素包括展会筹备、采购生产、流通便利、营销对接、客户管理等5个对应范畴；履约风险因素包括运输保险和通关交付2个对应范畴。

结合我国推进"一带一路"农业国际合作的工作实践，对模型的作用机理进行了阐释和分析。将7个主范畴分别归纳为内部风险因素、外部风险因素和过程性风险因素，它们都是构成农业国际合作中购销风险损失的三个成因维度。其中，内部风险和外部风险是增加或促使购销风险损失发生的条件，是潜因和间接原因。过程性风险是造成购销风险损失的直接原因，是促使内外风险转化为实际购销风险损失的媒介。内部风险因素的深层约束是认知鸿沟，外部风险因素的深层约束是政府关联，过程性风险因素的深层约束是农产品的易腐性季节性和供应峰值。

第6章 我国与"一带一路"沿线区域农业购销风险的量化研究

6.1 风险评估理论与方法

风险虽然很早就为人们所察觉,但迄今并没有形成一个为各界所公认的概念。西方古典经济学著作早在19世纪就指出,"风险"是生产经营活动的副产品,经营者的经营收入是对其在生产经营活动中所承担的风险的报酬和补偿。[①] 美国学者威雷特1901年从"客观性"与"不确定性"两个维度较为准确地对"风险"进行了界定:"风险是关于人们不愿看到的事件的发生不确定性的客观体现"。[②] 从概念中可知,首先,风险是客观存在的,不以人的意志为转移,人们可以设法规避、控制或绕开风险,但无法从根本上消除风险;其次,风险的本质是"不确定性",包括风险事故的发生和风险事故发生后造成的影响,都是不确定的。

风险管理理念的雏形在中外各个领域均有所体现,"不要把所有鸡蛋放在一个篮子里""不要在一棵树上吊死"等谚语代表了中西方分散风险的古老智慧,"积谷防饥""养儿防老""会馆""行帮""商会""镖局"等成语、词语或制度均蕴含着人们对于防范风险和转移风险的渴求。风险管理真正作为一门学科的出现,是以 Mehr 和 Hedges 的《企业风险管理》(1963)和 C.A.Williams 和 Richard M.Heins《风险管理与保险》(1964)的出版为标志的。[③] Williams 和 Heins 指出,风险管理是通过对风险的识别、衡量和控制从而以最小的成本使风险所致损失达到最低程度的管理方法。由此可见,风险管理的核心是识别、衡量和控制。风险识别是基础,即运用专门的技术和方法对可能导致风险发生的因素和条件来源进行辨识。只有辨识出风险因素后,才能对风险的大小和影响程度进行评估,然后开展防范和控制。风险衡量,也称风险评估,是在风险识别

---

① Fischhoff B. Managing Perceptions[J]. Issues in Science and Technology,1985(2):83-96.

② 汪忠,黄瑞华. 国外风险管理研究的理论、方法及其进展[J]. 外国经济与管理,2005,27(2):25-31.

③ 王稳,王东. 企业风险管理理论的演进与展望[J]. 审计研究,2010(4):96-100.

基础上运用一定方法对某一特定风险事故发生频率和损失作出估计,以便为风险防范提供依据。风险识别解决的是风险因素有哪些种类的问题,风险衡量解决的是风险因素的大小和等级问题。[1]

本书的前一篇章已经通过扎根理论方法,对我国企业农业国际合作过程中的购销风险因素进行了识别,得到包括企业、政府、环境、投资、合同、节点、履约共7个主范畴和企业家特质、企业文化、人力资源、财务能力、执法司法、服务体系、宏观条件、中观产业、建设运营、沟通协作、交易标的、机制条款、展会筹备、采购生产、流通便利、营销对接、客户管理、运输保险、通关交付在内共19个对应范畴的农业国际购销风险维度。本章主要解决的是上述风险因素或条件来源的大小和等级问题。从技术的角度看,目前风险管理分析的主要模型有决策树法、故障树分析法、蒙特卡洛模拟法、计划评审技术、影响图、效用理论、敏感性分析、综合应急评审与响应技术、风险评审技术、随机网络法、模糊分析法、灰色系统理论、计算机仿真、层次分析法等[2],本章采用影响图,即贝叶斯条件概率定理与图论的结合。

6.2 贝叶斯网络对本主题的适用性分析

贝叶斯网络是描述随机变量之间依赖关系的图形模式,自上世纪80年代加利福利亚大学计算机科学系Pearl给出贝叶斯网络的严格定义并创建其基础理论体系以来,贝叶斯网络得到了长足的发展,并被广泛应用于不确定性问题的智能化求解。[3]如周国华、彭波对于京沪高铁建设项目质量管理风险因素的分析[4],陆静、王捷对于商业银行全面风险预警系统的分析[5],肖奎喜、王满四、倪海鹏对供应链模式下应收账款风险的研究[6],杨能普、杨月芳、

---

[1] 张馨予.东北地区粮食型家庭农场经营风险评估与风险预警研究[D].东北农业大学,2021.

[2] 汪忠,黄瑞华.国外风险管理研究的理论、方法及其进展[J].外国经济与管理,2005,27(2):25-31.

[3] 王双成.贝叶斯网络学习、推理与应用[M].上海:立信会计出版社,2010.

[4] 周国华,彭波.基于贝叶斯网络的建设项目质量管理风险因素分析:以京沪高速铁路建设项目为例[J].中国软科学,2009(9):99-106.

[5] 陆静,王捷.基于贝叶斯网络的商业银行全面风险预警系统[J].系统工程理论与实践,2012,32(2):225-235.

[6] 肖奎喜,王满四,倪海鹏.供应链模式下的应收账款风险研究:基于贝叶斯网络模型的分析[J].会计研究,2011(11):65-71.

冯伟对铁路危险货物运输过程风险的评估[①]等,都是贝叶斯网络在不同领域的应用。贝叶斯网络又称贝叶斯置信网络(Bayesian Belief Networks)、因果概率网络、因果网络等,是在贝叶斯公式基础上扩展得到的不定性因果关联模型。贝叶斯网络能够运用条件概率将各种相关信息纳入到同一个网络结构中,贴切地反映各要素之间的因果关系和条件相关关系。因此,即使面对的是不完全、不精确或不确定的信息,也可以在已知网络中任意节点的状态时,用贝叶斯规则在网络中进行正向或逆向推理,从而得出网络中其他节点的后验概率。正因为这样,贝叶斯网络已成为不确定知识表达和推理领域很有效的理论模型之一。

我国农业对外经济合作虽始于20世纪50年代的政府对外援助,但市场化运作下微观企业参与农业国际合作的历程并不长,对于项目运营或贸易合作中的购销经验并没有太多积累。尤其随着国家"一带一路"倡议和"一带一路"建设农业合作愿景与行动的推进,整个欧亚大陆版图均呈现在广大企业面前,这一区域囊括了全球62%的人口,覆盖陆地总面积的39%,在宗教、民族、地理、政治、气候、习俗、市场、文化等方面均具有最大的多样性,从而也给企业农业国际购销带来了极大的不确定性,贝叶斯网络的优势在这一类问题的分析上不应该被忽略。

6.3 农业购销风险贝叶斯网络构建与预警仿真

6.3.1 农业购销风险预警系统构建

本部分构建"一带一路"农业购销风险预警系统的路径如图6-1所示。首先根据前期扎根分析得出的风险因素创建风险调查问卷,选择调查对象,有针对性地收集相关数据,得到初始的样本数据集,再通过风险等级矩阵对初始样本数据集进行标准化处理。其次由样本数量的多少决定形成贝叶斯网络结构的方法,得出科学的拓扑结构刻画风险因素之间的依赖关系。再次将量化处理后标准的样本数据导入Netica软件中,结合构建的贝叶斯网络结构,进一步开展参数学习,得到完整的贝叶斯网络模型。最后考虑自身风险偏好和研究对象特征,设定风险预警规则和灯号区间,直观地展现购销系统的风险状态,完成整个购销风险预警系统的构建。

[①] 杨能普,杨月芳,冯伟.基于贝叶斯网络的铁路危险货物运输过程风险评估[J].铁道学报,2014,36(7):8-15.

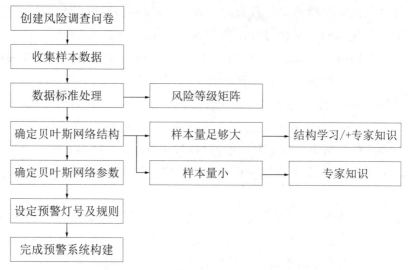

图6-1 农业购销风险预警系统构建路径

1. 风险调查问卷

农业购销风险的相关研究数据较难获取,但该领域的专家知识丰富,因此可以通过风险调查问卷收集相关经验数据应用于贝叶斯网络模型,更好地实现风险预警的目标。借助前期针对购销风险扎根研究得出的风险预警指标,参考Yang和Xie[①]的风险问卷设计,将问卷分为基本信息和风险量表两部分,根据调查对象的工作性质将主要目标人群划分为专家学者、政府及社会组织机构成员、涉农相关企业工作人员和其他,再利用经典的李克特五级量表评价风险因子的影响程度和发生概率,问卷详细内容请见附录。

通过互联网线上链接填写的方式共收集了602份有效问卷,地区涉及安徽、江西、江苏、广东、上海、浙江、湖北、湖南等28个省级行政区。参与调研的对象中专家学者为47人,占比7.81%,其中工作年限在10年以上的为27人,占比57.45%,总体工作年限都相对较长;政府及社会组织机构成员为56人,占比9.30%,其中有35.71%的成员工作年限在5年以下,但总体工作年限分布相对均衡;涉农相关企业工作人员为389人,占比64.62%,其中工作年限在5~20年的人数居多,占比61.69%,可见人员总体工作年限长,积累的相关经验丰富;工作性质为其他的人员主要包括金融从业人员、高校教师和学生、互联网从业人员、制造业技术人员及物流相关人员等,有110人,占比18.27%,其中工作年限大多在5年以下,占比60.91%,这部分人群相对较为年轻,为调研提供了新兴视

---

① Yang B, Xie L. Bayesian Network Modelling for Direct Farm Mode based Agricultural Supply Chain Risk[J]. Ekoloji, 2019,1288(1):012-056.

角。具体调查对象统计数据见表6-1所示。

表6-1 购销风险问卷调查对象统计

单位：人

工作性质	工 作 年 限				合计
	5年以下	5～10年	10～20年	20年以上	
专家学者	9(19.15%)	11(23.40%)	15(31.91%)	12(25.53%)	47
政府及社会组织机构成员	20(35.71%)	11(19.64%)	12(21.43%)	13(23.21%)	56
涉农相关企业工作人员	58(14.91%)	129(33.16%)	111(28.53%)	91(23.39%)	389
其他	67(60.91%)	19(17.27%)	13(11.82%)	11(10%)	110
合计	154	170	151	127	602

信度检验可以考察问卷调查中量表数据的准确性，因此我们通过信度分析来研究态度量表题项回答的可信度，通常采用克隆巴赫α系数值来度量其内在一致性[1]，即说明测量题项概念和量表结果的一致性和准确性。克隆巴赫α系数值一般位于0～1之间，该系数值越大，证明问卷数据的信度越好，内在一致性越高。DeVellis[2]提出克隆巴赫α系数值大于0.8表明信度非常好，位于0.7～0.8则信度较好，而0.6～0.7也是可以接受的。将以上购销风险调查问卷收集到的量表数据导入IBM SPSS Statistics 26统计分析软件中进行信度分析，分别得到总体指标、一级指标、二级指标和问卷整体的克隆巴赫α系数值，即信度检验值如表6-2所示。由检验结果可知该调查问卷各个维度量表数据的克隆巴赫α系数值均在0.85以上，说明该问卷题项和结果具有很好的内在一致性，收集到的样本数据质量和可信度高，可用于进一步的研究分析。

表6-2 购销风险调查问卷信度指标值

类别	克隆巴赫α系数	项目数	样本量
总体指标	0.838	2	602
一级指标	0.952	14	602
二级指标	0.979	38	602
问卷整体	0.986	54	602

---

[1] Eisinga R, Te Grotenhuis M, Pelzer B. The reliability of a two-item scale: Pearson, Cronbach, or Spearman-Brown?[J]. International Journal of Public Health, 2013, 58(4):637-642.

[2] DeVellis R F. Scale development: Theory and applications[M]. Thousand Oaks, CA: Sage, 2003.

2. 风险指标量化

在前期扎根分析得出风险指标和问卷调查收集到样本数据之后，需要进一步将其规范量化处理为适合建立贝叶斯网络模型的数据集。本文针对农业购销风险调查量表采用的是经典的李克特五级量表，共五个评价级别，分别赋值1~5，且用两个量表分别评价风险因素影响程度和风险因素发生概率，具体赋值标准见表6-3。

表6-3 风险量表题项赋值标准

量表题项	1	2	3	4	5
风险影响程度	极小	小	中等	大	极大
风险发生概率	极低	低	中等	高	极高

参考Lee等[①]将贝叶斯网络应用于风险管理的研究，本文采用如图6-2所示的风险等级矩阵对收集到的风险指标样本数据进行标准化处理，即将风险影响程度和风险发生概率赋值结果对应矩阵规则划分为三个等级，分别为H、M、L，对应着风险因素的状态分别为高风险、中风险和低风险。

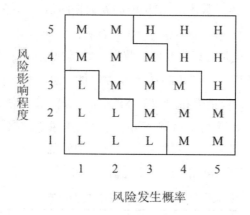

图6-2 风险等级划分标准矩阵

根据赋值处理后标准的风险调查样本数据，对农业购销风险各级风险指标对应风险因素的风险状态进行等级划分量化表示，统计得到其分别处于H、M、L三个风险状态的概率结果如表6-4所示，由此完成对农业购销风险指标的量化，为进一步建立贝叶斯网络模型提供必要的数据来源。

---

① Lee E, Park Y, Shin J G. Large engineering project risk management using a Bayesian belief network[J]. Expert Systems with Applications, 2009, 36(3): 5880-5887.

表6-4 风险因素风险状态概率数统计

风险指标	风险因素	L	M	H	合计
二级指标	企业家特质	135(22.43%)	260(43.19%)	207(34.39%)	602
	人力资源	185(30.73%)	280(46.51%)	137(22.76%)	602
	企业文化	163(27.08%)	254(42.19%)	185(30.73%)	602
	财务能力	131(21.76%)	202(33.55%)	269(44.68%)	602
	执法司法	174(28.90%)	270(44.85%)	158(26.25%)	602
	服务体系	169(28.07%)	279(46.35%)	154(25.58%)	602
	宏观条件	165(27.41%)	270(44.85%)	167(27.74%)	602
	中观产业	165(27.41%)	308(51.16%)	129(21.43%)	602
	建设运营	152(25.25%)	290(48.17%)	160(26.58%)	602
	沟通协作	179(29.73%)	289(48.01%)	134(22.26%)	602
	交易标的	181(30.07%)	263(43.69%)	158(26.25%)	602
	机制安排	192(31.89%)	251(41.69%)	159(26.41%)	602
	展会筹备	246(40.86%)	265(44.02%)	91(15.12%)	602
	采购生产	177(29.40%)	293(48.67%)	132(21.93%)	602
	客户管理	215(35.71%)	275(45.68%)	112(18.60%)	602
	流通便利	209(34.72%)	259(43.02%)	134(22.26%)	602
	营销对接	188(31.23%)	293(48.67%)	121(20.10%)	602
	运输保险	217(36.05%)	254(42.19%)	131(21.76%)	602
	通关支付	228(37.87%)	243(40.37%)	131(21.76%)	602
一级指标	企业风险	136(22.59%)	270(44.85%)	196(32.56%)	602
	政府风险	182(30.23%)	262(43.52%)	158(26.25%)	602
	环境风险	178(29.57%)	279(46.35%)	145(24.09%)	602
	投资风险	170(28.24%)	285(47.34%)	147(24.42%)	602
	合同风险	181(30.07%)	290(48.17%)	131(21.76%)	602
	节点风险	206(34.22%)	277(46.01%)	119(19.77%)	602
	履约风险	220(36.54%)	261(43.36%)	121(20.10%)	602
总体指标	购销风险	185(30.73%)	272(45.18%)	145(24.09%)	602

3. 贝叶斯网络结构

构建风险预警模型的基础是确定贝叶斯网络结构,该拓扑结构一般可通过三种方法形成[①]:第一种是机器学习,即基于大量的样本数据,选择适当的机器学习算法,依托相关机器学习软件完成贝叶斯网络结构的搭建。第二种是专家知识,即通过调研访谈、文献分析等方式,运用领域内专家丰富的经验来确定贝

---

① 何清华,杨德磊,罗岚,等. 基于贝叶斯网络的大型复杂工程项目群进度风险分析[J]. 软科学,2016,30(04):120-126.

叶斯网络结构,如此得到的结构往往更加贴合实际。第三种是机器学习与专家知识相结合,即在利用机器学习前通过专家知识预先确定初步网络结构或者在样本数据运行完后通过专家知识进行修改,因为在实际运用软件学习样本数据的过程中会发现得出来的网络结构多有偏差,描述过于客观,因此需要结合专家知识进行优化调整。

考虑农业购销风险相关数据较少但专家经验丰富的研究特性,加之由问卷调查所获取的样本数据量不够充足,本文选择利用专家知识来确定贝叶斯网络结构以更好地达到风险预警的目标。基于前期对农业购销风险展开的较为详尽的扎根分析,以及对领域内相关专家的调研访谈和部分参与购销活动企业的实地考察,形成了由二级风险指标指向一级风险指标,一级风险指标指向总体风险指标的拓扑结构,如图6-3所示,各风险因素之间的有向边表示它们之间的依赖关系。

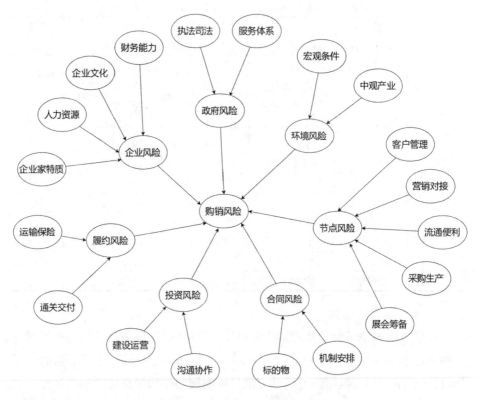

图6-3 购销风险贝叶斯网络结构

购销风险贝叶斯网络结构中的二级风险指标作用于一级风险指标,一级风险指标又共同影响着总体风险指标,例如,其中运输保险和通关交付两个二级风险指标均影响着履约风险一级指标，而履约风险又将相关影响传导至总体指标购销风险上，体现了风险因素之间的动态关联，将复杂的风险系统具象化，更直观又清晰地表达了风险传导路径和机制，帮助我们更好地分析了解各风险节点在不同风险状态下产生联动影响的情况，也为下一步的参数学习提供必要的结构模型。

4. 贝叶斯网络参数

贝叶斯网络参数学习是基于一组规范样本数据集和拓扑结构，利用相关计算软件的机器学习算法，得出各节点局部条件概率分布参数的过程。本文借助贝叶斯网络建模软件Netica中的参数学习功能完成这一参数估计过程，首先在Netica中导入前期根据专家经验确定的贝叶斯网络结构图，再将根据赋值标准量化后的样本数据集输入软件中进行相关参数学习，进而输出完整的农业购销风险贝叶斯网络参数学习结果如图6-4所示。

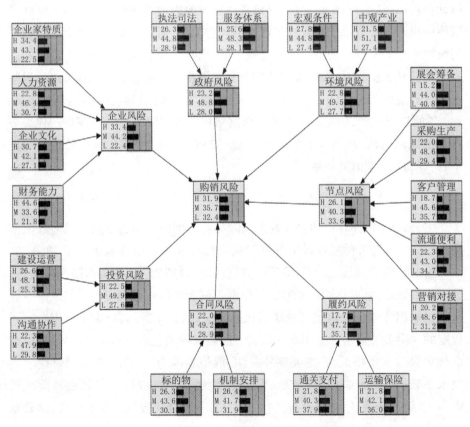

图6-4 购销风险贝叶斯网络参数学习结果

通过初步贝叶斯网络参数学习结果可知，整体购销风险处于H、L、M三种风险状态的概率相对均衡,而一级风险指标中企业风险处于高风险状态的概率最大,履约风险处于高风险状态的概率最小。此外,可以关注到二级风险指标中的财务能力处于高风险状态的概率极大,而展会筹备处于高风险状态的概率很小。由以上可视化的参数结果可直观监测到各风险节点的风险状态,也可进一步具体设定风险预警规则,将其概率分布转化为数字化的风险值,便于管理者提高风险预测的效率和效果。

5. 预警灯号区间设置

在搭建好贝叶斯网络结构并通过规范样本数据集训练学习得到贝叶斯网络参数结果后,需要进一步设定风险预警规则,对各风险节点的风险水平进行计算,并应用风险预警区间和灯号来直观展现相关风险因素的风险状态,以实现风险预警系统的构建目标和实用功能。利用高风险(H)、中风险(M)和低风险(L)三种维度来评价风险因素的风险状态,并对不同风险状态进行权重赋值以计算得出风险节点的风险值,具体描述各风险因素的风险大小。对风险状态赋值的风险权重取决于企业或管理者的风险偏好,需要涉及农业国际购销活动的组织或个人根据自身情况作出合理判断,以满足相应风险管理的需求。在此参考陆静和王捷[①]的风险权重赋值标准并咨询相关专家意见得到各节点的风险水平计算规则如公式(6.1)所示,对高风险、中风险和低风险分别赋予1/2、3/10和1/5的权重比例,假定N代表贝叶斯网络中的各风险节点,则RV(N)代表节点N的风险数值,P(N=H)、P(N=M)和P(N=L)分别代表风险节点N处于H、M和L状态时的概率值。

$$\mathrm{RV}(N)=\frac{1}{2}P(N=\mathrm{H})+\frac{3}{10}P(N=\mathrm{M})+\frac{1}{5}P(N=\mathrm{L}) \quad (6.1)$$

由公式(6.1)计算得到农业购销风险贝叶斯网络模型各节点的风险数值范围为[0.20,0.50],再根据风险偏好和风险管理要求从中选取0.28、0.30、0.33、0.36四个临界值,形成五个风险等级数值区间,分别代表不同的风险预警状态。为了更直观地达到风险预警的效果,设置不同颜色的灯号对应不同的风险等级区间来输出该购销风险预警系统的状态结果如表6-5所示,以满足使用者不同程度的风险关注需求。采用蓝、绿、黄、红、黑五种颜色来表示预警灯号,其中蓝灯代表风险水平极低,不需要额外关注,取值范围为[0.20,0.28);绿灯代表风险水平较低,需要关注程度较低,取值范围为[0.28,0.30);黄灯代表风险水平中等,需要一定关注,取值范围为[0.30,0.33);红灯代表风险水平较高,需要重

[①] 陆静,王捷. 基于贝叶斯网络的商业银行全面风险预警系统[J]. 系统工程理论与实践,2012,32(2):225-235.

点关注并采取防范措施,取值范围为[0.33,0.36);黑灯代表风险水平极高,必须特别关注并做好充足的应对准备,取值范围为[0.36,0.50)。

表6-5 风险预警灯号及区间

风险等级	极低	较低	中等	较高	极高
风险区间	[0.20,0.28)	[0.28,0.30)	[0.30,0.33)	[0.33,0.36)	[0.36,0.50)
风险灯号	蓝灯	绿灯	黄灯	红灯	黑灯

6. 购销风险预警系统

根据扎根分析得到的风险指标和风险调查问卷收集到的样本数据,参考专家知识和前人相关研究,本文在贝叶斯网络建模软件Netica中创建了农业购销风险贝叶斯网络模型如图6-4所示。在此基础上设置了风险预警规则和灯号区间,形成了完整的购销风险预警系统。

将购销风险贝叶斯网络模型中各风险节点不同状态下的概率值代入风险预警规则公式中,得到各风险因素具体的风险值,并对应不同的风险灯号,显示不同的风险关注程度,分别在总体指标、一级指标和二级指标范围内按风险数值降序排列的结果如表6-6所示。

表6-6 风险节点的风险值及预警灯号

风险指标	风险因素	H	M	L	RV	灯号
二级指标	财务能力	44.60%	33.60%	21.80%	0.3674	黑灯
	企业家特质	34.40%	43.10%	22.50%	0.3463	红灯
	企业文化	30.70%	42.10%	27.10%	0.3340	红灯
	宏观条件	27.80%	44.80%	27.40%	0.3282	黄灯
	建设运营	26.60%	48.10%	25.30%	0.3279	黄灯
	执法司法	26.30%	44.80%	28.90%	0.3237	黄灯
	服务体系	25.60%	46.30%	28.10%	0.3231	黄灯
	标的物	26.30%	43.60%	30.10%	0.3225	黄灯
	机制安排	26.40%	41.70%	31.90%	0.3209	黄灯
	中观产业	21.50%	51.10%	27.40%	0.3156	黄灯
	沟通协作	22.30%	47.90%	29.80%	0.3148	黄灯
	人力资源	22.80%	46.40%	30.70%	0.3146	黄灯
	采购生产	22.00%	48.60%	29.40%	0.3146	黄灯
	流通便利	22.30%	43.00%	34.70%	0.3099	黄灯
	营销对接	20.20%	48.60%	31.20%	0.3092	黄灯
	运输保险	21.80%	42.10%	36.00%	0.3073	黄灯
	通关交付	21.80%	40.30%	37.90%	0.3057	黄灯
	客户管理	18.70%	45.60%	35.70%	0.3017	黄灯

续表

风险指标	风险因素	H	M	L	RV	灯号
一级指标	展会筹备	15.20%	44.00%	40.80%	0.2896	绿灯
	企业风险	33.40%	44.20%	22.40%	0.3444	红灯
	节点风险	26.10%	40.30%	33.60%	0.3186	黄灯
	政府风险	23.20%	48.80%	28.00%	0.3184	黄灯
	环境风险	22.80%	49.50%	27.70%	0.3179	黄灯
	投资风险	22.50%	49.90%	27.60%	0.3174	黄灯
	合同风险	22.00%	49.20%	28.90%	0.3154	黄灯
	履约风险	17.70%	47.20%	35.10%	0.3003	黄灯
总体指标	购销风险	31.90%	35.70%	32.40%	0.3314	红灯

由该预警系统总体指标的风险值可知农业购销风险初始处于红灯状态，即风险等级较高，需要参与购销活动的各方积极关注，合理分配企业资源进行主动干预，在尽可能降低风险事故发生概率的同时做好风险管理预案防止风险事故损失的扩大。就一级指标这一风险维度来看，企业风险的风险值最高，预警灯号显示为红灯，说明农业购销活动的参与主体在企业经营管理方面存在较大问题，要想取得健康可持续的发展就要从根本上调整企业的管理理念与运营模式，注意购销项目的战略布局和科学管理；其他一级指标的风险灯号均为黄灯，风险等级为中等，企业可根据自身情况和风险偏好选择适宜的风险管理方式，关注相关风险因素的变化趋势，防止其恶化。

从19个二级风险预警指标的风险值计算结果来看，财务能力的风险值极高，显示为黑灯，需要特别注意这一风险因素诱发风险事故的可能性极大，企业要高度重视购销活动中项目融资与筹资、资金周转与使用效率、支付或偿债等方面的问题，结合自身的风险偏好和承受能力，制定财务风险处理方案，明确财务风险控制流程，合理分配资源和流向，尽量将该风险因素可能带来的损失降到最低；企业家特质和企业文化的风险预警灯号为红灯，说明要从企业家本身入手，注重战略思维能力的培养，加强对国际化知识的学习和跨文化管理经验的积累，提高对国内外复杂问题的驾驭能力，以诚信理念和社会责任担当，重塑企业在海内外的良好形象，努力化解或缓冲这些风险因素对国际购销带来的不利影响；展会筹备的风险值较低，预警灯号为绿灯，指示对购销活动顺利进行的影响不大，企业可根据产品生命周期或自身所处的国际市场定位制定相应的风险处理决策；其他二级风险预警指标的预警灯号均为黄灯，风险等级为中等，说明这些风险因素对国际购销的影响应予以适当关注，企业可根据阶段性战略目标或业务进展的需要，有针对性地研究相应风险因素的处置方案和控制流程，确保风险管理资源的最优配置和合理使用。

6.3.2 农业购销风险预警系统仿真分析

根据前一节构建的购销风险预警系统,借助贝叶斯网络强大的概率推理能力,可从正向和逆向两方面进行该系统的仿真应用分析,一方面可以验证系统模型的有效性,另一方面通过举例应用实现风险预警系统的目标,提高企业风险管理的效果。

1. 正向推理分析

利用贝叶斯网络的正向推理功能,对已构建完整的风险预警系统进行概率预测,即通过拓扑结构显示的风险因素之间的依赖关系,观测当某些子节点风险状态发生变化时相应父节点风险状态变动的情况,推理出具体的风险事件发生概率和传导路径,帮助企业管理者及时准确掌握系统风险的变化并采取必要的防范措施。具体推理分析的过程是先根据调研案例的实际情况对部分子节点的参数状态进行设置,应用Netica软件的网络结构和机器学习算法得到父节点的风险状态,模拟真实风险事件的发生和传导,并计算观察其风险值和预警灯号变化,再由变动情况分析购销系统可能存在的风险或可能发生的故障,给出相关的风险预警建议。

课题组调研了BL国际贸易有限公司,该公司成立于2006年,专业从事进口冷冻肉类等产品。公司地址位于江苏省大型海港——连云港,且连云港作为新亚欧大陆桥东方桥头堡已与160多个国家和地区近千个港口开展了贸易往来,是苏北和中西部经济便捷的出海口。该公司一直与国外生产冷冻肉类的生产商保持着良好的合作关系,与美国、澳大利亚、西班牙、荷兰、丹麦、巴西、阿根廷、新西兰等国的肉类生产商都有密切的贸易往来。在进行牛肉和羊肉进口时,其使用的贸易方式是偏高风险的先T/T后D/P,其中,先T/T的程度高达40%,也就是说在公司与国外供应商签订采购合同之后,国外还没有投产之前,一小半的货款就已经通过电汇(T/T)方式对外支付了,后续余款再以付款交单(D/P)的方式对外支付,需要我方在采购合同中通过相关条款机制做好防范。

除此以外,正如俗语"男怕入错行,女怕嫁错郎"所寓意的,真正的风险往往在一开始选择贸易伙伴时就已经确定了,贸易伙伴的资信状况、行业地位、企业文化、领导人特质等,某种意义上就直接决定了后续双方沟通的质效及合作体验,任何法律、技术、合同、保险等都只能算是事后的补救措施或心理安慰。更何况,"一带一路"沿线许多国家的法律体系和制度质量本身也并不理想,所以该公司在选择"一带一路"沿线贸易伙伴时也非常慎重。在交易标的的选择或具体行业方面，公司会结合畜禽产品的生长周期、市场供需行情确定一定时期的购销意向。例如，猪仔从出生到出栏产生经济效益最快4个月不到，因此猪的市场行情很难持续超过4个月，紧张的供需缺口在4个月后新长大的猪起来就填补了。鸡只需要40天，牛需要3年来填补，羊则需要1年半到2年才能填补。因此，该公司选择了牛作为这段时期的主要贸易产品，因为牛的市场行情波动最小，最稳健。由于公司所进口的牛肉品种并不属于高价值货物而且数量也较多，有时一次会订购10个柜的量，因此一般会选择较为经济实惠的海运方式。而且，考虑鲜活农产品的易烂易腐特性，为防范其投入市场时的营养、鲜度和口感发生变化，公司进口牛肉时的运输载体全部选择的是冷藏集装箱海运。考虑到入境时海关清关和银行结算的要求，公司会敦促国外供货方提供包括海运提单、装箱单、发票、检验检疫证明等在内的通关文件，并做好输华肉类企业海关注册登记。

结合上述情形，将BL国际贸易有限公司在参与沿线农业购销活动中可能遇到的风险问题对应到预警系统相应的子节点上，并视具体情况调整节点参数值，即假设宏观环境、沟通协作、通关交付和财务能力这四个风险因素的参数值为$P(N=H)=90\%$，$P(N=M)=P(N=L)=5\%$；假设中观产业、交易标的、机制安排和执法司法这四个风险因素的参数值为$P(N=H)=80\%$，$P(N=M)=P(N=L)=10\%$，在Netica软件中输出新的贝叶斯网络参数结果如图6-5所示，计算得到变化前后的父节点风险值和预警灯号如表6-7所示。

表6-7　正向推理前后父节点参数变化

风险节点	阶段	H	M	L	RV	灯号
企业风险	推理前	33.40%	44.20%	22.40%	0.3444	红灯
	推理后	42.30%	42.10%	15.60%	0.3690	黑灯
政府风险	推理前	23.20%	48.80%	28.00%	0.3184	黄灯
	推理后	33.50%	43.30%	22.90%	0.3432	红灯
环境风险	推理前	22.80%	49.50%	27.70%	0.3179	黄灯
	推理后	64.30%	29.30%	6.37%	0.4221	黑灯
投资风险	推理前	22.50%	49.90%	27.60%	0.3174	黄灯
	推理后	43.60%	38.50%	17.90%	0.3693	黑灯
合同风险	推理前	22.00%	49.20%	28.90%	0.3154	黄灯
	推理后	58.70%	31.40%	9.89%	0.4075	黑灯
节点风险	推理前	26.10%	40.30%	33.60%	0.3186	黄灯
	推理后	26.10%	40.30%	33.60%	0.3186	黄灯

续表

风险节点	阶段	H	M	L	RV	灯号
履约风险	推理前	17.70%	47.20%	35.10%	0.3003	黄灯
	推理后	45.80%	40.40%	13.80%	0.3778	黑灯
购销风险	推理前	31.90%	35.70%	32.40%	0.3314	红灯
	推理后	34.30%	35.30%	30.50%	0.3384	红灯

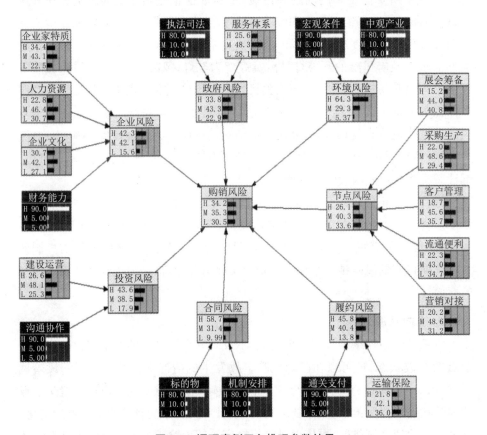

图 6-5　调研案例正向推理参数结果

从正向推理结果及变化前后参数值对比来看,整体购销风险处于高风险状态的概率有所增加,对应的风险值也有小幅提升,预警灯号仍然为红灯,表明BL 国际贸易有限公司在购销活动中面临的风险程度比初始水平稍大,但灯号变化不显著,公司要警惕相关节点风险值的进一步增大,注意防范已预警风险事件的发生,合理规划和管理企业资源,建立全面风险管理评价机制,助力企业购销项目的顺利进行。

观测受到直接影响的父节点参数值变化,发现环境风险、投资风险、合同风险和履约风险的风险值变动极大,风险预警灯号均由黄灯变为黑灯,风险等级极高,该企业在以上四个方面可能遇到的风险较为严峻,应高度重视国际合作过程中以上风险模块与企业购销活动关联的各个侧面,提前做好风险应对方案,增加相关部门的风险管理资源投入,降低风险事故发生所导致的损失;企业风险的风险值也有较大增长,风险预警灯号由红灯变为黑灯,应重新考量企业管理实践中所暴露出来的问题和短板,重新审视企业领导层的决策思路和风格,构建合理的内部组织架构和健康可持续的运行模式,从人力资源、企业文化和财务管理等多角度进行调整和完善,提高企业的综合实力来满足国际购销的运作需求。政府风险的预警灯号由黄灯变为红灯,风险值有小幅增加,风险等级由中等提升为较高,公司在布局项目时要考虑母国和东道国在执法司法和服务体系方面的偏差,做好前期调研和信息匹配,减少项目开展中的成本。节点风险的风险值没有变化,即该公司在购销活动运作中的展会筹备、采购生产、流通便利、营销对接和客户管理环节表现较为不错,保障了部分节点的顺利推进,继续观察相关风险因素的后续变动即可。

综合上述正向推理分析,得出BL国际贸易有限公司在参与沿线农业购销活动过程中需要特别关注的风险因素和重要事项,给予企业风险管理相关的参考依据,便于更直观清晰地了解掌握项目的运行情况,达到风险预警与控制的目标。而得到的风险预警结果也与企业实际情况相符,进一步验证了系统模型的有效性。

2. 逆向推理分析

应用贝叶斯网络的概率推理功能,不仅能够由子节点的概率变化分析出父节点的参数状态,还可以在已知风险事故发生的情况下诊断出重要的风险诱因,即由父节点的概率变化判断出其相关影响因子的重要性。通过设置父节点的参数状态和概率值,引用拓扑结构的风险传导,观察受影响的子节点的变化,并进行风险值计算排序,再依据风险值排序比较风险因素诱导风险事件发生的影响程度,完成整个购销风险预警系统的逆向推理分析。

首先对整体购销风险的节点参数值进行设置,即假设购销风险节点的$P(N=H)=100\%,P(N=M)=P(N=L)=0$,分析总体风险指标变动对其直接相关的一级风险指标的变动影响,得到调整参数后的系统结果如图6-6所示,再根据参数结果计算推理前后一级风险指标节点的风险值和预警灯号如表6-8所示,用以分析各一级风险指标对整体购销风险的重要程度。

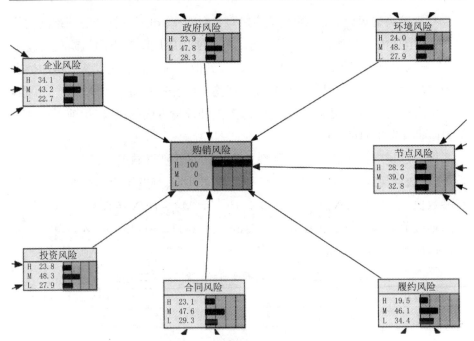

图6-6 购销风险逆向推理参数结果

表6-8 购销风险逆向推理前后风险节点参数变化

风险节点	阶段	H	M	L	RV	灯号
企业风险	推理前	33.40%	44.20%	22.40%	0.3444	红灯
	推理后	34.10%	43.20%	22.70%	0.3455	红灯
政府风险	推理前	23.20%	48.80%	28.00%	0.3184	黄灯
	推理后	23.90%	47.80%	28.30%	0.3195	黄灯
环境风险	推理前	22.80%	49.50%	27.70%	0.3179	黄灯
	推理后	24.00%	48.10%	27.90%	0.3201	黄灯
投资风险	推理前	22.50%	49.90%	27.60%	0.3174	黄灯
	推理后	23.80%	48.30%	27.90%	0.3197	黄灯
合同风险	推理前	22.00%	49.20%	28.90%	0.3154	黄灯
	推理后	23.10%	47.60%	29.30%	0.3169	黄灯
节点风险	推理前	26.10%	40.30%	33.60%	0.3186	黄灯
	推理后	28.20%	39.00%	32.80%	0.3236	黄灯
履约风险	推理前	17.70%	47.20%	35.10%	0.3003	黄灯
	推理后	19.50%	46.10%	34.40%	0.3046	黄灯

由整体购销风险逆向推理前后参数结果变化来看,当购销风险完全处于高风险状态时,相应一级风险指标节点的风险值变化不大,预警灯号维持原色不变,但高风险的参数值和节点风险值均有小幅上升,主要因为变化前预警系统

已经处于较高的风险状态,继续调高风险参数概率,再通过复杂的网络结构传导,对子节点的影响作用显示不突出。根据变化后风险节点的风险值比较来看,企业风险对购销风险系统的影响最大,其他指标的影响程度从大至小依次为节点风险、环境风险、投资风险、政府风险、合同风险、履约风险,因此国际购销决策者应视自身情况着重关注企业、节点和环境方面的风险,提前干预并降低风险事件发生的可能性。

再通过逆向推理探究一级风险预警指标的重要影响因子,即分别调整企业风险、政府风险、环境风险、投资风险、合同风险、节点风险和履约风险的节点参数值,假设其$P(N=H)=100\%$,$P(N=M)=P(N=L)=0$,得到相关节点推理前后参数值变化如表6-9、表6-10、表6-11、表6-12、表6-13、表6-14和表6-15所示。

表6-9 企业风险逆向推理前后风险节点参数变化

风险节点	阶段	H	M	L	RV	灯号
企业家特质	推理前	34.40%	43.10%	22.50%	0.3463	红灯
	推理后	43.00%	39.80%	17.20%	0.3688	黑灯
人力资源	推理前	22.80%	46.40%	30.70%	0.3146	黄灯
	推理后	25.20%	46.20%	28.60%	0.3218	黄灯
企业文化	推理前	30.70%	42.10%	27.10%	0.3340	红灯
	推理后	38.10%	40.00%	21.90%	0.3543	红灯
财务能力	推理前	44.60%	33.60%	21.80%	0.3674	黑灯
	推理后	59.00%	23.30%	17.80%	0.4005	黑灯

表6-10 政府风险逆向推理前后风险节点参数变化

风险节点	阶段	H	M	L	RV	灯号
执法司法	推理前	26.30%	44.80%	28.90%	0.3237	黄灯
	推理后	43.00%	39.30%	17.70%	0.3683	黑灯
服务体系	推理前	25.60%	46.30%	28.10%	0.3231	黄灯
	推理后	58.60%	33.00%	8.39%	0.4088	黑灯

表6-11 环境风险逆向推理前后风险节点参数变化

风险节点	阶段	H	M	L	RV	灯号
宏观条件	推理前	27.80%	44.80%	27.40%	0.3282	黄灯
	推理后	45.30%	34.80%	19.90%	0.3707	黑灯
中观产业	推理前	21.50%	51.10%	27.40%	0.3156	黄灯
	推理后	52.60%	39.10%	8.23%	0.3968	黑灯

表6-12 投资风险逆向推理前后风险节点参数变化

风险节点	阶段	H	M	L	RV	灯号
建设运营	推理前	26.60%	48.10%	25.30%	0.3279	黄灯
	推理后	49.40%	35.90%	14.80%	0.3843	黑灯
沟通协作	推理前	22.30%	47.90%	29.80%	0.3148	黄灯
	推理后	46.40%	38.10%	15.50%	0.3773	黑灯

表6-13 合同风险逆向推理前后风险节点参数变化

风险节点	阶段	H	M	L	RV	灯号
标的物	推理前	26.30%	43.60%	30.10%	0.3225	黄灯
	推理后	38.60%	34.50%	26.80%	0.3501	红灯
机制安排	推理前	26.40%	41.70%	31.90%	0.3209	黄灯
	推理后	67.50%	22.30%	10.20%	0.4248	黑灯

表6-14 节点风险逆向推理前后风险节点参数变化

风险节点	阶段	H	M	L	RV	灯号
展会筹备	推理前	15.20%	44.00%	40.80%	0.2896	绿灯
	推理后	18.60%	42.70%	38.70%	0.2985	绿灯
采购生产	推理前	22.00%	48.60%	29.40%	0.3146	黄灯
	推理后	25.90%	42.00%	32.10%	0.3197	黄灯
客户管理	推理前	18.70%	45.60%	35.70%	0.3017	黄灯
	推理后	22.90%	44.20%	33.00%	0.3131	黄灯
流通便利	推理前	22.30%	43.00%	34.70%	0.3099	黄灯
	推理后	28.50%	40.40%	31.10%	0.3259	黄灯
营销对接	推理前	20.20%	48.60%	31.20%	0.3092	黄灯
	推理后	27.30%	43.40%	29.40%	0.3255	黄灯

表6-15 履约风险逆向推理前后风险节点参数变化

风险节点	阶段	H	M	L	RV	灯号
运输保险	推理前	21.80%	42.10%	36.00%	0.3073	黄灯
	推理后	39.40%	32.80%	27.80%	0.3510	红灯
通关交付	推理前	21.80%	40.30%	37.90%	0.3057	黄灯
	推理后	61.70%	26.30%	12.00%	0.4114	黑灯

由表6-9企业风险逆向推理的参数结果变化来看,企业家特质的风险值大幅提升,预警灯号由红灯变为黑灯,表明该风险因素对企业风险的贡献率较大,要多加注意其风险恶化的概率,从根源上控制风险的进一步扩大。而组成企业风险的其他风险因子的预警灯号虽然保持不变,但风险值都有较大变动,需要重视相关风险诱因的管理。就其变化后的风险值比较得到重要性排序为财务

能力＞企业家特质＞企业文化＞人力资源。由表6-10政府风险逆向推理的参数结果变化来看,组成政府风险的风险因子预警灯号都由黄灯变为黑灯,表明风险等级均变为高风险,即这两个风险因子对政府风险的贡献率都很高,其重要性排序为服务体系＞执法司法。由表6-11环境风险逆向推理参数结果变化来看,宏观条件和中观产业的风险值均增长很多,预警灯号也从黄灯变为黑灯,均对环境风险的影响很大,变化后相对重要性排序为中观产业＞宏观条件。由表6-12投资风险逆向推理参数结果变化来看,其组成风险因子对投资风险变动的贡献率均很高,推理后风险值提升幅度很大,相对重要性排序为建设运营＞沟通协作。由表6-13合同风险逆向推理参数结果变化来看,其风险因子机制安排的风险值变动极大,推理后的风险状态极高,预警灯号由黄灯变为黑灯,对合同风险的贡献率很大,要多分配企业资源至该风险因素的控制上。另一风险因子标的物的预警灯号由黄灯变为红灯,风险值也有部分波动,但影响程度不及机制安排,因此相对重要性排序为机制安排＞标的物。由表6-14节点风险逆向推理参数结果变化来看,组成节点风险的风险因子的风险值虽然有小幅增加但不足以使预警灯号发生变动,各个风险因子对节点风险的贡献率没有很突出,较为均衡,比较推理后风险值得到其相对重要性排序为流通便利＞营销对接＞采购生产＞客户管理＞展会筹备。由表6-15履约风险逆向推理参数结果变化来看,通关交付的预警灯号由黄灯变为黑灯,风险等级由中等到高,变化幅度与履约风险同步,而运输保险的预警灯号由黄灯变为红灯,风险值有小幅增长,风险变动贡献率相对较小,比较得到履约风险影响因子的重要性排序为通关交付＞运输保险。

综合以上对一级风险指标的逆向推理分析,总结得到七个风险维度影响因子的重要性排序如表6-16所示,企业可根据风险因素的相对贡献率和风险状态有针对性地设置风险管理预案,提高资源利用质量和风险控制效率,减少成本投入和风险损失,保障购销项目的平稳推进和顺利运行。

表6-16　一级风险指标影响因子重要性排序

一级风险指标	影 响 因 子 重 要 性 排 序
企业风险	财务能力＞企业家特质＞企业文化＞人力资源
政府风险	服务体系＞执法司法
环境风险	中观产业＞宏观条件
投资风险	建设运营＞沟通协作
合同风险	机制安排＞标的物

续表

一级风险指标	影响因子重要性排序
节点风险	流通便利＞营销对接＞采购生产＞客户管理＞展会筹备
履约风险	通关交付＞运输保险

本章小结

"一带一路"农业合作已经从早期的"大写意"迈向高质量发展的"工笔画"阶段。对于国际化经验并不算丰富的中国企业来说,如何对其合作项目中所涉物资的购销风险管理进行预警是一件值得期待的事情。主要原因是,农业领域本身风险就大,许多企业不愿投资因而可供借鉴的经验相对较少,加之还要涉及到地缘政治特别复杂的"一带一路"地区。课题选择了我国农业对外开放合作的"样板"地区——全国首批农业对外开放合作试验区及辐射区域,通过几年时间的田野调查和现场访谈录音,掌握了许多代表性企业在实际操作过程中所遭遇过的真实风险经历。运用扎根理论将所获资料自下而上进行持续比较和提取,最终将发展出来的农业购销风险维度结构嵌入贝叶斯网络预警模型是本书的一大特色。以此为基础设置预警规则进行系统仿真,得到各级风险因子的预警灯号变化和重要程度排序,决策者可根据风险偏好和风险承受能力,选择风险承担、风险监控、风险转移、风险对冲和风险补偿等策略,并确定相应的资源配置方案。当然,农业购销风险预警模型的建立只是我国参与"一带一路"农业国际合作中风险管理的一个侧面,要有效防范风险,减小损失,仍需政府、行业、企业各方的共同努力。

第7章　我国与"一带一路"农业国际合作中的购销风险防范策略

7.1　政府层面

7.1.1　优化制度环境和部门协调机制

政府是市场经济的重要参与者,对经济社会的稳健运行有积极的促进作用[①],为更好地实施政府在农业国际贸易领域宏观调控和统筹协调的职能,保障农业国际合作的顺利进行,应进一步优化国内制度环境,提升政府干预质量,规范市场参与者行为,营造良好的商业氛围,在市场导向下建立公正、完善、合规、透明的制度体系。随着国家农业对外开放深度和广度的一步步提升,国内农业和国际农业在市场和资源等多方面产生了高度嵌合,政府应更加重视农业国际合作领域的韧性与安全,建立和完善农业国际合作支持政策体系,从购销风险管理的政策需求出发,借助政策体系、优惠补贴、保险援助和信贷支持等政策工具,以促进合作和防范风险为目标,切实保护"一带一路"农业国际合作购销价值链、购销供应链各环节和不同成员之间的利益分配。农业国际合作是一个涉及农业农村、外交、发展改革、科技、财政、商务、海关、银行、国资、税务、金融、外汇、信保等多部门的复杂系统工程,该系统的高效运作需要不同政府部门之间协同合作、畅通传达,并建立合实际、快响应、高效率的协调工作机制。要在加强顶层设计的基础上,将农业国际合作相关工作统一纳入各级政府总体规划,着力提高政府部门的管理和工作效率,加快相关政策的响应和落实。同时在常设协调工作小组中设立统筹反馈机制,及时解决农业国际合作领域跨国界、跨部门、跨时空的业务诉求,节约相关人力资源的配置和时间成本,为农业国际合作项目的稳妥推进,以及农业产业链供应链韧性与安全提供保障。

---

① 清华大学中国经济思想与实践研究院. 马斯金:为何政府与市场经济学研究如此重要? 诺奖得主马斯金解答[EB/OL].(2021-05-25).http://www.accept.tsinghua.edu.cn/2021/0525/c325a893/page.htm.

7.1.2 拓宽基础设施和贸易物流网络

设施联通作为优先建设领域,是建立和落实"一带一路"合作规划的基础,能够为共建国家间的沟通交流提供便捷和可行的路径,农业合作项目中的农产品贸易也依托于此。"一带一路"农业合作重点国家大多位于重要的国际运输交通枢纽上,但这些国家大多为基础设施落后的发展中国家,一定程度上制约了农产品进出口贸易的发展。[①]例如,巴基斯坦国内的交通十分不畅,将芒果从产地木尔坦运至卡拉奇港需要十几个小时,在长时间的运输途中农产品极易腐坏,而2019年底通车的"苏木段"高速公路将运输时间缩短至四小时,极大改善了贸易条件。[②]因此政府应大力支持与"一带一路"国家的基础设施建设合作项目,为农业国际合作购销活动的运输和仓储保驾护航。首先政府应充分调研农业国际合作项目中物资、材料及农产品的运输需求,了解中国与沿线各国间涉农项目物资产品供应网络和流向分布,依托基建合作项目,与中欧班列运输联合工作组成员国及其他共建国家推进中欧班列通道多样化和畅通性建设,完善沿线铁路物流网络;同时优化国际多式联运枢纽布局,加快建设多式联运骨干通道,拓展现有国际公路、水路和航空运输网络,将主要干支路线纳入联合国授权国际道路运输联盟(IRU)管理的TIR体系,支持和培育更多的国内优质运输企业参与TIR运输,切实提高农产品国际运输安全与便利化水平。其次,政府要积极建设多方位的基础设施投融资体系,善用政策性金融工具,扩大中国进出口银行"两优"贷款的规模,利用亚投行和丝路基金等融资渠道,同时适当放宽社会资金准入门槛,为共建国家间的基建发展提供充足的资金支持。[③]最后政府要探索多元化的国际基建项目合作模式,如与西方发达国家间优势互补的第三方市场合作项目以及"走出去"和"引进来"的双向合作[④],一方面可以更好地优化市场配置,提高工程建设和资源利用效率,另一方面也可以有效破解国际社会对我国发展基建投资误解的舆论影响。此外,依据重点农产品贸易网络路线和关键交易特点,可以在国内选取贸易枢纽城市,充分发挥地理优势,形成

[①] 王永春,李洪涛,汤敏,等.基于多视角群组划分"一带一路"沿线重要节点国家农业合作研究[J].中国农业资源与区划,2021,42(4):160-170.

[②] 新浪财经.共建"一带一路"项目受当地好评:展现中国企业的责任担当[EB/OL].(2020-07-13).https://baijiahao.baidu.com/s?id=1672055577328439581&wfr=spider&for=pc.

[③] 胡洁,武小欣.新形势下中非基础设施合作面临的挑战及对策[J].全球化,2021(5):57-71.

[④] 张楚楚.以实正名:中国与中东国家的基础设施合作[J].西亚非洲,2021(4):54-73.

产业集群,打响当地产业品牌的同时便于更好的管理以减少风险事故的发生。

7.1.3 畅通国际磋商合作渠道

农业通常对一个国家具有战略意义,尤其粮食作为十分重要的战略物资,各国通常保持谨慎的合作态度甚至在一定范围内限制其自由贸易。为保证农业国际合作的顺利推进,要加强与战略伙伴关系国家之间的合作和联系,以主权平等、共同安全、共同发展、合作共赢、包容互鉴和公平正义这"六个必须坚持"为合作导向[1],增强政治互信和政策沟通,形成稳定的友好合作态势。充分了解共建国家地区的农业发展现状和合作需求,从国家间战略耦合[2]的角度出发,本着统筹共进、互利共赢的原则,积极寻求与本国战略需求相匹配的农业国际合作项目,因地制宜签订特色国际农业战略合作文件,引导企业在合作机制框架下开展贸易投资活动,为国际农业购销活动提供政策保障。要加强与联合国粮农组织和世界粮食计划署等国际组织的合作,依托国际项目与成员国达成多双边合作协议和工作磋商机制,积极参与农业国际贸易规则的制定,争取有利的发展空间,逐步加深农业领域参与国际合作的程度,拓展农业贸易投资合作的领域和地区。要借助多边合作中的国家农业部长会议机制,协商解决成员国之间农业国际合作领域存在的冲突和摩擦,促进农业贸易谈判朝利好方向发展,为企业海外市场拓展创造良好的制度条件。争取在其他多双边合作机制中创设更多的农业磋商板块或农业合作分论坛,就各国间农业合作领域的重要热点议题展开磋商和讨论,助推农业投资与贸易便利化进程,减少农业经营主体的交易成本和损失。要在国家推进"一带一路"建设工作领导小组的统一部署和安排下,创新农业外交机制和模式,拓展农业外交格局和领域,通过农业援外、农业外贸和农业外资等"三外"联动的方式带动伙伴国当地的经济发展和就业减贫,提高我国在当地政府和人民心目中的影响力和认可度[3],减少我国在海外开展涉农项目合作购销活动的阻力。此外,政府间要畅通协商渠道和创新交流机制,例如,在两国总理定期会晤委员会农业合作分委会中吸纳贸易工商界代表或不同党派成分,用不同领域的声音来为两国农业合作增光添彩,同时也推动两国政府更好地处理农业国际合作中的重大原则性问题,保障不同群体的

---

[1] 王永春,李洪涛,汤敏,等.基于多视角群组划分"一带一路"沿线重要节点国家农业合作研究[J].中国农业资源与区划,2021,42(04):160-170.

[2] 陈秧分,钱静斐."十四五"中国农业对外开放:形势、问题与对策[J].华中农业大学学报(社会科学版),2021(1):49-56.

[3] 韩振国,杨静,李晶.新中国70年农业"走出去"的历程探究[J].世界农业,2020(06):104-109.

国际经营利益。

7.1.4 强化农业国际合作平台建设

农业国际交流与合作往往需要政府牵头、政策指引和组织筹划,而这离不开完善与深化的农业对外开放机制。国家应在现有平台基础上,积极筹办并组织企业参与各个层次、各种类型的农业国际交流会议和博览会,营造全球农商共谋发展的浓郁氛围,创造"走出去"和"引进来"的国际贸易与投资洽谈机会。如,举办数字农业、智慧农业、智能农业、农林牧渔业及其各细分领域的国际合作高端论坛,或农博会、农洽会等大型主场活动,邀请有资质、有影响、有需求的国际企业界代表参会,通过创新活动主题和组织方式,为全球农业发展和海内外涉农项目合作对接提供更具价值的解决方案。要充分利用国际国内两个市场和两种资源,进一步加快推动央—地两级农业对外合作"两区"建设工作,总结首批试验区和示范区建设经验,参照潍坊国家农综区建设思路,在"一带一路"沿线重点农业大国和枢纽节点,推动布局和增设若干中国农业开放发展综合示范区,将其打造成中国农业对外投资合作的标志工程和合作大本营,并通过集财政、金融、信息为一体的政策措施,助推境外农业投资带动平台优化升级,完善农业全产业链的海外布局,减弱国内跨国企业实施国际化战略的掣肘,提升贸易话语权和集体应对海外政治、经济、自然风险的能力;在境内农业对外开放合作试验区内,探索试验国家新近批准加入的新规则、新协定、新标准,完善和创新财税金融及外汇管理制度,加强信息服务能力建设,发挥港口、码头及海关特殊监管区对农产品稳产保供的积极作用,打造农业对外合作引领乡村振兴和农业农村现代化的集成试验平台。

7.1.5 完善国内政务服务体系

面对复杂多变的国际市场环境和农业领域本身的脆弱性特质,要高效推动国家"一带一路"农业国际合作进程,需要政府不断完善农业对外合作公共服务平台和政务服务体系,用好国内国外两个市场、两种资源。首先可以借鉴美国在农业部下设海外农业局的管理经验,适当整合农业农村部与商务主管部门的重叠职能,完善"走出去"公共服务平台建设,一方面将农业领域对外合作事务纳入其中,另一方面将该公共服务平台建设与当前国内大循环为主体、国内国际双循环相互促进的新发展格局相融合,把"走出去"公共服务平台打造成既能"走出去",又能"引进来"的"对外经济合作"公共服务平台。要厘清农业农村部国际合作司、农业农村部对外经济合作中心、农业农村部贸易促进中心,以及中国农科院国际合作局、中国农科院海外农业研究中心的职能和定位,条件允许的情况下可考虑将对外经济合作中心现有的外资外援项目管理职能拓展为"外贸、外资、外援+引贸、引资、受援"综合服务中心,在其他机构协助下专门负责政策普及、数据提供、贸易与投资促进、市场开拓、国别项目研究、咨询服务等工作。其次要关注全球农业数据和信息资源共享,现阶段与我国海外农业相关的数据分布在国家统计局、海关总署、农业农村部、商务部和行业协会等多个部门,全球数据主要来源于联合国粮农组织、世界贸易组织等国际组织机构和各国农业主管部门,计量口径、标准及时间不统一,较难满足数据获取对及时性和可比性的要求。政府可建立由农业农村部专门管理、统一口径的全球农业数据库[1],监测海内外农业贸易投资流向,提供全面、准确、及时的农业涉外数据信息,解决国内企业在涉农项目国际购销活动中信息不对称的问题。最后要健全农业政策服务决策机制,加大召开农业对外合作部际联席会议和厅际联席会议的频次,提高不同部门在农业对外合作领域的政策协同性,减少政策的不可预见性和涉农合作企业获取信息过程中的迷惑性。要将原有的农业对外合作"20+20"[2]政企对接机制进一步扩容为"20+20+N(非农大中小企业)"对接机制,及时调研和充分了解各类大中小企业涉农国际项目中的购销需求和实际困难,切实解决企业发展难题;要通过农业"对外经济合作"公共服务平台和各级地方政务服务小组,按不同国别和不同时差及时为企业提供农业、商务、海关、金融、财政、税务、外汇、运输、保险等领域的定制化业务咨询,保证企业项目及国际购销活动的顺利展开。要建立"一带一路"农业国际合作风险预警机制和应急机制,及时推送警情、应对措施和处理方案,帮助相关企业在第一时间规避风险。

7.1.6 数字赋能通关监管与农业全产业链

随着全球贸易联系的加强和合作方式的更新,农业国际购销在对象、形式和主体上都发生了巨大的变化。例如,购销对象已经从粮棉油糖等生活必需品扩展为包括蛇、蜥蜴等异宠在内的奢侈享乐品,形式上除了传统意义的国内进出口商直面国外进出口商以外还出现了海外种粮回销境内加工销售等情形,常规监管模式和手段很难在保证国门生态安全的同时,兼顾通关效率和国际合作

---

[1] 陈秧分,钱静斐."十四五"中国农业对外开放:形势、问题与对策[J].华中农业大学学报(社会科学版),2021(1):49-56.

[2] 农业农村部国际合作司.2020年农业国际合作工作要点[EB/OL].(2020-03-03). http://www.moa.gov.cn/ztzl/2020gzzd/gsjgzyd/202003/t20200303_6338095.htm.

经营主体的利益。海关及商务主管部门应不断深化"放管服"改革，以"三智"理念为引领，探索开展"智慧海关、智能边境、智享联通"合作试点工作，强化海关信息互联互通和边境协同治理，维护农业产业链供应链安全和稳定。针对农业国际合作领域出现的新模式、新业态、新趋势，本着先行先试的要求和原则，积极灵活地探索差异化的通关监管政策，加强指定监管场地建设，在海关特殊监管区的入区退税、保税加工、配额与许可证事务管理等方面给予农业国际合作经营主体以适当的照顾，释放企业经营活力。另一方面，要加强数字技术在农业生产、物流、营销和金融等环节的融合[①]，支持遥感与地理信息系统、全球定位系统、计算机技术、通信与网络技术、自动化技术在农业"耕、种、管、收"等环节的应用，助推农业生产方式的转变和农业生产效能的提升。支持农产品贸易与质量监督体系中对区块链、大数据和云计算等技术的开发应用，构建智能化物流平台、精准化营销渠道和共享化的农业信用链，提高贸易系统的信息透明度和交易过程的可追溯性。[②]

7.2 行业层面

7.2.1 构建健康有序的行业服务体系

行业协会是政府与企业的桥梁和纽带，承担着部分政府分割出去的职能和单个企业做不到而市场发展需要的事情，如重大行业政策及规划的制定、行业标准准入管理、国际贸易摩擦的协调等，成为政府和企业之外推动国家经济建设和发展的第三种力量。[③]鉴于行业协会的自主性、自治性和独立性，以及其对行业建设和企业发展的重大影响，要加强行业协会治理和运行的规范性、公正性和科学性，才能更好地引导和服务企业。要明确农业行业协会以服务和规范农业企业经营发展为中心的职能，完善协会内部的组织机构和治理机制，加强行业内企业间的沟通交流和业务协同，从行业实际出发制定规范企业行为和解决企业困境的对策方针，营造良好的行业氛围，给企业的海外经营提供强有力的帮助。要扩大行业协会规模和会员范围，优化会员管理制度，使其更具有代表性和权威性，也要联通保险、运输、金融等中介机构为企业提供全方位的服

[①] 金建东,徐旭初.数字农业的实践逻辑、现实挑战与推进策略[J].农业现代化研究,2022,43(1):1-11.

[②] 秦天放,邢晓荣,马建蕾,等.农业贸易政策与农业可持续发展国际研讨会观点综述[J].世界农业,2019(3):111-114.

[③] 刘香,张剑渝.如何更好发挥行业协会作用[N].光明日报,2015-04-01(007).

务,并对这些中介机构进行资质审查,指导企业选择资信好、业务能力强的中介机构服务于其农业国际购销活动,保障企业的海外经营和利益。此外,要形成行业协会提供信息咨询和顾问服务、中介机构提供专业服务相协调的多元化行业发展支持局面,充分发挥各机构正常的职能作用,构建健康有序的行业服务体系。如为更好地提升企业在农业海外购销活动中应对风险的能力,完善农业保险和基金制度,进一步建设农业再保险体系[①],实现社会力量和资源的整合与循环利用,最大化地提供保障服务,有效降低风险发生概率和损失程度,正向推动外向型企业的整体布局和市场开拓。

7.2.2 主导推动产学研合作交流互促

一国农业的高质量现代化发展离不开科技研究的助力,行业要积极主导推动产学研这一创新合作系统工程,从生产、学习、科学研究和实践运用的紧密合作与协调配合中增强整个农业行业的实力,提升企业在国际贸易中的竞争能力和谈判地位,争取到更多的市场机会。首先要认清我国农业科技创新系统建设的现状,充分借鉴美国、英国和德国等发达国家农业创新体系的先进经验,结合我国农业行业发展的实际情况,分阶段分领域地逐步深化产学研合作。在此发展进程中要始终以科技成果转化与实践应用为输出目标,关注转化效率与应用价值,提高应用水平和农业科技进步贡献率[②],切实解决实践问题、提升贸易效率和加强安全保障。其次要加强产学研合作机构之间的协调,尤其是科研机构之间的沟通交流,避免研究方向和内容重复带来的效率低下和资源浪费,可以由权威的行业协会统筹规划发展路径和协调机制,牵头引导相关机构之间的合作和分工,强化产学研合作的紧密度;还可以加强私营科研部门在产、学、研合作中的参与度,促进其与公共部门的共同作用[③],积聚社会力量助力农业发展。最后要加强农业科技创新的国际合作,一方面与先进国家间的合作能够提升我国的农业科技发展水平,另一方面与需要的落后国家开展农业科技国际援助,传授中国经验,能够提升我国的国际影响力;可以由行业主导在多双边及区域合作机制下开展伙伴国科研和教育机构之间的长期合作,加强农业科技与人文

---

① 魏加威,杨汭华.我国农业再保险体系建设:国际经验与启示[J].当代经济管理,2021,43(09):89-97.

② 陈天金,任育锋,柯小华.中国与欧美农业科技创新体系对比研究[J].中国农业科技导报,2020,22(11):1-10.

③ 秦天放,邢晓荣,马建蕾,等.农业贸易政策与农业可持续发展国际研讨会观点综述[J].世界农业,2019(3):111-114.

交流,促进共同进步和友好合作,为更好地拓展国际经济活动奠定基础[①]。此外,行业要加强业内宣传,形成知识产权保护的普遍意识和良好风气,营造优良的创新环境,助力农业国际贸易健康发展,提升和保障企业海外购销盈利水平。

7.2.3 加强全国农业全产业链重点链和典型区域建设

农业行业发展到一定阶段,要增强国内农业产业实力,实现稳定可持续的长足发展,就要有总体布局的战略意识,依托国内产业资源优势,贯通产加销全过程,融合农文旅多领域,打造农业全产业链,形成产业集聚的协同效应。在农业农村部对全国农业全产业链重点链和典型县的建设指导下,行业内要积极响应并参与农业全产业链的建设工作,立足区域优势,加强省域范围内重要农产品和县域范围内优势特色农产品的开发,依靠其在产业规模、市场份额、参与主体和品牌传播等方面积累的经验和优势[②],以龙头企业为主引领和驱动农业产业的良性发展,通过细化布局扩大农业管理规模,推动农业产业化经营[③],提高农业行业的竞争优势和企业的综合实力。如根据全国农业全产业链重点链建设公示名单,北京市重点发展设施蔬菜,天津市重点发展小站稻,河北省石家庄重点发展奶业和山西省重点发展生猪等,通过专业化分工布局和增强各省市的产业优势,一方面为当地农村的产业化发展和增收创造了有利条件和机会,另一方面加强了农业全行业实力,在发展中掌握了更多的自主性,随之也会给企业带来更多的贸易机会,使其在农业国际购销活动中处于优势地位,减少风险事件的发生。

7.2.4 延伸农业产业链海外布局

一个行业想要获得稳定长远的良好发展,不仅需要强化自身的实力,更需要积极开拓市场、参与国际分工、加强对外开放,在国际交流中提升创造力和竞争力。我国是农业大国,农产品需求量大,部分农产品长期依靠进口才能满足国内需要,导致过去过度依赖于国际市场,使我国在国际农产品市场上丧失定

[①] 邱丹阳,刘大地."一带一路"倡议下中蒙经济合作面临的难题与对策研究[J].经济纵横,2021(07):73-78.

[②]《农业农村部办公厅关于开展全国农业全产业链重点链和典型县建设工作的通知》,《中华人民共和国农业农村部公报》2021第08期,第76-83页.

[③] 梁靖怡.我国农产品国际贸易产业结构调整机理研究[J].农业经济,2019(07):127-128.

价权,陷入"进口什么,什么就涨价"的贸易怪圈[①],而要解决我国在农产品国际贸易中的困境就要行业积极推动发展跨境贸易投资,布局农业海外产业链,参与国际农产品贸易产业链的构建,深入国际农产品市场获取主动权,为国内企业赢得更有利的贸易条件。现代农业产业链联结着农业生产供应端至市场消费端的全过程,是由处于各环节提供不同功能服务的企业构成的网络结构体系,而我国在海外布局的国际农业合作项目大多停留在生产和种植的低端环节,且国际分工不明确[②],难以形成自身优势,要加强参与农业全球化的深度和广度,拓展农业海外产业链布局,鼓励企业"走出去"开展农业合作,努力融入国际农业市场,整合协调农业产前、产中和产后的全产业链价值链发展,增强农业国际话语权和影响力,提高企业的国际竞争力和风险承受力。此外,在延伸农业海外产业链时要注意对外资进行筛选管理,因我国农业的国际生产长度已经过分延长,一直以来远高于美国农业的国际生产长度,说明我国农业产业链的发展已过度依赖于外资,要关注外资介入情况,调整优化产业结构,促进产业链的良性发展;引导向更高层次的国际分工合作领域拓展,深化与"一带一路"国家的农业交流与合作项目,重构国际农业产业链,将交易的核心环节掌握在本国企业手中,不断地开发和提升农业附加值[③],减少本国企业参与农业国际贸易的限制,保障企业在国际农产品市场上的安全和利益,增强企业规避和应对国际购销风险的能力。

7.3 企业层面

7.3.1 规范治理结构,构建风险防控体系

为更好的开展农业国际合作、实施企业的国际化战略、减少国际购销活动中的风险,企业的首要任务是完善自身管理运行机制和提升风险应对实力。拥有国际业务的企业比一般的企业面临的市场环境要更加地复杂,更需要企业建立权责分明、分工明确、协调紧密的组织结构,规范企业管理结构和运行机制,通过各部门间的联动配合,高效率、高质量地联通并完成企业国际购销业务的

---

① 韩振国,杨静,李晶.新中国70年农业"走出去"的历程探究[J].世界农业,2020(6):104-109.

② 叶前林,段良令,刘海玉,等."一带一路"倡议下中国海外农业投资合作的基础、成效、问题与对策[J].国际贸易,2021(4):82-88.

③ 赵凌云,夏雪娟.中美农业全球价值链嵌入位置与演进路径的对比研究:基于全球价值链生产长度的比较[J].世界农业,2021(1):38-45.

各个环节。建议涉外企业组建专门的国际业务部门和风险监控机制,将国内和国际业务部门分开进行经营管理,可通过协调机制进行沟通,合理分配和交换资源,但要有明确的职责划分,不可混同造成业务处理混乱。建立独立于各部门外的风险管理部门,对各个环节的风险情况进行单独评估,出具合格的可行性报告和风险管控措施文件,指导国际业务的正常开展。还要将企业的法务、财务、船务、国际、市场等各职能部门整合起来,加强企业内部的信息传递和部门协调能力,形成整体的防控力。企业风险管理部门可以充分利用科学技术、保险手段和金融工具等,多渠道建立风险监控和防范应对举措,如通过远期现货合同和期货合同来应对国际农产品市场频繁波动的价格风险,通过使用同种货币对农产品国际购销进行结算和外汇远期交易合同来规避国际汇率变动风险,通过信用凭证管理信用风险等。[①]此外,企业要培养风险监测和防控的意识,将农业国际合作的风险防范放到优先位置,构建完善的风险防控体系,加强开展农业国际购销业务的事前风险意识、事中防控能力与事后风险管理水平。[②]以国际购销风险维度结构中的履约风险为例,上一章对一级风险指标的逆向推理显示,在影响因子重要程度方面,通关交付大于运输保险,这时,企业可对照世界海关组织《全球贸易安全与便利标准框架》《海关注册登记和备案企业信用管理办法》《海关高级认证企业标准》及其他有关海关法律法规,重点审视和检查企业在关务方面的合规情况,例如,关企沟通机制是否畅通,进出口单证是否真实准确,货物流单证流信息流能否相互印证,能否定期向海关提供审计报告,是否存在故意低报价格、虚报原产地、错报HS编码、偷逃税款等行为,是否夹藏夹带、转移、隐匿、篡改、毁弃进出口报关单证,违反海关的监管规定被海关行政处罚的次数和金额是否处在阈值范围,主要负责人是否被列入国家失信联合惩戒名单等。在企业日常关务活动中有针对性地采取事前培训学习、事中纠错止损、事后总结整改等措施,将关务风险损失降至企业可承受的水平。对于其中无法识别的关务风险因素,选择风险承担方案,对于已经觉察到的轻微关务风险因素,选择合理的风险规避策略,对于预计较为严重的关务风险因素,则尽量通过风险转移策略将不利影响转移方向,或者采用风险控制策略将该风险发生的条件和环境进行控制,以减小风险概率和降低风险损失;对于运输保险而言,企业也可适当关注在国际货代、国际运输方式、运输路线、装卸港

---

① 仇焕广,陈瑞剑,廖绍攀,等.中国农业企业"走出去"的现状、问题与对策[J].农业经济问题,2013(11):44-50.

② 陈秧分,钱静斐."十四五"中国农业对外开放:形势、问题与对策[J].华中农业大学学报(社会科学版),2021(01):49-56.

口、出入境口岸及保险方案等方面的选择,抽调风控骨干事前评估国际货代及运输战略伙伴的信用等级,分析和研判从发货地至目的地的最优运输路线及装卸港口,事中加强与货代、承运人、保险代理人、收发货人之间的及时沟通联络,做到随时一键跟踪船货状况,事后按客户国别、运输方式或产品类型等不同维度对每单货物进行定期经验总结,努力提高企业在运输保险领域的风险防控能力。

7.3.2 抱团出海,共享信息共抗风险

国家提出"一带一路"合作倡议,推动国内企业积极参与农业"走出去",在此进程的前期大多企业独立运营国际项目,与同在海外的其他国内企业间缺乏沟通与合作,往往难以形成海外集团优势[1],导致部分企业重复遭遇同样的风险事件,造成大量不必要的风险损失。企业要善于整合利用海内外资源,与国内企业建立良好可靠的合作伙伴关系,一同抱团出海,增强抵御风险的能力。与国内上下游企业一同出海,可以共享各方在区位选择、政策优惠、劳工聘用、市场准入等方面的信息,互相提供当地合作伙伴选择和多方风险规避的建议,促进各方共同稳定发展。企业之间还可以由颇具威信与地位的龙头企业为首,在海外自发组建商会、国际业务联盟或者本土企业海外联络办公室,产生企业集团优势和产业规模效应,通过定期举办的大型活动和常态化的沟通交流机制,加强海外同区域国内企业间的信息共联、经验共享和合作共建,构建友好共信的合作协调和交流服务机制,帮助企业对潜在竞争对手和区域风险信息进行研判,以完善风险评估报告和风险应对方案的制定,强化企业对农业购销活动整体的风险管理水平。此外,企业要加强和畅通与运输、海关、港务、客户、第三方检验机构之间的联系,形成联动传导机制和对海外潜在风险的震慑力,为企业开展农业国际购销活动的安全保障提供助力。

7.3.3 注重海外文化融合,履行社会责任

企业开展海外业务要充分了解当地的社会文化与风俗习惯,在进行农业国际贸易和商务谈判时要善于利用前期调研所掌握的信息,尊重当地的人文和商贸规则,精心设计产品、包装、价格和营销方式,避免产生文化和风俗上的冲突,防止文化差异带来无意间的冒犯导致当地人产生抵触心理,促进企业国际化经营的稳定发展。在开展农业国际经贸合作的全流程中要注重文化交流,争取与

---

[1] 仇焕广,陈瑞剑,廖绍攀,等.中国农业企业"走出去"的现状、问题与对策[J].农业经济问题,2013,34(11):44-50.

贸易伙伴国的不同群体建立友好关系,加强与当地政府官员和民众的沟通交流,妥善处理遇到的纠纷,积极磋商以求共同发展,推动企业与海外文化的融合,建立企业互信与文化包容,打破国际偏见和掣肘[1],减少恶意阻碍企业国际购销活动的风险事件,创造和谐共建的国际商贸环境。此外,还要加强企业在海外的社会责任履行,一个企业承担的社会责任代表了其超乎商业利益的责任感和追求,向社会公众传递了这个组织高尚的道德情怀和大爱使命,合作者和消费者往往更倾向于此类社会责任感强的企业,因此我国企业在布局海外经营的同时要着重关注在当地履行企业社会责任的情况,始终保持积极奉献的态度和遵纪守法的行事作风,大力支持和参与当地的公益事业,并加强对企业社会形象的塑造和宣传[2],强调企业为当地经济可持续发展作出的努力和带来的益处,强化企业在贸易伙伴国当地的良好形象、归属感、认同感和影响力,为企业正常开展农业国际购销活动和开拓农业国际市场营造独特优势和奠定良好基础。

7.3.4　培养和储备专业人才,提高对海外形势的分析能力

跨国企业的国际化经营需要大批高质量的国际复合型人才作为支撑和助力,而我国企业在布局农业海外业务的同时人才配备往往跟不上发展的需要,阻碍了企业的国际化进程,甚至致使部分企业面临国际化发展的失败和巨大的损失,因此企业在开展农业国际购销活动的前中后整个环节中要格外注重人才的选任,将能力匹配的人才任用至合适的岗位,为企业提供最大化的价值服务,提升企业的软实力和国际竞争力。企业可以通过培养和吸收两种方式广纳人才,构建和完善符合企业发展现状的国际化人才培养体系[3],一方面选择与教育机构合作,根据企业国际化布局的需要,定制化地培养适合企业发展岗位的人才,或者将自身的员工推荐至合作学校培训学习,储备既有实践经验又有相关理论知识的人才;另一方面设立人才遴选和招聘长效机制,积极吸收社会和学校的高质量专业人才,增强企业的人力资本。面对更加复杂的农业国际化经营环境,企业需要懂得国际贸易、小语种、企业管理、市场营销、农业、科技、物流运输、保险金融和风险管理等多领域的高层次复合型人才,更需要善于发掘、利用

---

[1] 胡洁,武小欣.新形势下中非基础设施合作面临的挑战及对策[J].全球化,2021(5):57-71.

[2] 李治,王东阳,胡志全."一带一路"倡议下中国农业企业"走出去"的现状、困境与对策[J].农业经济问题,2020(3):93-101.

[3] 张晋楚,张启明."一带一路"农业国际合作背景下我国跨国农业企业集团建设的基本取向研究[J].农业经济,2020(2):129-131.

和整合各类人力资源并具有国际化视野的管理者。通过跨学科、跨专业培养的国际化复合型人才[①]，能够在精通农业领域相关知识的同时充分了解异域语言与文化，掌握贸易谈判的技巧，及时妥善应对各种突发事件，减少不确定性事件带来的损失。此外，企业要配备专业的风险防控人才，要求具有丰富的国际化经营管理经验和长远全面的国际化战略眼光，熟悉农业国际购销的全流程，以此提高对海外政策形势的分析能力，便于企业及时做好风险预警应对方案，加强对农业国际贸易的风险监管和防范，保障企业的农业国际购销业务健康持续发展。

---

① 钟富强，高瑜.国际产能合作视角下国际化技术技能人才培养的战略要义与实施路径[J].中国职业技术教育，2021(7):58-65.

附录　农业购销风险调查问卷

尊敬的女士/先生：

您好！

我们是国家社会科学基金项目"我国参与'一带一路'农业国际合作中的购销风险防范研究"课题组，因该课题需要收集涉农购销活动中一系列不确定性问题的先验数据来进行量化评估，希望能够得到您的帮助。现恳请您抽出几分钟时间填写以下问卷，选出您认为最贴近的选项。本次数据的收集和处理全部遵循匿名化原则，敬请放心！如有任何与课题有关的问题，也可通过邮箱或电话与课题组联系。非常感谢您的参与和帮助！祝您一切顺利！

第一部分：购销风险因素评价

每个题项包含两个维度：发生概率，即所列风险事件出现的可能性；影响程度，即假设该风险事件出现后对购销造成的影响大小。从小到大，依次用数字1—5表示您的主观感受。

1. 企业家特质：例如性格取向、言辞风格、受教育程度、战略眼光等出现偏差或事故。

    发生概率　　　◎1　◎2　◎3　◎4　◎5
    影响程度　　　◎1　◎2　◎3　◎4　◎5

2. 人力资源：例如海内外人才评聘机制、岗位与薪酬体系设计、劳资关系等出现偏差或事故。

    发生概率　　　◎1　◎2　◎3　◎4　◎5
    影响程度　　　◎1　◎2　◎3　◎4　◎5

3. 企业文化：例如社会责任、诚信理念、契约精神、海外形象等出现偏差或事故。

    发生概率　　　◎1　◎2　◎3　◎4　◎5
    影响程度　　　◎1　◎2　◎3　◎4　◎5

4. 财务能力：例如融资与筹资、资金周转和使用效率、支付或偿债等出现偏差或事故。

    发生概率　　　◎1　◎2　◎3　◎4　◎5
    影响程度　　　◎1　◎2　◎3　◎4　◎5

5. 企业风险：包括来自上述企业家特质、企业文化、人力资源、财务能力四个方面的不确定性。

    发生概率　　　◎1　◎2　◎3　◎4　◎5
    影响程度　　　◎1　◎2　◎3　◎4　◎5

6. 执法司法：例如母国或东道国的执法方式、力度和程序、司法的质效等出现偏差或事故。

发生概率　　　◎1　◎2　◎3　◎4　◎5
影响程度　　　◎1　◎2　◎3　◎4　◎5

7. 服务体系：例如母国或东道国政府对企业诉求的响应、信息服务的及时性精准性、政策的落实程度和延续性等出现偏差或事故。

发生概率　　　◎1　◎2　◎3　◎4　◎5
影响程度　　　◎1　◎2　◎3　◎4　◎5

8. 政府风险：包括来自上述执法司法、服务体系两个方面的不确定性。

发生概率　　　◎1　◎2　◎3　◎4　◎5
影响程度　　　◎1　◎2　◎3　◎4　◎5

9. 宏观条件：例如合作双方自然资源、交通条件、两国关系、营商环境、收入水平、历史文化等出现对合作项目不利的事故。

发生概率　　　◎1　◎2　◎3　◎4　◎5
影响程度　　　◎1　◎2　◎3　◎4　◎5

10. 中观产业：例如产业集群集中度、产业配套、行业壁垒、行业自律水平、行业发展健康程度、行业协会的作用出现偏差或事故。

发生概率　　　◎1　◎2　◎3　◎4　◎5
影响程度　　　◎1　◎2　◎3　◎4　◎5

11. 环境风险：包括来自上述宏观条件和中观产业两个方面的不确定性。

发生概率　　　◎1　◎2　◎3　◎4　◎5
影响程度　　　◎1　◎2　◎3　◎4　◎5

12. 建设运营：例如厂房选址与设计、投产规模与时机、技术标准的对接、项目的回报率、劳工约束、本土化程度等出现偏差或事故。

发生概率　　　◎1　◎2　◎3　◎4　◎5
影响程度　　　◎1　◎2　◎3　◎4　◎5

13. 沟通协作：例如企业与东道国或母国各级政府、同行企业、代理人之间的沟通机制、畅通程度、信任程度等出现偏差或事故。

发生概率　　　◎1　◎2　◎3　◎4　◎5
影响程度　　　◎1　◎2　◎3　◎4　◎5

14. 投资风险：包括来自上述建设运营、沟通协作两个方面的不确定性。

发生概率　　　◎1　◎2　◎3　◎4　◎5
影响程度　　　◎1　◎2　◎3　◎4　◎5

15. 合同标的：例如双方在标的物的名称、数量、质量、包装、价格、LOGO、产地、种植、养殖、晾晒、挑拣等方面出现误解或纠纷。

发生概率　　　◎1　◎2　◎3　◎4　◎5
影响程度　　　◎1　◎2　◎3　◎4　◎5

16. 机制条款：例如双方在合同的签订、重拟、审核、履约、付款、索赔、争端解决等方面出现疏忽或失误。

  发生概率　　◎1　◎2　◎3　◎4　◎5
  影响程度　　◎1　◎2　◎3　◎4　◎5

17. 合同风险：包括来自上述合同标的、机制条款两个方面的不确定性。

  发生概率　　◎1　◎2　◎3　◎4　◎5
  影响程度　　◎1　◎2　◎3　◎4　◎5

18. 展会方案：例如企业在参展方案的酝酿、参展期间商机的争取等方面出现偏差或事故。

  发生概率　　◎1　◎2　◎3　◎4　◎5
  影响程度　　◎1　◎2　◎3　◎4　◎5

19. 采购生产：例如企业在原料辅料的收购、国内外供应商遴选、国内外生产工序的分配、产品加工与质量控制等方面出现偏差或事故。

  发生概率　　◎1　◎2　◎3　◎4　◎5
  影响程度　　◎1　◎2　◎3　◎4　◎5

20. 客户管理：例如对客户的选择标准和分级管理出现事故，对客户高层的人事变动以及客户供应商结构的调整等信息掌握出现偏差或事故。

  发生概率　　◎1　◎2　◎3　◎4　◎5
  影响程度　　◎1　◎2　◎3　◎4　◎5

21. 流通便利：例如在境内流通环节中出现吃拿卡要、税费重重、手续繁琐等不利于商品流通的事故。

  发生概率　　◎1　◎2　◎3　◎4　◎5
  影响程度　　◎1　◎2　◎3　◎4　◎5

22. 营销对接：例如企业在销售渠道或平台的选择、入场或退场机会的把握、市场定位与细分、定价权的把握、供需品种和数量的匹配、产品周期和市场周期的判断等出现偏差或事故。

  发生概率　　◎1　◎2　◎3　◎4　◎5
  影响程度　　◎1　◎2　◎3　◎4　◎5

23. 节点风险：包括来自上述展会方案、采购生产、客户管理、流通便利、营销对接五个方面的不确定性。

  发生概率　　◎1　◎2　◎3　◎4　◎5
  影响程度　　◎1　◎2　◎3　◎4　◎5

24. 运输保险：例如在运输方式、运输路线、运输工具、装卸口岸、转运节点、冷链运输装备、保险人、投保险种、保险索赔理赔等方面出现偏差或事故。

  发生概率　　◎1　◎2　◎3　◎4　◎5
  影响程度　　◎1　◎2　◎3　◎4　◎5

25. 通关交付：例如在跨境交付过程中的报关、检验检疫、商品归类、原产地认定、关税计征、海关担保与放行、加工结转、手册核销、海关稽查等环节出现偏差或事故。

  发生概率   ◎1 ◎2 ◎3 ◎4 ◎5

  影响程度   ◎1 ◎2 ◎3 ◎4 ◎5

26. 履约风险：包括来自上述运输保险、通关交付两个方面的不确定性。

  发生概率   ◎1 ◎2 ◎3 ◎4 ◎5

  影响程度   ◎1 ◎2 ◎3 ◎4 ◎5

27. 购销风险：包括来自上述企业、政府、环境、投资、合同、节点和履约七个方面的不确定性。

  发生概率   ◎1 ◎2 ◎3 ◎4 ◎5

  影响程度   ◎1 ◎2 ◎3 ◎4 ◎5

28. 您认为我国"一带一路"国际农业合作购销过程中还存在什么风险？

第二部分：基本信息

29. 您的工作性质是？

  A. 专家学者   B. 政府、社会组织及第三方机构服务人员

  C. 涉农相关企业工作人员 D. 其他

30. 您从事工作的时长是？

  A. 5年以下 B. 5~10年 C. 10~20年 D. 20年以上

30. 您单位所处的省份及城市_____。

后　记

　　本书由我所主持的国家社会科学基金项目结题报告修改而成,出版之际得到了江西财经大学区域国别研究院吴朝阳院长的大力支持。课题立项之初,时任江西财经大学国际经贸学院院长袁红林教授、鄱阳湖生态经济研究院院长张利国教授给予了充分的肯定和鼓励,让我在漫长的黑暗中看到了一丝曙光。学院当时给予了高度重视,特意请来了中山大学王曦教授、江西财经大学严武教授、陈富良教授等对课题的启动、展开及调研等环节提出了宝贵意见。

　　在随后的几年中,我先后奔赴了原农业部推行农业对外开放合作的沿海、沿江、沿边部分地区,如山东潍坊、江苏连云港、黑龙江东宁以及内蒙古、新疆、云南等地,对区域内与共建"一带一路"国家有农业对外投资合作、对外农食品购销往来的生产性企业和商贸流通企业进行了深入访谈,也通过农交会、绿博会、农洽会等平台接触到众多涉农贸易投资主体、专家学者和政府官员,为课题研究积累了大量一手资料,在此对他们表示衷心感谢。中国俄罗斯东欧中亚学会会长李永全教授、吉林大学东北亚研究院依保中教授、中国人民大学商学院陈甬军教授、农业农村部国际合作司顾卫兵处长、潍坊国家农业开放发展综合试验区于冬菊主任、中国联合国采购促进会常务副会长王栩男、中国外运股份有限公司工程设备运输分公司总监刘洪雷等对这一领域问题的分享让我受益匪浅。作为中蒙俄经济走廊重要枢纽的满洲里市口岸管理办公室向我们展示了中俄铁路联检机制和跨境铁路转运换轨过程,商务部国际贸易经济合作研究院原副院长李钢在得知来意后邀我至其住处面授了两个多小时,这些对于我理解共建地区农业经贸合作风险形成机制非常重要,也颇为感动。连云港农业对外开放合作试验区范郁尔主任对于调研访谈给予了鼎力支持,以及银丰食用菌科技有限公司、宾利国际贸易有限公司、海湾现代农业发展有限公司、裕大食品有限公司、东源食品有限公司、水泰莲食品有限公司等的负责人也向课题组分享了宝贵经历。绥芬河市委和商务局、满洲里开发区、满洲里国际公路物流中心和保税区的工作人员,以及沿线的许多农户都为课题提供了珍贵的素材。部分录音是同行的几位小伙伴完成的,骆非凡、陈波云、龙劲松、胡馨,他们的认真和学习热情令人动容,相信他们今天在新的工作岗位上会大放异彩。当时的几位研究生参与了文献的挖掘和部分材料的整理,他们是徐鹏辉、朱智辉和程应建,杨莉莉和张春燕参与了六大经济走廊农业合作进展的整理和数据分析,如今他们已是贸易、金融界的骨干力量,祝福他们。课题研究中后期在补充、论证、检验、结题报告撰写等方面还有幸得到了江西财经大学周应恒教授、许统生教授、李秀香教授、吴通福教授、刘建教授、肖挺教授、中国农业科学院郭君平研究员、内蒙古农业大学乌云花教授、江西农业大学周利平教授、中国浦东干部学院"一带一路"研究中心毛新雅教授、中国-上合基地丁云宝主任、上海交通大学左进波主任、南京林业大学沈文星教授、云南农业大学刘同山教授、上海社会科学院彭羽研究员、上海浦东国际航运服务中心吴中庆副处长、上海市发展改革委黄超明副处长、中国热带农业科学院刘东副研究员等的建议和帮助,从而使课题得以更加完善。认真好学的刘田宇、孙予昂等同学协助我对部分数据进行了检查和分析,他们都是课题的功臣。

  本书最后阶段的修改是受国家留学基金管理委员会公派出国留学面上项目资助,在英国访学时完成的。我居住在华威,每天乘车往返于考文垂市区,西米德兰兹郡沿途美丽的乡村风光、来自不同文化背景的研究人员和国际友人,为枯燥的文字工作增添了不少乐趣和灵感。Wang Jun博士全家对我的访学工作关怀备至,时常邀我参与他们的活动和讨论,Abay教授与其在联合国机构工作的妻子赴塞内加尔休假期间仍不忘和我交流课题细节,万里之外的姐姐和姐夫及家人朋友也时常会在微信中送上平安,感谢他们的支持! 当然,此课题的执行,也一直受到我父母的精神鼓舞。母亲因"文革"期间中断了学业而寄希望于我们能走得更远,父亲虽然去世早,我们交流不多,但听母亲说,他少年参军在新疆伊犁等地服务国防建设近十年之久,今天看来也算是"一带一路"地区的开拓者和守护者了,谨以此书表达对他的敬意和怀念。

  相信随着"一带一路"建设进入新的十年,我国与"一带一路"共建国家、国际组织也将形成全新的粮农合作机制,并将为增强农业粮食体系的可持续性、提高全球粮食安全水平、改善所有人的福祉贡献更多的中国智慧和中国方案。